社会統計学の伝統と継承
―― 論点と関連論文（1955-90）――

岩崎 俊夫 著
IWASAKI Toshio

御茶の水書房

まえがき

　『社会統計学の伝統と継承──論点と関連論文（1955-90）』と題する本書の目的は、戦後10年を経た1955年から35年間におよぶ社会統計学の諸分野（この分野の限定は下記のとおり）の成果をまとめ、かつわたしが今日まで進めてきた研究の位置をこの過程で確認することである。研究成果の全体を網羅することはできず、範囲は限定的である。しかし、展開の流れは社会統計学の系譜の傍流ではなく、主題を常に意識して執筆した。（なお本文中、研究者の名前に付すべき敬称は、煩瑣を避けるために省略させていただいた。ご了解いただきたい。）

　主要な内容は「蜷川統計学とその批判的継承」に始まる、下記に示す12の分野でわたしが個人的に強い関心をもった論文（1955年～90年）を選択し、紹介することで、それぞれの分野での論点の確認と成果のエッセンスを示すというものである。新たな論点は設定していないし、現代的課題にとりくんだ成果でもない。温故知新の精神で、社会統計学の論点を限定した範囲でまとめたにすぎない。その意味で本書は、社会統計学の分野（理論の歴史を探求した領域）の片隅におかれるべきものである。

　とりあげた分野はわたしの専攻分野のものもあれば、そこから距離があるものもある。くわえて、要約と紹介にウェイトをおいて研究成果をたどることに傾注したので、一部を除き、わたしの見解を前面に押し出すことは差し控えた。軽々に自説を語るより、先学の成果に学び、論点を絞りこむことに意味をもとめた。とはいえ、わたしの編集意図は本書に自ずと滲みでているはずである。

　一口に論文を要約し、紹介するといっても、実際にこれを行うと想像以上にむずかしい作業である。論文の趣旨を忠実に反映しなければならないことは言うまでもないが、論文の執筆者の概念、用語の使い方、言い回しをわたしが簡

単に変更したり、言い換えたりすることはできない。執筆者自身が結論を要約している場合はそれに依拠すればよいが、なかには議論の運び方、結論の把握が難しいものも無いわけではなかった。論文の主要なセンテンスをつないで、要約の代わりにしたことがあった。この点をお断りしておきたい。

　本書が対象とする範囲といくつかの条件を示しておきたい。第一に、議論の対象とした社会統計学は蜷川虎三の統計学とその周辺に限定されている。社会統計学の系譜は蜷川統計学以外にも、戦前から杉亨二、財部静治、高野岩三郎などが担った統計学分野の仕事がある。戦後も大内兵衛、有澤広巳などによる業績があり、それらを抜きに日本の社会統計学の動向を論じることはできない。わたしはこのことを十分に承知しているが、ここで取り上げた社会統計学の範囲は蜷川統計学以後の系譜の、あるいは1950年代前半にスタートした経済統計研究会（現在の経済統計学会の前身）の研究活動によって形成された分野に限定している。社会学の分野で使われる統計学を社会統計学と呼ぶこともあるが、それは本書の対象外である。

　第二に、取り上げた論文は原則的に1955年頃から1990年までのものである。この時期区分の原則は厳密にまもったつもりであるが、なかには例外的にこの時期に書かれたものの内容を深めて理解するために、どうしても言及しなければならない90年以降の論文がいくつかあった。この時期区分には、別の意味もある。それは取り上げた多くの論文の発表時期が経済統計研究会の存在した時期と重なっていることである。副題にある「1955年」の時点は経済統計研究会の機関誌『統計学』が創刊された年である。この研究会が発展的に解消したのは1984年の秋である。また、「1990年」で区切ったのは、もしこの区切りをはずせば、作業が膨大になるがゆえの余儀なくされた便宜的措置である。それとともに、この時点で学会の研究活動の潮目が大きく変わったことがある（その徴候はかなり前から存在した）。取り上げた論文のほとんどは、この期間に経済統計研究会の会員が機関誌『統計学』に掲載したものか、あるいは所属した大学の紀要などに執筆したものである。

　第三に、対象分野を蜷川統計学とその批判的継承、社会統計学の展開、統計学史、推計学批判、標本調査論争と調査論、確率基礎論、ソ連統計学論争、計

量経済学批判、産業連関分析批判、分類・国際比較・人権、物価指数論、日本の統計事情（法規と制度の整備）に絞った。紙幅への配慮とともに、わたし自身の問題関心と研究活動にてらして関連分野を構想した結果、このような結果になった。この限定によって、他のいくつかの重要な分野が欠けていることは十分に承知している。時系列解析論、国民経済計算論、部門統計論、統計制度論、経営統計論、統計教育論などがそれである。それらについては、いずれ機会があれば、別途まとめたい。

　第四に、紹介した論文はそれぞれの分野でとりあげた論点について、なるべく初期のものの紹介に重きをおいた。理論は時間の経過とともに成熟するのが常であるから、なるべく後に発表されたものに言及すべきであるかもしれないが、逆に当該論点がいつ、どのような契機で生起したのかを知るには、後の展開を展望しながら「原基形態」に着目すべきである。わたしは後者の道を選択した。

　本書の構成は以下のとおりである。全体は、4部からなる。「第1部　社会統計学の生成と展開」では、蜷川統計学の生成、その対象に関する議論（集団論）とそれに対する疑問、さらに体系そのものに対する批判を紹介する。取り上げた論文は、伊藤陽一、内海庫一郎、足利末男、木村太郎、大屋祐雪のそれが中心である。蜷川統計学は戦後の社会統計学のひとつの強固な基盤であったが、諸論者はその批判的継承の道筋をつけた。1960-70年代には、統計学の学問的性格、統計対象論（集団論）をめぐって活発な議論の応酬がみられた。社会統計学の系譜ではまた、統計学史研究が真摯に継続され、厚い蓄積がある。この分野での研究を担ったのは、有田正三、足利末男、浦田昌計、吉田忠、長屋政勝などである。

　「第2部　推計学・標本調査論批判と確率基礎論」では、戦後すぐに始まった推計学、標本調査論、確率論主義に対する批判的見解を示した主要な論文を要約している。推計学批判と標本調査論批判に関する論文は、大橋隆憲のそれを嚆矢として広田純、是永純弘、木村和範などによって執筆された。標本調査論では大屋祐雪にも、独自の観点から関連論文がある。標本調査論批判とは別に、調査論の展開にも注目しなければならない。これについては、木村太郎、佐藤

博、吉田忠による関連論文に言及した。

「第3部　数理的方法の意義と限界」では、統計学や経済学に数学的手法あるいは数理的手法を適用することの意義と限界とについて論じた論文を取り上げた。ここでは最初に統計学における数理形式主義の克服を課題として、統計学の体系、統計学の対象、統計的方法の内容をめぐって戦わされた1940年後半から50年にかけてのソ連統計学論争に関する論文を紹介している。今では、統計学研究者でさえそうした論争があったことを知らない者がいるが、この論争が日本の統計界に及ぼした影響は小さくはなかった。大橋隆憲、内海庫一郎、広田純、山田耕之介はその熱心でかつ批判的な紹介者であった。関連して計量経済学批判、産業連関論批判の分野の業績にも言及した。前者では広田純、山田耕之介、吉田忠、後者では山田喜志夫、野澤正徳、長屋政勝などが先駆的業績を残している。産業連関分析の有効性に関しては、1970年代に入って、社会統計学分野の研究者に手法としてのその制約を了解しながらも、それを積極的に活用する試みが現れた。剰余価値率計算および生活基盤整備型公共投資の波及効果分析がそれである。それらの理論的検討は、社会統計学分野の不可欠の課題である。

「第4部　経済統計論の諸論点」では、経済統計を用いた実証分析が1970年代頃から積極的に行われた成果を検討の俎上にあげた。業績の多くをここで取り上げる余裕はなく、わたしの個人的な関心から「統計分類・国際比較・人権」「物価指数論」「日本の統計事情」の各ジャンルを設定し、関連文献のなかから比較的公表時期がふるく、しかも問題を原理的に扱かった論文を取り上げた。具体的な実証分析を行った論文への言及はできなかったが、これを補完する観点から物価指数と日本の統計事情に関連した論文を採用した。また、統計と人権の関連に配慮すること、調査統計と制度・法の整備はとくに重要なので、精神衛生実態調査と「世帯主」問題の論点を、また旧統計法の成立事情に関する論文の紹介を試みた。

　構成は以上のとおりである。経済統計学会（前身は経済統計研究会）の会員の方々の論文から多くの知見を吸収させていただいた。記して感謝の意を表したいと思う。

また、思わぬ誤解、誤読があるかもしれない。ご指摘をいただければ幸いである。さらに、紙幅との関係で言及できなかった論文が多数あったことをご了解ねがいたい。

＊　　＊　　＊

　末尾になり恐縮ですが、これまでのわたしの研究過程で指導を賜った是永純弘先生、木村和範先生に、この場を借りて厚くお礼申し上げます。

　内海庫一郎先生の「研究室」の、山田貢先生、山田喜志夫先生、横本宏先生、伊藤陽一先生の他、諸先生方に研究上で大変お世話になりました。また、立教大学経済学部では広田純先生、山田耕之介先生、菊地進先生、中江幸雄先生、藤原新先生から、研究と教育の進めかたについて多くの有益な助言をいただきました。

　泉弘志先生には、わたしの拙い見解に常に丁寧にお応えいただき、若いころのわたしの研究の励みになりました。第三回投入―産出分析技法ハンガリー会議（1981年11月）の折にお会いし、会議後ブダペストからウィーンまでご一緒した思い出もあります。

　すでに故人となられた先生方もあり、誠に残念ですが、諸先生方に衷心より感謝の意を表します。

　本書の上梓に際しては、御茶の水書房の小堺章夫氏に、編集の全般をとおして、お手数をおかけしました。ありがとうございました。

2017年10月1日　　自宅（蓮田市）の書斎にて

社会統計学の伝統と継承

― 論点と関連論文（1955-90）―

目　次

目　次

まえがき ………………………………………………………………… i

第1部　社会統計学の生成と展開

第1章　蜷川統計学とその批判的継承 …………………………… 3
　　1．論点と関連論文　*3*
　　2．蜷川統計学の形成　*6*
　　3．蜷川統計学の批判的検討　*10*
　　4．蜷川統計学体系批判　*20*
　　5．むすび　*24*

第2章　社会統計学の展開 ………………………………………… 27
　　1．論点と関連論文　*27*
　　2．社会統計学の生成と展開　*30*
　　3．社会科学方法論説の批判的継承　*37*
　　4．むすび　*53*

第3章　統計学史 …………………………………………………… 55
　　1．論点と関連論文　*55*
　　2．統計学史展望　*57*
　　3．ドイツ社会統計学の形成と展開　*66*
　　4．むすび　*75*

第2部　推計学・標本調査論批判と確率基礎論

第4章　推計学批判 ………………………………………………… 79
1. 論点と関連論文　*79*
2. 大橋隆憲の推計学批判　*81*
3. フィッシャーの統計理論　*87*
4. 統計的仮説検定論　*88*
5. むすび　*93*

第5章　確率基礎論 ………………………………………………… 97
1. 論点と関連論文　*97*
2. 確率論の系譜　*99*
3. 確率論諸説　*103*
4. むすび　*111*

第6章　標本調査論争と調査論の展開 …………………………… 113
1. 論点と関連論文　*113*
2. 標本調査論批判　*115*
3. 調査論の展開　*121*
4. 大屋統計調査論　*125*
5. むすび　*128*

第3部　数理的方法の意義と限界

第7章　ソ連統計学論争とその後 ………………………………… 131
1. 論点と関連論文　*131*
2. 論争の内容と結論　*135*
3. 日本の社会統計学への影響　*141*
4. むすび　*146*

第8章　計量経済学批判と数学利用 ･････････････････････････149
　　1．論点と関連論文　*149*
　　2．計量経済学批判の嚆矢　*153*
　　3．計量経済学批判その後　*156*
　　4．経済学における数学利用　*161*
　　5．むすび　*165*

第9章　産業連関論とその応用 ･････････････････････････････167
　　1．論点と関連論文　*167*
　　2．産業連関論の基本性格　*169*
　　3．産業連関分析の批判と応用　*177*
　　4．産業連関分析の政策的利用　*184*
　　5．むすび　*190*

第4部　経済統計論の諸論点

第10章　統計分類・国際比較・人権 ･･････････････････････195
　　1．論点と関連論文　*195*
　　2．統計分類　*197*
　　3．国際比較　*201*
　　4．統計と人権　*208*
　　5．むすび　*214*

第11章　物価指数論 ･････････････････････････････････････215
　　1．論点と関連論文　*215*
　　2．現行消費者物価指数の基本性格　*218*
　　3．黎明期の物価指数　*221*
　　4．物価指数論の系譜　*225*
　　5．むすび　*234*

第12章　日本の統計事情——法規と制度の整備——……………237
　　1．論点と関連論文　*237*
　　2．調査統計の沿革　*239*
　　3．「統計法」の来歴　*248*
　　4．むすび　*258*

参考文献……………………………………………………………261
人名索引……………………………………………………………275

第 1 部

社会統計学の生成と展開

第 1 章
蜷川統計学とその批判的継承

1．論点と関連論文

　蜷川虎三（1897-1981）の統計学は、社会統計学の源流の一つである。蜷川統計学と称されるこの統計学は体系性をもつ点で、また統計学界に及ぼした影響力という点で、戦後の社会統計学の礎石となった。蜷川は戦前に3冊の代表的な著作を刊行した。『統計学研究Ⅰ』（1931年）、『統計利用に於ける基本問題』（1932年）、『統計学概論』（1934年）である[1]。

　蜷川統計学の体系と構成さらに、その内容を整理した論文に次のものがある。大橋隆憲「統計理論の定式化と形式主義化」（1963年）[2]、「蜷川虎三」（1965年）[3]、野澤正徳「経済統計論の対象と性質——序説——」（1975年）[4]、内海庫一郎「蜷川の統計学説について」（1988年）[5]、中江幸雄「蜷川統計学と真実性批判——序論——」（1981年）[6]、関弥三郎「統計利用者のための統計学と蜷川統計学」

---

1) 蜷川虎三『統計学研究1』岩波書店、1931年；同『統計利用に於ける基本問題』岩波書店、1932年；同『統計学概論』岩波書店、1934年。これらのうち、『統計利用に於ける基本問題』には、次の現代語訳がある。蜷川虎三／横本宏訳『統計利用における基本問題』（蜷川統計学研究所編）産業統計研究社、1988年。
2) 大橋隆憲「統計理論の定式化と形式主義化」大橋隆憲・野村良樹『統計学総論（上）』有信堂、1963年。（後に大橋隆憲・野村良樹『統計学総論（新訂版）』有信堂高文社、1980年、として出版される。）
3) 大橋隆憲「蜷川虎三」『日本の統計学』法律文化社、1965年。
4) 野澤正徳「経済統計論の対象と性質——序説——」『経済論叢』第115巻第3号、1975年。
5) 内海庫一郎「蜷川の統計学説について」蜷川虎三／横本宏訳『統計利用における基本問題』（蜷川統計学研究所編）産業統計研究社、1988年。
6) 中江幸雄「蜷川統計学と真実性批判——序論——」『経済論叢』第128巻第3・4号、1981年。

(1982年)[7]、横本宏「蜷川における集団論」(1984年)[8] など。また、蜷川執筆の *A Study of the Nature of the Social Mass*（「社会集団の性質に関する一考察」）の翻訳（横本宏訳）を掲載した蜷川統計学研究所『研究所報 No.2』には、詳細な「蜷川統計理論概要（一覧表）」が付録にあり、蜷川統計学の全容の理解に示唆的である[9]。

上掲の内海論文は、統計方法を対象とする蜷川統計学の特色を 4 点にまとめている[10]。第一に、それは統計利用者の立場にたった統計学である。第二に、統計方法を「大量」の数量的研究方法とすることで、統計方法の端初を「大量」におき、大量の性質、特質から統計方法の規定を導き出す統計学である。第三に、統計による現実の社会経済現象の測定と関わる統計誤差に、統計利用者の側からみて二種の誤差が存在することを明らかにし、これらを統計の信頼性の吟味、統計の正確性の吟味として位置付けた。第四に、統計の数学的処理が、統計の反映する対象の性質の相違によって異なる意味、異なる結果をもたらすことを明らかにした。

以下では統計学の対象を大量、すなわち社会集団とした点に焦点を絞り、その体系をめぐる社会統計学分野での議論を紹介し、検討する。

ドイツ社会統計学の成果を批判的に継承した蜷川は統計学体系の構築には、統計とは何かという問いから出発しなければならないとし、統計が社会集団を反映した数字であるとした[11]。従来、統計学の学問的対象として十分に理論的に基礎づけられなかった社会集団（＝「大量」）を統計学の原点に措定したところに蜷川の炯眼がある。

蜷川にあっては、「集団」は二とおりに規定される。一つは、統計調査を予

---

7) 関弥三郎「統計利用者のための統計学と蜷川統計学」『統計学』第42号、1982年。
8) 横本宏「蜷川統計学における集団論」『研究所報』No.2（蜷川統計学研究所）、1984年。
9) 蜷川虎三（横本宏訳）、*A Study of the Nature of the Social Mass*、『研究所報』No.2（蜷川統計学研究所）、1984年。
10) 内海庫一郎、前掲論文、207-10頁。
11) 蜷川統計学の後継者の系譜には、ドイツ社会統計学の学説的検討の蓄積が顕著である。有田正三『社会統計学研究——ドイツ社会統計学分析——』ミネルヴァ書房、1963年；足利末男『社会統計学史』三一書房、1966年；長屋政勝『ドイツ社会統計方法論史研究』梓出版社、1992年；浦田昌計『初期社会統計思想研究』御茶の水書房、1977年。これらの内容については、第 3 章で触れる。

定した「存在たる集団」であり、もう一つは数理的統計的方法が適用される「意識的に構成された集団（解析的集団）」である。前者は、意識から客観的に独立して存在する対象としての集団である。後者は研究者が統計的法則＝安定的数値をもとめるために、方法的に構成された集団である。「大量」は大量観察法で具体的、数量的にとらえられる。その実現過程が統計調査過程である。この過程は統計が客観的存在を正しく反映しているかどうかを検討する基準にてらし、理論的過程（大量の四要素を大量観察の四要素として規定する過程）と技術的過程（統計調査、統計加工、統計実務の過程）とにわけて考察される。前者にかかわる統計の真偽性の問題が信頼性という論点、後者のそれが統計の正確性という論点である。

　社会統計学の系譜をその淵源まで遡ると、戦前の日本の統計学の諸研究があり、蜷川統計学はそれらと無関係でない。したがって、時間と紙幅の余裕があれば、それらと蜷川統計学との関連を検討しなければならない。また蜷川統計学の学問的特質がドイツ社会統計学の成果から強い影響を受けていたことは、特筆に値する。ここではそのことだけを指摘しておく。このことの意味は重要である。なぜなら、本書でこれから順にとりあげる蜷川統計学を出発点とする戦後の社会統計学の展開、すなわち統計学史研究、統計的認識の可能性をめぐる論争、数理統計学の批判的研究、ソ連統計学論争、物価指数論の評価は、蜷川統計学をバックボーンとし、この統計学の学問的性格の理解は、これら諸論点の理解に欠かせないからである。

　蜷川統計学体系の特徴は別の角度からみると、統計的認識の在り方を問うていることにある。蜷川にあっては、統計学の主要な対象は統計方法であるが、その方法は現実の社会的経済的諸現象に規定されるとする。この考え方は「統計学＝社会科学方法論説」と呼ばれる。大橋隆憲（1912-83）は後に社会科学方法論説を、次のように簡明に特徴づけている[12]。

　(1) 統計学の研究対象は統計方法である。(2) 統計方法とは、社会認識の目的の下に、統計対象を統計結果として捉える過程の方法的諸規定の特殊な結合

---

[12] 大橋隆憲「統計学＝社会科学方法論説の擁護――ドゥルジーニン批判の吟味――」『経済学研究』（北海道大学）第12号、1957年、49頁。引用では古い言い回し、用語を若干変更した。

形態である。統計方法は統計対象と統計目的によって規定される。(3) 統計対象（統計方法の成立基盤である統計方法の適用対象）は社会集団の運動過程（社会集団過程または社会集団現象と略称）である。(4) 統計目的（統計方法の適用目的）は、社会の具体的・数量的認識目的という以上に、一般的に規定することは困難である。なぜなら、統計主体のおかれている立場と条件によってその課題は異なるからである。(5) 統計結果（統計方法の適用結果）は一般に統計と呼ばれる。統計はその生産過程たる統計方法過程の段階によって加工度と性格を異にする。しかし、社会集団過程を数量的に反映するかぎりにおいて、いずれも統計である。統計は社会認識の手段・用具である。しかし、統計結果は統計対象と無関係に、単なる数値として、ひとり歩きする必然性があり、このことは社会認識を誤らせることになりかねない。

　本章の論点は、蜷川統計学の特徴づけ、それに由来する社会科学方法論説の吟味、対象論（集団論）に対する批判の検証である。そこで、以下で、この蜷川統計学（あるいは社会科学方法論説）の中身を、若干の論文によって解明する。叙述の順序はまず、蜷川統計学において統計利用者の視点にたつ統計学の主内容（調査論）が形成されるプロセスを、伊藤陽一論文を参考に追跡し、次いで蜷川集団論を批判的に論じた内海庫一郎、足利末男の論文を取り上げ要約するとともに、大橋隆憲によるその批判的継承の中身を点検する。あわせて木村太郎の見解を紹介する。最後に、蜷川統計学の批判的克服を試みた大屋祐雪の所説を吟味する。

2．蜷川統計学の形成

　蜷川虎三が公にした論文を時系列で追い、大量観察法、利用者のための統計学、調査論が形成されたプロセスを明らかにした論文に、伊藤陽一「蜷川統計学における調査論の形成——統計調査論の意義を中心として——」(1962年)[13]がある。論文の構成は、次のとおり。「はしがき」「1.『経済統計論の性質に関する一考察』(1927.10)——集団的研究が基本・対象の特殊性による大量観察法

---

13) 伊藤陽一「蜷川統計学における調査論の形成」『北大経済学』第2号、1962年。

の意義づけ——」「2.『統計学における二つの傾向について』(1930.4)——統計批判の基準としての大量観察法の意義づけ——［利用者の立場からの注目］」「3.『統計の解説、批判、解析』(1930.5)——統計の解説、批判の基準としての意義づけ、その内容の検討［利用者の立場からの注目の明確化］——」「4.『大量に就いて』(1930.10)、『測るべき大量』(1930.12)——統計対象の再確認——」「5.『統計利用者の統計学』(1931.3)——数理派的傾向からの脱皮——」「6.『統計利用に於ける基本問題』(1931.8)——大量観察法の部分的検討から体系化へ［その意義づけ］——」「7.大量観察法の体系化（その内容）」「むすび」

　伊藤によると、蜷川が大量観察法について初めて言及した論文は「経済統計論の性質に関する一考察」である[14]。この論文の執筆時点で蜷川は、ドイツ社会統計学から受け継いだ大量観察法と英米数理統計学から継承した統計解析法とを、社会集団の集団的研究の過程として結び付け、前者に関しては社会集団という特殊な対象の観察法として、その重要性を指摘するにとどまっていた。蜷川はここで多数を観察して安定的結果を得る集団的研究における「集団」と「社会集団（大量）」とを対比し、後者の特殊な性質を明らかにしている。大量についての集団的研究は、統計による集団研究である。ここにおいて、大量観察法（大量の大いさ、その集団性の方向と強度を確認する方法）は大量の集団研究、すなわち統計解析法（大量観察によって得られた統計値によって構成された集団をもとにその安定的な強度、依存関係をもとめる方法）の前提となる。この時点での蜷川は、大量観察法と統計解析法とをあわせて統計方法と名づけ、統計学は統計方法を研究対象とする学問であるとした（統計学＝社会科学方法論説）。

　伊藤はこの蜷川の所説について、以下のコメントを与えている。すなわち、蜷川がいまだ集団的研究、安定的結果の方に重点をおいていること、大量観察法の強調がみられるが、まだ「利用者の立場」からのその意義づけが問題になっていないこと、大量観察法と統計解析法とを峻別し、前者が後者の前提であることの指摘が統計学の唯物論的展開の基礎づけとなったこと、しかし、概念規定を学説に依存した結果、「集団的研究」の概念を無条件に前提としたこと、などである。

---

14) 蜷川虎三「経済統計論の性質に関する一考察」『経済論叢』第25巻第4号、1927年。

「統計学に於ける二つの傾向について」[15]になると、統計数の吟味、批判の基準として大量観察法をみる立場、すなわち統計利用者の立場からみた大量観察法の視点が提起され、大量観察法の研究が発展する。その発展の過程で統計数の吟味、批判の重要性が論じられ、大量観察法に新たな評価が与えられる。しかし、他面で、H. ムエラー（H. Moeller）批判のなかで数理統計が対象の複雑化にともなってますます必要になるとの言明もあり、この点の評価が問われる。

「統計の解説、批判、解析」[16]では、「二つの傾向」で打ち出された統計の吟味の基準としての大量観察法の全過程のうちの大量観察の四要素を規定する過程が検討される。このことによって大量観察法の統計学における意義と大量観察法自体の理論が深められている。「二つの傾向について」ではまだ「統計の吟味と批判とは大量観察法の研究による」との指摘にとどまっていたのが、統計の解説、批判の意味にとって大量観察法がその基準となることが詳述されるにいたっている。くわえて統計の信頼性、正確性の概念が定式化される。また統計の階級性の問題が初めて指摘される。

「大量に就いて」[17]、「測るべき大量」[18]は、「一考察」で簡単に規定されていた大量観察の対象である「大量」が改めて明確にされ、対象である大量を大量として認識把握することの意義が強調されている。大量そのものの認識についての社会科学の理論の重要性が説かれる。また大量観察過程の叙述が具体化され、大量観察の理論的過程と技術的過程が大雑把にではあるが規定される。

蜷川はその後、「統計利用者の統計学」[19]を執筆する。この論文は経営統計論の序論的性格をもつ内容のものである。蜷川はこの論文で、安定的結果の追求を終局の理想としながらも、単なる叙述、説明（統計により叙述あるいは説明を目的とする場合、統計により事象の最も確からしい正常的な姿をとらえようとする場合）を統計利用の一形態として認め、その意味で数理派的傾向からの脱皮がみられる。

---

15) 蜷川虎三「統計学に於ける二つの傾向について」『経済論叢』第30巻第4号、1930年（蜷川虎三『統計学研究Ⅰ』岩波書店、1931年、所収）。
16) 蜷川虎三「統計の解説、批判、解析」『経済論叢』第31巻第2号、1930年。
17) 蜷川虎三「大量に就いて」『経済論叢』第31巻第6号、1930年（蜷川虎三、前掲書、所収）。
18) 蜷川虎三「測るべき大量」『経済論叢』第32巻第4号、1931年（蜷川虎三、前掲書、所収）。
19) 蜷川虎三「統計利用者の統計学」『経営と経済』第1巻第3号、1931年。

蜷川は『統計利用に於ける基本問題』[20]で、大量観察理論の体系化を果たす。その内容は、(1) 大量観察の意義とその過程の解説、(2) 大量観察の理論的過程、(3) 大量観察の技術的過程、(4) 大量観察代用法、である。伊藤はこれらのうち (1) のみを検討し、その要点が (a) 大量観察法の意義、(b) 大量観察理論の展開の視点、(c) 大量観察過程の概説である、としている。(a) は統計の理解、吟味、批判の根拠である。(b) は対象をとくに重視し、対象の性質から大量観察法を規定するという視点である。(c) では大量観察の過程が理論的過程と技術的過程とに分けられる。前者は大量の四要素を大量観察の四要素として規定する過程である。後者は大量観察を実施する過程である。この両過程を統計の吟味、批判の立場からみるならば、統計の信頼性の問題は主として理論的過程のそれであり、統計の正確性の問題は技術的過程のそれである。

　伊藤は最後に 6 点にわたり、考察を加える。(1) 蜷川の統計調査論の形成過程によれば、統計学が現実の経済研究と結びつきを保とうとすると、調査論がこの科学の重要なテーマとなる。(2) 蜷川の統計調査論は大量観察法の意義づけをめぐって展開され、初期の統計解析法との対比による意義づけは統計利用者にとっての統計の吟味、批判の基準としての意義づけに移行する。次いで、大量観察過程の内容の検討が進められ、意義づけは明確になり、体系的調査論となる。(3) この調査論の意義づけを可能にしたのは、統計利用者の立場からの大量観察への注目とともに、対象自体を重視する唯物論的視点である。(4) 蜷川による統計調査論の意義づけは、後の統計利用過程を強く意識したものとして評価されなければならない。(5) 蜷川において特徴的なのは理論的過程の設定による統計数の信頼性の吟味で、これとの関わりで調査者のよってたつ社会科学理論、イデオロギーの検討が重視され、統計の階級性の問題が提起される。このことは利用者の立場から調査過程を見ることで深められた点で、調査者自身の問題としてもすぐれた指導理論になりうる。(6) 蜷川の理論の基礎にある「集団的研究」、その結果としての安定的結果への志向及び「統計対象＝集団」概念などの是非は別途検討されなければならない。この志向がとりはらわれれば、統計調査論が統計学においてしめる重要性は大きくなる。

---

20) 蜷川虎三『統計利用に於ける基本問題』岩波書店、1932年。

3. 蜷川統計学の批判的検討

(1) 内海庫一郎、足利末男による蜷川統計学批判

　伊藤による上記の論文に先だつこと 7 年ほど前に、内海庫一郎 (1912-94)、足利末男 (1918-2012) は蜷川集団論に論点を絞って、その統計学体系に疑義を呈した。『統計学』創刊号 (1955年6月刊) に掲載された内海庫一郎「弁証法と蜷川統計学についての一考察」[21] と足利末男「集団について」[22] は、蜷川統計学に対して批判的論点を示した論文である。まず内海は蜷川統計学に対し、弁証法なき統計学として、また足利は二元論的統計学として、その批判的克服を提唱した。これらが契機となり統計学の対象をめぐる議論が繰り広げられた[23]。

　内海論文の内容は、蜷川統計学を弁証法の視点から、とくに「生成、発展、消滅」の視点からの批判的に考察したものである。この視点からみると、蜷川統計学の統計方法の出発点をなす「存在たる集団」は問題を含む。「存在たる集団」は、蜷川によれば、「大量の大いさ」と「部分大量の大いさ」という客観的な数量的規定をもち、確率論が適用可能な集団や単なる数値の集まりとは異なる。この主張はそれ自体正しいが、「存在たる集団」の単位標識はもとより時や場所の規定も客観的事実に対応して「生成、発展、消滅」するものとしてとらえられなければならない。しかし、蜷川の「大量の四要素の規定は、社会科学の理論によって与えられる、という考え方の中には、未だ、一つの統計調査には一つの大量が対応している、というような社会科学的にみると、存在を静止の立場でみる誤った観念が残存している」[24]。

　この延長線上で、蜷川の「悉皆大量観察法」について言えば、それは大量的現象の悉皆的、全部的な反映を齎すものではなく、たとえ問題を現象の数量的な側面に限り、また標識を常識的な数個のものに限定するとしても、せいぜい

---

21) 内海庫一郎「弁証法と蜷川統計学についての一考察」『統計学』第 1 号、1955年。
22) 足利末男「集団について」『統計学』第 1 号、1955年。
23) 田中章義「統計対象にかんする諸家の見解について——統計学の性格規定と関連して——」『東京経済大学65周年記念論文集』1965年。
24) 内海、前掲論文、5 頁。

時点的または短期的な一断面に限られた反映にすぎない。

　大量が「生成、発展、消滅」する存在であるという観点は、蜷川の統計解析法の体系の編成替えを要求する。蜷川の統計解析法とは、諸大量の統計値ならびに誘導統計値を媒介として観念的過程で構成された、集団の「数学的」処理である。ここから蜷川の功績の一つである「単なる解析的集団」から「時系列」をもとめる理論が導出される。蜷川のこの統計解析法は、諸大量の「安定的結果」を求める目的だけの集団的観察、大量観察である。しかし、「安定的結果」を社会現象にもとめるのはのぞみ薄である。

　蜷川統計学における「単なる解析的集団」概念の確立とそれに照応する数理的手続きの意味づけは、当時の統計学の一歩前進であった。しかし、「単なる解析的集団」の場合にも解析の目的は「安定的結果」をもとめることとされ（その限りでは純解析的集団と同一）、純解析的集団からもとめられる「安定的結果」への一段階と考えられていた。

　時系列は「意識的に構成された集団」を反映した系列であろうか、と内海は問う。この問いに対する回答は、否定的である。まず、客観的に存在しない集団を意識的に構成する手続きそのものが問題である。また、大量は必ず生成、発展、死滅のプロセスを経るので、この大量をありのままに反映しようとすれば、その統計の形式は時系列になる。したがって時系列は大量の反映形式であり、そこに「意識的に構成された集団」を介在させる必然性はない。理論と統計の関係、統計的系列の目的と法則解明との関係、統計解析における数理手続きの意味などの理論的検討は、蜷川の「単なる解析的集団」に関する考察で十分可能である。

　他方、足利による蜷川統計学の評価は、次のようである。蜷川の「集団」論の特徴は、それまで曖昧なまま取り扱われていたこの概念の中身を明確にしたことである。足利は蜷川「集団」論を評価しながらも、それが二元論的構造をもっていることを、次のように説明した。蜷川にあっては、統計学は統計方法を研究する学問であり、この場合の統計方法とは大量観察法と統計解析法である。両者は一体であるが、大量観察法は社会的にその存在を規定された集団である大量を把握する方法であり、統計解析法は大量観察法を出発点とするが、独自の制約のもとにある方法である。統計学は大量観察を基礎とするが、大数法則の解明もそこに存在根拠を有する。統計方法による研究の目的は集団のも

つ安定性、あるいは他の集団との安定的依存関係である。要するに、蜷川統計学の体系は、社会科学に理論的基礎をおく大量観察の方法的規定としての大量観察法と、数理的方法としての統計解析法とからなる。この点が足利のいう蜷川統計学の二元論的構成である。

　蜷川理論の積極的遺産（更に展開されるべき方向）と消極的遺産（克服されるべきもの）とは明確である。すなわち、前者は統計学を社会科学に属する一個の学問と規定し、統計学の研究対象が社会科学の一研究方法であるとし、その根拠を明らかにしたこと、統計を唯物論的に解釈したこと（統計の本質・実体を実在する集団としたこと）である。後者は集団の二元論的把握、その延長線上での統計学の二元論的性格を有する。この点は蜷川統計学を受け継ぐ者によって克服されなければならない。以上をふまえたうえで、足利は社会統計学の課題を2点にまとめている。一つは、社会科学の理論によって、統計学の体系を一元的に構成すること、もう一つは社会集団と他の社会科学の対象である社会現象との関係を明らかにし、とりわけ社会現象の量的把握が社会科学的認識に対してもつ役割を明確にすることである。

(2)　大橋隆憲による蜷川統計学の批判的継承

　大橋隆憲は大量（社会集団）の歴史法則的認識が欠如している蜷川の統計方法論を、感性的認識—理性的認識—実践という認識サイクルのなかに位置付け、その二元的性格の止揚を構想した。大橋は現実の経済研究の過程一般が次の過程をとる、としている[25]。

　Ⅰ．歴史的過程＝社会的実践が提起する課題の確認
　Ⅱ．既成の理論・諸命題の検討と（再）構成の基準決定
　　　(2.1) 既成の（マルクス主義）社会科学理論・諸命題が反映する対象の構造とそれを規定する歴史的諸条件の変化の存否の理論的および実証的検討
　　　(2.2) 既成の近代主義経済理論による問題の定式化の理論と検討
　　　(2.3) 対象の発展方向とその程度にかんする対立命題への問題の集約

---

25) 大橋隆憲「経済学の方法と統計方法」大橋隆憲・野村良樹『統計学総論(上)』有信堂、1962年、16頁；大橋隆憲「統計理論の定式化と形式主義化」同書、96-7頁。

Ⅲ．事実資料の獲得・整理・利用
　（3.1）統計の利用目的の明確化
　（3.2）質的命題と量的命題の関係の規定
　（3.3）統計指標の選択と組み合わせ（統計指標体系の設定）
　（3.4）統計資料の蒐集
　（3.5）統計値を項とする時系列（歴史的統計）の作成
　（3.6）時系列の綜合分析
　（3.7）分析結果の定式化（歴史的・感性的認識の整序形態＝統計的規則性）
Ⅳ．理論または命題の（新）構成
　（4.1）時系列分析の結果による対立命題の評価
　（4.2）歴史的・因果的必然性の理解＝歴史的・理性的認識
　（4.3）社会科学理論の組み入れ
Ⅴ．歴史的過程＝社会的実践による理論の検証・淘汰

　以上の五段階の研究過程をふまえ、大橋は認識の側から認識サイクルの水準を高次化する「方法的契機」を、「(1) 既成理論の諸命題の適用」「(2) 論理的方法」「(3) 実証的方法」として整理する。これらのそれぞれについてその性格、適用条件および適用限界の検討が必要である。「既成理論の諸命題の適用」の既成理論の諸命題は史的唯物論と経済学（資本主義一般、特殊資本主義、その特定の段階の理論）のそれである。諸命題を研究手段として使用する場合には、それらの諸命題を成立させている前提条件が、適用対象である経済現象を規定する主要条件であると証明しなければならない。「論理的方法」は「抽象方法」または「分析方法」とも呼ばれ、要素的には「概念による分析、総合、展開の操作」である。「実証的方法」には、日常生活のきわめて素朴な経験的方法から既成理論を意識的に媒介した組織的な技術的方法までが含まれる。「大量観察」ないし「大数観察」と呼ばれる統計方法は実証的方法のうちの「組織的技術的方法」に位置付けられ、内容は統計資料の獲得・整理・利用の方法である。
　大橋はさらに感性的史的認識を理性的史的認識に転化させることを「史的認識の高次化」ととらえ、この機能を果たすものとして統計方法をとらえる。史

的認識手段としての統計方法の形態は、歴史的資料の形態と統計指標体系の時系列によって規定され、そこでの基本問題は唯物弁証法と経済理論とを前提とする統計指標体系の選択と統計指標体系の時系列の数理技術的処理である。

佐藤博（1926-2009）は大橋の認識サイクル論によって、「存在の重層的把握」が史的唯物論と経済学における諸方法を媒介とした「史的認識手段としての統計方法」にまで具体化され、結果として蜷川統計学の二元論的構造の欠陥が克服されたとみる[26]。

蜷川統計学の批判的継承という観点から、経済統計論の対象と課題をテーマに掲げた論文に、野澤正徳「経済統計論の対象と性質——序説——」（1975年）[27]がある。この論文の存在に言及したい。蜷川統計論が解決すべき課題を以下のように指摘し、それを踏まえて論点の総括を行っている[28]（野澤は「蜷川統計学」ではなく「蜷川統計論」という用語を一貫して使っているので、野澤論文の紹介ではそれにならう）。

解決すべき課題の第一は、政府統計の批判である。野澤は統計の真実性（信頼性、正確性）の検討はもとより、統計作成の理論的過程と技術的過程の諸段階に存在する歴史的社会的性質を経済政策、経済理論との関連で把握することが必要であると指摘し、そのことの理解があれば政府統計として存在しない統計についても、それらを科学的な立場からの独自の統計調査として問題提起が出来ると指摘する。

第二の課題は、統計利用論の発展である。その中身は、(1) 現在の支配的経済理論による統計の誤用と形式的・数理的利用の批判を行うこと、(2) 科学的経済学の研究における統計の科学的な利用法を明らかにすること、とくに各分野の理論的課題の実証的研究のため、理論的命題・概念を具体的・数量的にあらわす統計指標を作成し、各指標について統計の批判的加工を行うことである。こうした実質的な統計利用をつみ重ねることは、統計批判の視点に一定の方向付けを与える。

---

[26] 佐藤博「統計方法論」『統計学（社会科学としての統計学——日本における成果と展望——）』第30号、1976年、28頁。以下、本書全体の脚注で『統計学』第30号の後に付される「社会科学としての統計学——日本における成果と展望——」のサブタイトルは省略する。

[27] 野澤正徳「経済統計論の対象と性質——序説——」『経済論叢』第115巻第3号、1975年。

[28] 野澤、前掲論文、114-16頁。

第三の課題は、現行の統計・統計体系の改善・改革の問題である。政府統計は真実性の歪曲と利用面での限界をもち、バランスも悪いので、これらの統計・統計体系の改善・改革は避けられない。同時に自治体、民間で実施されている生活の要求にこたえる統計調査の経験の理論化が重要である。

　以上の課題を遂行するうえで、社会統計学は、蜷川統計理論という強固な理論的基盤をもつ。蜷川統計論は日本における重要な統計理論の成果であり、統計学＝社会科学方法論説は統計学と経済統計論の諸規定を考察するうえでの出発点である。

　蜷川統計論では、大量観察において調査のもつ社会科学の理論および調査者・被調査者間の社会関係の認識を、利用者＝批判者のもつそれで批判することが、方法として規定されている。大量—統計の社会的認識方法を研究する視点は必然的に資本主義社会における大量観察の社会的条件、社会的背景についての社会科学的認識を要求し、このことによって大量の統計への客観的反映の成否を批判する方法的基準が成立する。しかし、蜷川統計論は、統計方法論としてのリジッドな体系的構成をとっており、一般的指摘にとどまっていて、それ以上の展開はない。具体的規定は、特殊統計方法論に委ねられている。

　野澤によれば、蜷川自身は体系的な経済統計論を示していないが経済統計論についての部分的、断片的な指摘があり、そこでは統計学総論の場合とくらべると、大量観察法の研究と実質的社会科学＝経済学との関連は密接になっている[29]。しかし、研究対象を大量観察法と統計解析法とする方法論としての性質規定が貫かれているので、大量観察法に必須の経済学が方法にとって外的な知識として与えられている[30]。そこで野澤は蜷川統計論を発展的に継承するために次のような総括を与える[31]。

　第一に蜷川の経済統計論は、その学問的性質としては、特殊大量の数量的認識のための特殊統計方法を対象とする統計方法論と規定されるが、実際には社会経済過程を対象とする具体的な経済学研究を行ってはじめて特殊な経済大量の理論的規定、特殊経済大量にみあった統計方法の作成、研究が可能になる。

---

29) 野澤、前掲論文、122頁。
30) 野澤、同所。
31) 野澤、前掲論文、125-27頁。

蜷川のように経済統計論を独立した一般統計方法論の一分科とするのではなく、それを経済学の一分枝として位置付け、経済研究の一般的目的に従属する特殊な認識方法の研究とみなすのが理にかなっている。

　第二に蜷川は大量の規定を社会科学の理論で規定するが、大量は統計による認識方法の適用を受けている。統計の対象である社会経済過程の社会集団現象を経済学で具体的に研究し、社会集団の理論的規定にいたる過程を統計調査の理論的過程の一部とみなすことで、経済学の理論にもとづいた具体的な統計方法の批判・形成が可能となる。

　第三に経済統計論の対象を統計方法のみに限定するのではなく、社会集団の科学的数量的反映の問題を現在の国家と社会経済過程との関連で考察し、政府の統計調査と統計利用の社会過程とこれを規定する歴史的社会的要因の研究までを研究対象に含める必要がある。

　蜷川から大橋へ、さらに野澤へと統計理論の展開があり、この系譜は社会統計学に経済統計の理論と実証の研究を定着させる指針を示した。

(3)　木村太郎による蜷川集団論批判

　他方、木村太郎（1913-1999）による蜷川統計学体系批判を聞くことにしよう[32]。統計学の端緒に社会「集団」概念におくことに疑義をもった木村によれば、この概念は統計学の成立以降、統計学の内部で作られた概念であり、数字資料としての統計はそれ以前から歴史的に存在していた。したがって統計学の存在以前に既にあった統計を、統計学によって形成された概念である社会集団で説明することは矛盾である。統計＝社会集団という統計の規定（以下、社会集団説と略）は、統計方法によって与えられたものである。統計を統計学の枠内における統計方法と関連させてとらえるのでは、歴史的存在としての統計を正確に理解できず、ひいては統計学のより発展的展開を阻む結果に陥る。木村はこのような理解にたって、統計を「社会経済過程の諸局面を総量的にあるい

---

32) 木村太郎「統計学の体系化に関する素描的試論」『統計学あれこれ』産業統計研究社、1998年（『政経論叢』第13巻第2号、1965年；第13巻4号、1965年；『國學院経済学』第18巻第3・4号、1970年）。

は代表的に反映する数字的資料」と定義する[33]。

　統計の生産過程（木村は統計調査に基づく統計の作成よりも広義の概念として、統計の「生産」という用語を多用する）は、社会経済過程の諸局面の数量的認識を獲得するための直接的観察過程であり、方法としては調査過程である。この調査は、運動する諸過程の静態的側面と動態的側面とに対応させて静態的観察と動態的観察とに区分できる。いずれにしても観察によって数量的に捕捉する対象は、観察単位である。統計的方法で重要になるのは、観察単位の設定と観察単位集団の捕捉である。静態的観察過程で直接観察の契機となる観察単位は、人間、農家、工場といった時間的空間的存在である。これに対して動態的観察過程で観察の契機となる観察単位は、人間の出生、死亡、火災、交通事故など現象の発現を根拠にして捉えたもので、存在そのものではない。従来の統計学（社会統計学も含む）では、こうした点が曖昧で、2つの観察形式の基本的差異性は大量観察法の対象である社会集団の種類（静態的集団と動態的集団）の問題として説明されるにすぎなかった。

　静態的集団を対象とする観察単位集団は、客観的に存在する社会的（歴史的）集団である。観察対象は「存在たる集団」であり、厳密に言えば社会経済関係を前提とした構造的総量（構造と関連性をもった代表値）である。したがって、ここでは観察単位や標識の規定が重要になる。木村はこの議論との関わりで、大量観察法が資本主義の初期段階の集団を観察する方法として最も適したものである、と述べている。資本主義が発達して独占段階に入ると、統計の生産方法としての大量観察法の意義は後退する。大量観察法は観察対象である社会経済過程における諸属性がどのような方法で生産されるかを問題としない。独占の登場は、統計生産の問題を属性自体の記録方法に転化する。観察単位における属性、特に量的属性の記録方法の問題は大量観察方法を固有の統計方法とする限りその枠外の問題とせざるをえなかったが、統計生産一般として捉えると重要な論点となる。

　動態的集団観察法を構成する観察単位は、現象の発現そのもので、それ自体が存在ではなく、「意識的に構成された集団」である。それゆえ、事象の発現

33）木村太郎『［改訂］統計・統計方法・統計学』産業統計研究社、1992年、5頁。

をもれなく捕捉するための組織、すなわち系統的な調査単位の設定が重要な意味をもつ。こうした事情から動態的集団の観察の多くは、行政機関や経済機関を通じ、これらの末端機関を調査単位として業務上の必要から行われる。

　動態的集団の観察過程では、静態的集団のそれにみられるような、第一義統計と第二義統計の区別は困難である。そこでの観察単位の捕捉は多くの場合、申請、許可などを含む届出によるので、いかなる調査単位を通じていかなる方法で観察単位を漏れなく、重複なく捕捉するかが重要なポイントになる。またそこでの観察単位の問題は重要でないわけではないが、静態的集団のそれにおけるほどの決定的意義はない。標識は発現した事象そのものの属性について、動態的観察単位集団の分類の基準として設定される。分類した結果表は客観的存在の構造を反映するものではなく、発現した事象の現象としての傾向を示すにすぎない。

　木村にあっては、統計は「社会経済過程の諸局面を総量的にあるいは代表的に反映する数字資料」と定義づけられるので、対象が社会集団でなくとも、一個の観察単位がありその属性が社会経済過程の特定局面で、総量的かまたは代表的な数字であれば、統計と呼ばれる資格をもつ。換言すれば、一個の観察単位の属性であっても、それが社会経済過程の総体を語る資料であれば、それは統計である（日本銀行の日銀券発行高など）。

　木村はその著『統計・統計方法・統計学』[34]で、蜷川以来の社会統計学の誤りの根源が統計＝社会集団説にあると唱え、統計学の「首座」に統計をおく真の統計学の再構築を提唱した。この著の批判的考察を行った広田純（1925-2011）は、木村の見解を次のように要約する[35]。(1) 観察単位の量的属性に関する総和の統計は標識和であり、集団ではない。しかし、社会集団説は、この標識和の統計にも社会集団を想定する。(2) 静態的観察単位の標識和としてとらえられる動態量は動態集団とはいえない。動態集団とは、動態的観察単位集団である。(3) 社会集団説は標識和の統計にも社会集団を想定し、不連続集団と連続集団、「数えるべき集団」と「測るべき集団」とを区別するが、連続集団とか「測るべき集団」という概念は形容矛盾である。

　このように木村見解を要約した広田は、統計を標識和として規定すれば、そ

34）木村太郎『統計・統計方法・統計学』産業統計研究社、1977年；［改訂版］1992年。
35）広田純「［書評］木村太郎著『統計・統計方法・統計学』」『統計学』第35号、1978年。

れが集団でないことは自明であるが、問題の所在は統計自体ではなく、統計対象が集団であるかどうかという点にあり、木村は統計そのものと統計対象の意味の違いを理解していないと指摘する[36]。関連して、木村は「測るべき集団」と連続集団を同一視し、フラスケンパーと蜷川虎三を批判する。しかし、「数えるべき集団」と「測るべき集団」の区別は、集団の構成単位が同じ大きさの単位であるか、異なる大きさの単位であるかの区別であり、統計対象の区別である。これに対し不連続集団と連続集団の区別は、統計が連続量か不連続量かの区別である。したがって、連続集団という概念が形容矛盾であるという指摘は当たっているが（フラスケンパー批判）、蜷川の所謂「測るべき集団」まで否定するのは妥当でない（論理の飛躍）。いずれにしても、木村の社会集団説批判は統計対象が社会集団であることの部分的否定の立場をとりながら、実際には「統計と統計対象とを区別し、前者を後者の数量的表現とみる立場」に対する批判である[37]。

広田は続けて述べる。木村によれば社会集団説は統計を集団観察の結果たる数字と捉える見解であり、これは統計方法によって統計を規定し、統計の範囲から集団観察の結果でない数字資料を排除することになると言う。木村のこの解釈は誤解であり、社会集団説は統計方法によって統計を規定するとは言っていない。広田によれば、社会集団説は、統計対象を社会集団と規定したうえで、この社会集団を統計として捉える方法が集団観察であると規定する[38]。統計は社会集団を語る数字であると同時に、集団観察の結果たる数字である。社会集団説の立場は、根本的には、統計を統計対象によって規定するというものである。したがって、木村の集団観察の捉え方こそ問題がある。木村は社会集団説で言う集団観察を集団による観察の意味と捉えるが、そうではなく集団観察は社会集団を統計として捉える方法という意味である。社会集団説が統計方法で統計を規定しているとすると批判する木村見解は、自前で解釈した社会集団説の批判である、と[39]。

---

36) 広田、前掲稿、136頁。
37) 広田、前掲稿、138頁。
38) 広田、前掲稿、138頁。
39) 広田、前掲稿、138頁。

4．蜷川統計学体系批判

　蜷川統計学に始まる「統計学＝社会科学方法論説」に比較的早い時期から異論を唱えたのは、大屋祐雪である[40]。その批判は集団論にとどまらず、統計学の枠組み全体に関わる内容で本章のテーマの範囲を超える部分があるが、重要な論点を提起しているので、ここでポイントになる点を取り上げる。

　大屋は1964年に開催された経済統計研究会第8回総会で、反映・模写論に立脚する独自の統計学の構想を試論として発表した[41]。この理論（以下、大屋理論と略）の内容は、大屋自身の説明によれば、次のようである。(1) 統計とりわけ政府統計は社会的労働の特別の形態として歴史的にも、社会的にも恒常性があり、統計的研究から相対的に独立した地位、性格、役割をもつ。(2) 経済分析、経済計画は官庁エコノミストの役割であり、行財政の一環として制度化されている。(3) 政府は最大の統計生産者であり、最大の利用者でもあるので、国家と統計、国家と統計作成の関係の究明は社会統計学の課題とならざるをえない。社会統計学としての統計学の成立基盤は、そこにある。(4) 統計利用は特殊歴史的な形態と性格がある。(5) 種々の統計利用も社会現象として、特殊歴史的な社会過程として考察されなければならない。(6) 社会科学方法論説では、こうした点が理論化も体系化もされていない。(7) どういう視座にたてば、この種の問題が統計学の直接的な研究対象となり、上記の課題を解明する統計学になるのだろうか。視座が問題にされる所以である。(8)「反映・模写論」は、その視座となりうる。この視座は資本主義社会の統計、統計作成、統計利用を特殊歴史的な過程としてとらえ、その発展を歴史的・論理的に追及するために構

---

40) 大屋祐雪「統計論への序説」『経済学研究』（九州大学）第29巻第3号、1964年；同「統計調査論における蜷川虎三」『経済学研究』第32巻第5・6号、1967年など。
41) 大屋祐雪「反映＝模写論の立場と統計学」『統計学』第13号、1964年。大屋理論を肯定的に評価した論文に次のものがある。戸塚茂雄「統計学の理論的基礎」『専修大学経営研究所報』第40号、1980年（『社会統計学研究序説』青森大学附属産業研究所、2004年）。戸塚は大屋がすでに1957年の時点で蜷川統計学体系に疑問を呈していたことを、次の資料における大屋の言説をひいて紹介している。経済統計研究会関西事務局編「日本の現段階における統計学の基本問題」1957年。

築される。(9) この思考様式にしたがって、現代統計をめぐる諸実践の特殊歴史的な社会的性格とそれらの理論的技術的構造を明らかにしなければならない[42]。

　要するに、現代社会の統計、統計調査、統計利用の諸特徴および諸形態を一つの特殊歴史的な社会現象として、社会科学的見地から「反映・模写」するのが、大屋のいわゆる統計学である[43]。統計利用論に関して述べればその対象は、さまざまな統計利用主体の、それぞれ目的に対する統計と統計方法の利用過程である。ここでの研究対象と視座の関係は、統計利用の社会科学的考察である。統計利用の実情は多岐にわたるので、まず類別が必要である。そのためには、あれこれの統計利用の実態が細微にわたってわがものにされなければならないが、それには膨大な労力が必要になる。そこでさしあたりは、政府の統計利用こそが取り上げられなければならない[44]。

　以上に集約される大屋理論は、1980年以降、具体的に展開される。主要論文を掲げると、「調査目的について」(1983年)[45]、「調査計画について」(1986年)[46]、「統計表と集計計画」(1986年)[47]、「統計調査票について」(1989年)[48]、「統計作業について」(1991年)[49]、「調査環境について」(1992年)[50] などである。

　大屋理論に対しては、社会科学方法論説の側からの反論がただちになされた。その反論が急であったのは、社会現象としての統計調査、統計利用における研究の立ち遅れを指摘した大屋の立論がその原因を、蜷川統計学の体系（あるいは社会科学方法論説）を支える原理そのものにもとめたからである。大屋理論

---

42) 大屋祐雪「統計学批判序説」『経済学研究』第42巻合併号、1977年、100-01頁。
43) 大屋祐雪「F. チチェックの統計調査論」『九大40周年記念経済学論集』1967年、345頁。
44) 大屋祐雪編「社会科学としての統計学」『現代統計学の諸問題』産業統計研究社、1990年、35頁。
45) 大屋祐雪「調査目的について」『経済学研究』第47巻第5・6合併号、1983年
46) 大屋祐雪「調査計画について」『経済学研究』第51巻第4号、1986年。
47) 大屋祐雪「統計表と集計計画」『経済学研究』第52巻第1・2・3・4合併号、1986年。
48) 大屋祐雪「統計調査票について」『北海学園大学経済論集』第36巻第3号、1989年。
49) 大屋祐雪「統計作業について」『商経論集』第26巻第3・4号、1991年。
50) 大屋祐雪「調査環境について」『立教経済学研究』第45巻第4号、1992年。(脚注45-50に記載の論文は大屋祐雪『統計情報論』九州大学出版会、1995年、に収録されている。)

に対して、その問題点を積極的に取り上げ、批判したのは近昭夫である[51]。近による「反映・模写論」の批判の論点は、概略、以下のとおりである。大屋の「反映・模写論」では、統計の対象反映性、統計の利用方法の科学性が問題としえなくなる。なぜなら、この理論では統計、統計調査、統計利用は所与の客観的事象であり、統計学の研究対象は客観的事象それ自体の歴史的社会的性格であるからである。独立の実質的科学としての統計学は、それらを客観的視座から反映・模写すればよい[52]。

近は大屋の論理では、統計によって客観的対象である経済社会現象をどのように、どの程度認識できるかという課題、すなわち現行の政府統計の信頼性、正確性がどのように理論的方法論的に保証されているかという問題の検討が統計学の視野から抜け落ちる、と言う。なぜなら、「反映・模写論」では、たとえば国民所得統計や産業連関表も計量マクロモデルも数理的手法も、それらの存在が所与の現象であり、統計学はこれらを客観的現象としていわば外在的に眺めることになり、これでは結果的にそれら諸統計、諸方法の無批判的是認につながるからである。

もっとも、従来の社会科学方法論説的立場にたった統計学に問題がなかったというのではない。社会科学方法論説が政府の統計活動あるいは統計制度それ自体の研究を十分に検討していなかったこと、統計利用者の立場を強調する蜷川統計学における調査論が指導的統計家による目標設定の意義を軽視し、統計的労働工程の考察を欠落させていたことは、反省されなければならない。

伊藤陽一は、統計調査の社会現象的側面、統計制度を研究対象にどう組み込むかという問題を大屋理論の積極面と評価し、また統計利用論の実質的内容の獲得について、見解を表明している。具体的には「統計環境の悪化」、情報の独占と独占的利用、情報の公開とプライバシー保護、統計法のあり方の是非など、

---

51) 近昭夫「いわゆる「統計学＝反映・模写論」への疑問」『統計学』第26号、1973年。他に近昭夫「統計学基礎論——二つの問題をめぐって——」『統計学』第49・50合併号、1986年、参照。前者の近論文に対して、大屋の反論がある。大屋祐雪「批判統計学の前進のために——近会員の疑問に答える——」『統計学』第27号、1973年。
52) 世利幹雄はより直截に、統計の対象反映性や利用方法に関わる成果を、社会科学的知識の理論にもとづく統計利用の心得あるいは注意書きととらえる。世利幹雄「統計学史研究の課題」『統計学』第25号、1972年。

従来社会統計学によって十分に検討されなかった問題を、社会科学方法論説の成果に立脚しながら、大屋の所説を発展させなければならないと述べている[53]。

また、岩井浩は大屋理論に対してなされた反論を肯定的に認めながらも、この理論に対して次のような評価を与えている。「大屋の統計、統計調査の歴史的資本主義的特質の把握、統計と国家の関係の解明は、蜷川以来の社会科学方法論説が、統計方法を主たる研究対象とするがゆえに、統計調査の客観的過程、その歴史的、社会的要因の把握をその対象のかたわらにおいてきたことに対する正当な批判であり、かつ大きな意義をもつものであった」と[54]。

さらに野澤正徳の評価は、次のとおりである。大屋理論の意義は、統計、統計調査と統計利用の歴史的社会的特質の把握、統計と国家の関係の解明を統計学の重要な課題としたこと、その解決のためにそれらを統計学の直接の研究対象としたことである。この観点は、旧来の社会科学方法論説に大きな反省をせまることになった。しかし、逆に大屋理論は、野澤によれば、統計学の認識方法としての側面を把握できない、具体的には政府統計の調査・利用の批判において統計方法の対象反映性の観点からの批判、科学性・非科学性の検討の問題が明確に規定できない、科学的統計方法の形成という問題が視野から脱漏するという難点をもつ[55]。

大屋理論に対する主な評価は以上のとおりであるが、筆者の知るところでは次の是永純弘の見解が正鵠を射ている。すなわち、是永は大屋理論における統計過程分析の二重の見地（理論的技術的および歴史的社会的）の並列に問題が介在していることをみとめる。決定的なのは、この二つの見地の統一が欠如していることである（統一は歴史的なものからその偶然的攪乱的要素を除去した結果としての論理的なもの［意識に反映した］の抽出によって成されなければならない）。その結果、理論的技術的見地は歴史貫通的な抽象的普遍の見地に転化しかねないが、これでは大屋自身が批判した「歴史と社会を超えた規範的立場」になってしまう。また歴史的社会的見地からの分析はこれを指導する方法原理

---

53) 伊藤陽一「統計学の学問的性格」『統計学』第30号、1976年、17頁。
54) 岩井浩「政府統計批判」『統計学』第30号、1976年、130頁。
55) 野澤正徳「経済統計論の対象と性質——序説——」『経済論叢』第115巻第3号、1975年、130-135頁。

をもちえないために、単なる歴史的過程の解説と記述に終始する可能性をもつ。二つの見地の統一の欠如からは、理論の超歴史性、技術の理論的中立性といった幻想も派生する。理論の歴史的社会的被規定性と技術の理論・歴史依存性を確認できない限り、どのように「視座」を転換しても理論的技術的分析手法の機械的適用による分析の形骸化と空洞化を免れえない。大屋が任意抽出標本調査の論理や経済計画における計量モデル分析の手法のもつ認識論的欠陥に寛容であり、その利用の現状に肯定的なのはこのためである、と[56]。

5. むすび

本章では蜷川統計学の体系と方法に関わる諸論点（とくに調査論、対象論［集団論］）の展開をまとめた。最初に伊籐論文によって蜷川統計学の形成過程の特徴をつかみ、次いで『統計学』創刊号（1955年）に掲載された内海庫一郎、足利末男による批判的論点を紹介した。さらに、大橋隆憲の認識サイクル論、野澤正徳の経済統計論への具体化の構想を紹介した。あわせて木村太郎、大屋祐雪によって論じられた蜷川統計学の批判的克服の試みとそれらに対する社会科学方法論説からの反論と同意を紹介した。1980年頃までの議論の展開であるが、最盛期は1970年代である。

蜷川虎三以降に蓄積された社会統計学分野の膨大な成果の山を掘削すると、その深奥で3本の鉱脈に突き当たる。第一の鉱脈は、大橋隆憲、野澤正徳につながる系譜で、主要な成果は独自の認識サイクル論と経済統計論への具体化を志向する方法論の構築である。社会経済現象の体系的、法則的認識という主目標を掲げ、この目標を目指す道程に統計的認識を相対的に位置付け、それとの関係で統計的規則の意義、統計利用論が論じられる。経済統計論の具体化に際しては、経済学の大枠のなかでのその位置を確定しようという志向が顕著である。蜷川集団論の位置付けをめぐる認識論次元で議論はその後、大西広が統計的認識の本質を構成説の視点から再検討する形で再燃した。これについては、ここで詳しく取り上げる余裕はなかったが、一言付け加えると、大西の議論は

---

[56] 是永純弘「近昭夫『統計学基礎論――二つの問題をめぐって――』に対するコメント」『統計学』第49・50号、1986年。

蜷川のいわゆる大量をいかにとらえるかをめぐる大橋と内海の論争、野澤の統計認識論をふまえ、ソ連統計学論争の構成説的観点からの批判的受容をとおして打ち出されたことが特徴である[57]。

第二の鉱脈は、内海庫一郎とその「研究室」のメンバーによる蜷川統計学の批判的継承の系譜である。内海は蜷川統計学の現代的意義を最大限に評価しながら、この理論の再構成をせまるいくつかの問題点を提起した。その骨子は客観的に存在する社会集団の法則的認識を大前提に、存在の一般的法則にしたがって運動する対象を、統計学の対象としたことである。この観点から統計的認識の意義と限界が論じられた。他方で、この方向性の対極にある数理統計学（また推計学）に対しては、その思想的基盤にたちかえりつつ、数理的手法の中身が究明され、内在的に問題点が摘出された。くわえて種々の分野で統計利用の成果を実践的に示したことも特徴である。

第三の鉱脈は、蜷川統計学の批判的継承ではなく、批判的体系構築とでも言うべきもので、大屋祐雪、濱砂敬郎に続く系譜である。蜷川統計学との直接的継承関係はないが、その統計学を強く意識して構築された統計学である。この系譜は調査論、利用論そのものを客体化し、これらを統計学の対象としたところに特色がある。この観点によって統計制度（法体系）論、統計環境論に分野が開拓され、理論展開の道筋がつけられた。この系譜が果たした理論的貢献である。

次章では、以上の整理を念頭に、日本の統計学の流れを展望し、このなかに社会統計学の研究組織である経済統計研究会の活動を回顧し、とくに内海「研究室」の成果（発刊された出版物）を一覧する。

---

57) 大西広「社会統計学の中の『構成説』と『反映論』──構成説と唯物論との両立可能性について──」『統計学』第53号、1987年；同「統計的認識における『仮説』の位置付けについて」『統計学』第55号、1988年；同「『政策科学と統計的認識論』への批判に応えて」『統計学』第60号、1991年。是永純弘は「［書評］大西広『『政策科学』と統計的認識論』」で大西見解の問題点（プラグマティズムの仮説演繹論の肯定など）内海理論の誤解（根拠が曖昧な「素朴反映論」との断定）を指摘し、その見解の全体を批判的に批評した。是永純弘「［書評］大西広『『政策科学』と統計的認識論』」『統計学』第57号、1989年、93頁。

第 2 章
社会統計学の展開

1. 論点と関連論文

　戦後の社会統計学研究の展開のなかで、経済統計研究会（後の経済統計学会）の研究活動が果たした役割は、大きい。その貢献（蓄積された成果）は欠くことのできない財産である。この会の性格と会員による研究の内容を知るには、経済統計学会の機関誌『統計学』の記念号を手にとるのが便利である。『統計学』の記念号は1976年に第1集が刊行され、以後10年おきに第4集まで公にされている[1]。ジャンル別に会員の論文のサーベイを中心に編集され、この学会の研究動向を展望することができる。

　経済統計学会の前身である経済統計研究会の発足は、1953年の初夏から秋にかけてである。同研究会の発足に先立って、1950年代に入り関西では経済統計関係者による研究会がもたれていた。有志で研究会をもっていた関東の統計研究者が、これに合流した。1952年11月26日付の「案内書」では、経済統計研究会設立にともなう会員加入の呼びかけが行われている。発起人に名前を連ねているのは、内海庫一郎、酒井一夫、高岡周夫、松川七郎、木村太郎、和合二郎、田沼肇、坂寄俊雄、馬場吉行、有田正三、高木秀玄、森下二次也、山本正治、大橋隆憲、上杉正一郎、手島正毅、足利末男の17名である。第一回の研究会の開催（報告題目：数理統計学者の反省について、於：京都大学、同年12月13日）の通知が同じ「案内書」に記されている。時期的に併行して会則が決まり（同

---

[1]『統計学（社会科学としての統計学）』産業統計研究社、第1集［1976年］、第2集［1986年］、第3集［1996年］、第4集［2006年］。

年10-12月)、機関誌『統計学』が1956年6月に創刊された。会則第2条の「目的」の筆頭には「社会科学に基礎をおいた統計理論の研究」が掲げられている。第1回全国大会は1957年7月に関西大学で開催された[2]。経済統計研究会が経済統計学会と名称変更したのは、1984年である。

筆者なりに社会統計学の戦後の展開にみられる特徴的諸点を、再整理すると次のようである[3]。(1) 蜷川統計学体系の継承とその批判的克服、(2) 統計学史の研究、(3) ソ連統計学論争の批判的吸収、(4) 数理的形式主義の批判的研究(推計学批判、計量経済学批判、確率論主義批判)、(5) 政府統計批判とその組み替え・加工、(6) 統計制度論(調査環境論)、(7) 社会経済現象の実証的分析、(8) ジェンダー平等統計論、(9) 統計品質論 [(8)(9)は1990年以降、顕著になる]。

以上の経済統計学会が存在した時期とその後の約5年間の研究活動は、戦後の社会統計学の中にどのように位置付けられるであろうか。この問いにこたえるには、日本の統計学の流れをおさえておく必要がある。

明治期以降の社会統計学の生成と発展を体系的にまとめた文献は、多くない。『日本における統計学の発展』(昭和55、56、57年度文部省科学研究費 [A]) はこうした状況を埋めるプロジェクトである。インタビュー形式をとっているので、記憶の確かさの程度などを勘案して利用するならば、有力な資料であ

---

2) 創立の頃の経緯を伝えるものとして、次の資料がある。三潴信邦「経済統計研究会小史(未定稿)」『統計学』第30号、1976年。他に次の論稿、資料を参照。伊藤陽一「経済統計学会の歴史の四齣」『統計学』第90号、2006年。「上杉正一郎」『日本における統計学の発展(第37巻)』(聞き手:広田純、三潴信邦、田沼肇、山田耕之介、伊藤陽一 [1981年11月22日、12月12日、26日]、世田谷下馬の上杉宅)には経済統計研究会創立の経緯が部分的に載っている。この内容は編集され、『追悼 上杉正一郎』(追悼文集刊行会編) 1991年の「インタビュー」の項に収録されている。創立経緯についての該当箇所は、290-91頁。
3) 吉田忠はかつて、経済統計学会における社会統計学研究の特徴を次の6点にわたって掲げた(吉田忠編『現代統計学を学ぶ』世界思想社、1985年、91頁)。(1) 統計学基礎論との一貫した取り組み、推計学批判・計量経済学批判からそれらの「体系的受容」への転換、(2) 統計学史研究の重視、(3) 統計調査の積極的展開、(4) 部門統計の比重の高まり、(5) 統計指標論への志向(物価指数論から不平等度指標へ)、(6) 情報・情報化との関連重視、環境統計、ジェンダー統計の展開(政府統計批判の衰退)。この特徴づけは1985年時点のものであり、70年代に若手研究者が計量モデル、産業連関分析を活用した研究を展開したことに配慮したのであろうか、「推計学批判・計量経済学批判からそれらの『体系的受容』への転換」の指摘がみられる。

る[4]。日本の統計学史をまとめる仕事は、個人の力では難しいのではなかろうか。研究者の集団的作業として企画するならば実現可能と思われるが、それでもこの作業が困難であることに変わりない。

　個別的断片的なものであれば数点が存在する。それらのうち、大橋隆憲（1912-1983）による『日本の統計学』（1965年）は、統計学者の人物と業績を伝記風にまとめた著作である。また戦後の社会統計学の展開に重きをおいて書かれた論文、あるいは短文に、大橋隆憲「日本における統計学の発達・現状・課題」（1960年）、大屋祐雪「社会統計」（1974年）[5]、三潴信邦「社会統計・統計環境」（1982年）[6]、薮内武司「日本統計学史概観」（1995年）[7]、田中章義「日本における社会統計学の成立」（1980年）、山本正「統計学の対象と方法――戦後におけるわが国社会統計学派の研究の特質――」（1984年）がある。本章の課題はこれらの資料を使い、日本の社会統計学の流れの概要をおさえることである[8]。その意図は社会統計学の展開にポイントを定め、この分野の統計学の史的展開を理解するための礎石をおくことである。

　以下では、社会統計学の立場からみた日本の統計学の展開過程、戦後の蜷川統計学の批判的克服の試みである内海庫一郎の統計理論の紹介、そしてその「研究室」の研究活動（成果）について、概略を示す。

4）日本統計学会が学会創立50周年を記念し、統計学者の聞き取りを行ったシリーズがある。（西平重喜代表）『日本における統計学の発展（1980-83年）』佐藤良一郎／寺尾琢磨／宗藤圭三／美濃部亮吉／米田桂三／河田龍夫／小川潤次郎／島津一夫／柴田武／牧田稔／青盛和雄／浅野忠允／医学グループ／兼子宙／北原一身／河合三良／杠文吉／山中誠之／高橋正雄／近藤康男／中川友長／林知己夫／H・バッシン／高木秀玄／正木千冬／鈴木清／黒田俊夫／小河原正巳／丸山博／曽田長宗／瀬木三雄／安藤次郎／伏見康治／田島一郎／鈴木諒一／伊大知良太郎／上杉正一郎／米沢治文／森田優三／柴田銀次郎／郡菊之助／山田勇／鮫島龍行／小田原登志郎／後藤正雄／小山栄三／北川敏男／坂元平八／松下嘉米男／水野担／大橋隆憲／久我通武／木村太郎・内海庫一郎
5）大屋祐雪「社会統計」日本経済学会連合編『経済学の動向（上巻）』東洋経済新報社、1974年。
6）三潴信邦「社会統計・統計環境」日本経済学会連合編『経済学の動向（第2集）』東洋経済新報社、1982年。
7）薮内武司「日本統計学史概観」『日本統計発達史研究』法律文化社、1995年（オリジナルは、「統計学史――日本――」『統計学』第30号、1976年）。
8）三潴信邦「社会統計学（リーディング・コンサルタント）」『経済セミナー』No.87、1963年、参照。

2. 社会統計学の生成と展開

　日本の統計学発展の歴史を、ここでは大橋隆憲「日本における統計学の発達・現状・課題」[9]によりながらまとめる。「まえがき」で著者は、本書でいう社会統計学に限定をつけたが、ここでは事柄の性質上、その範囲をやや拡張する。ただし、以下の叙述で依拠した論文は、蜷川統計学の系譜にあった社会統計学者によるものである。

　大橋論文は、「1. 日本における統計研究の発展」「2. 日本における統計研究の現状」「3. 統計研究の今後の課題」の3節構成である。この論文は日本資本主義の歴史的経過を意識しながら、昭和期（とくに戦後）の統計学の発達、現状、課題を概観している。上記の節のうち、「2. 日本における統計研究の現状」「3. 統計研究の今後の課題」がメインテーマである。統計の歴史が予備的考察として、古代国家の統一のもとでの人口調査記録、太閤検地、明治維新の地租改正から書き起こされているが、この部分は序奏である。

　これ以降、統計学の歴史的展開が5期の段階区分のもとに叙述されている。すなわち、資本の原始的蓄積期（第1期）、産業資本の確立期（第2期）、金融資本の確立期（第3期）、国家独占資本主義への移行期（第4期）、大戦後の独占資本の再編期（第5期）である。理論や方法の歴史的展開を跡づける場合、それらの論理的つながり、継承関係に着目し、いわば理論的系譜として叙述することができるが、同時にそれらの歴史的社会的背景の説明が重要である。わかりやすい例をあげると、日本の統計学には戦前は西欧の統計学の影響が強かったが、戦後は一転して英米数理統計学が支配的となる。両者の間には理論的継承関係がなく、断絶が際立つが、その説明には第二次世界大戦における日本軍国主義の崩壊とその後の日本の対米従属という歴史的経緯の把握を欠くことができない。歴史的社会的条件が理論や方法の変化に及ぼす影響に着目しなければならない所以である。その意味で大橋が上記のように、日本資本発展段階に対応させて統計学の理論の系譜を整理した意図は尊重されなければならない。しかし、大橋はそのように統

9）大橋隆憲「日本における統計学の発達・現状・課題」『経済評論』（臨時増刊）1960年。

計学の発展史を区分したものの、資本主義発展史と統計学の展開との対応関係の細部にわたる説明を省略しているため、いささか形式的な区分になっている感じは否めない。ここでは大橋の意図を条件つきで採用し、叙述を進める。

第1期は明治維新から1910年頃までで、統計学の分野では杉亨二（1828-1917）（最初の近代的統計調査の開発者であり、ドイツ社会統計学の最初の紹介者）、呉文聰（1851-1918）の活動が紹介されている。それぞれの主要な著作は、杉亨二『甲斐国現在人別調』（1882年）[10]、呉文聰『統計詳説 上 一名社会観察法』（1887年）[11] である。

第2期は1910年から20年頃までで、社会問題の解決を主要課題とする学問としてドイツ社会政策学派の理論が移入された。高野岩三郎（1871-1949）[12]、財部静治（1881-1940）[13]、藤本幸太郎（1880-1967）が代表的統計学者である。なかでも高野は戦時下、社会科学研究の自由を奪われた社会科学者を大原社会問題研究所で受け入れ、西洋の統計学者（W. ペティ、G.v. マイヤーなど）の主要著作を翻訳する仕事を共同で遂行した[14]。貴重な成果である。

---

10) 杉亨二『甲斐国現在人別調』統計院、1882年。
11) 呉文聰『統計詳説 上 一名社会観察法』1887年。呉が日本の統計学あるいは官庁統計制度の形成に果たした貢献については、藪内武司「日本統計学史における呉文聰」『関西大学経済論集』第28巻1/2/3/4号、1978年（『日本統計発達史研究』法律文化社、1995年、所収）、参照。
12) 高野岩三郎『統計学研究』1915年；同『社会統計学史研究』大倉書店、1925年。
13) 財部静治『ケトレーノ研究』京都法学会、1911年；同『社会統計論綱』厳松堂、1911年。
14) 大原社会問題研究所編『統計学古典選集』栗田書店、1940-49年。内容は次のとおり。「第1巻（高野岩三郎訳）フォン・モール『統計学』（1872年）、リューダー『統計学批判』（1812年）」「第2巻（高野岩三郎訳）クニース『独立の学問としての統計学』（1850年）」「第3巻（久留間鮫造訳）グラント『死亡表に関する自然的な政治考察』（1662年）」「第4巻（大内兵衛訳）ペティ『政治算術』（1690年）」「第5巻（高野岩三郎・権田保之助訳）ケトレー『道徳的・政治的諸学へ応用された確率理論に就ての書簡』（1846年）、クナップ『道徳統計に関する近時の見解』（1871年）、リューメリン『統計学の理論について』（1863年・1874年）」「第6巻（大内兵衛訳）ワーグナー『統計学』（1867年）」「第7巻（権田保之助訳）ワーグナー『一見恣意的に見える人間の行為に於ける合法則性』（1864年）」「第8巻（森戸辰男・大内兵衛訳）ドゥロービッシュ『道徳統計と人間の意思の自由』（1867年）、シュモーラー『人口統計及道徳統計の結果に就て』（1871年）」「第9巻（久留間鮫造訳）レキシス『自然科学と社会科学』（1874年）、レキシス『人間社会に於ける大量観察の理論に就て』（1877年）」「第10巻（高野岩三郎訳）マイヤー『社会生活に於ける合法則性』（1877年）」「第11巻（森戸辰男訳）エンゲル『労働の価格』（1872年）、エンゲル『人間の価値』（1883年）」「第12巻（森戸辰男訳）エンゲル『ベルギー労働者家族の生活費』（1895年）」「第13巻（高野岩三郎・森戸辰男訳）ジュースミルヒ『神の秩序』（1741年）。

第3期は1920年から40年頃までで、マルクス経済学とオーストリア学派との対立が顕著であった時期である。統計学分野で大きな成果を上げたのは小倉金之助（1885-1962）[15]、蜷川虎三（1897-1981）[16]、大内兵衛（1888-1980）[17]、有澤広巳（1896-1988）[18]、高橋正雄（1901-1995）、などである。オーストリア学派、ローザンヌ学派の影響を強く受けた研究者に、中山伊知郎（1898-1980）、森田優三（1901-1994）がいる。この時期に第19回国際統計協会会議が日本で開催された（1930年）。また、日本統計学会が創立し、第一回総会は京都大学楽友会館で開催された。有澤広巳、蜷川虎三など気鋭の若手研究者が名をつらねて創立の趣意書を作成し、当初、会員は社会科学分野で仕事をしている研究者が中心で、自然科学、数学の分野の人は稀であった[19]。

第4期は1940年から45年頃までであるが、統計学分野で主たる成果はない。大橋はしかし、近藤康男（1899-2005）[20]の指導した農林統計調査の大改正（1941年）、九州大学理学部の統計科学研究会の設立（1941年2月）、統計数理研究所の設置（1944年6月）に言及している。第5期は敗戦後に相当し、独占資本に奉仕する実用主義的近代経済学と労働者階級が旗幟として掲げたマルクス経済学との対立期であった。

関連して、大橋隆憲『日本の統計学』（1965年）[21]は、日本で統計学が成立した頃から戦後に至るまでに斯界の中軸として貢献をなし、大きな業績を残した統計研究者群像の学問的営為を綴った著作である。時代背景として明治中期から天皇制ファシズムと軍国主義の時代と戦後の混乱を念頭に、統計学の上記の区分を踏まえ、9人の社会統計学者の人と学問を、列伝風に描いている。いくつかの特徴的がある。一つは時代背景との関わりでそれぞれの研究者の仕事が論じられていることで、社会統計学が実践と大きなかかわりをもった学問である

---

15) 小倉金之助『統計的研究法』積善館、1924年；同『階級社会の算術』1928年；『階級社会の数学』1930年。
16) 蜷川虎三『統計学研究1』岩波書店、1931年；同『統計利用における基本問題』岩波書店、1932年；同『統計学概論』岩波書店、1934年。
17) 大内兵衛『経済学五十年』東京大学出版会、1959年。
18) 有澤広巳『統計学総論』改造社、1928年；同『統計学要論』明善社1946年。
19) 森田優三「昭和統計学揺籃期の回想」『統計遍歴私記』日本評論社、1980年。
20) 近藤康男『農業経済論』1932年；同『日本農業経済論』時潮社、1943年。
21) 大橋隆憲『日本の統計学（市民教室）』法律文化社、1965年。

ことがわかる。二つ目として、これらの先人の思想と行動には（行政にとりこまれ、為政者の側にたって仕事をした研究者でも）多かれ少なかれ、時代の趨勢に批判的姿勢をとった形跡がみられ、高邁な理想をもった統計学者として魅力的に描かれていることである。略歴も適切に織り込まれている。

統計学の理論では有澤理論、蜷川理論が要領よくまとめられ、わかりやすい。高野岩三郎、大内兵衛、有澤弘巳はいまでこそ著名な統計学者としてその名が残っているが、それぞれ大学を追われ、官憲によって逮捕され留置されるなどの憂き目にあいながら、不撓不屈の精神をもって業績を残した。閉塞した時代状況のなかで、言い知れぬ苦労があったことが記述されている。また統計実践や統計行政がどれほど困難な仕事であったのか、それを乗りこえたところに理論的偉業が確立されたことを知ることができる。

大橋論文の「2. 日本における統計研究の現状」では、第5期における動きが、詳しく論じられている。ポイントは、日本の戦後の統計および統計制度が占領軍の指導のもとでアメリカ化されたことである。その具体的な内容としてあげられているのは、(1) 統計制度の近代化、(2) サンプリング調査と数理統計の技術と理論の強力な導入、(3) 近代経済学の諸理論と諸概念による官界、学界の支配、として要約されている。その露払いの役割を担ったのは、いわゆる社会民主主義的マルクス主義（労農派）系の研究者であった（彼らは、中山伊知郎を代表とする近代経済学系の学者と一部提携した）。大橋は、こうした事情を背景に統計調査史上、統計利用史上、統計理論史上の成果と貢献を評価するために、「Ⅰ 官庁および独占資本の統計役職員」「Ⅱ 数理統計学者（技術派、理論派、実用派）」「Ⅲ 社会経済統計学者（近代経済学者、マルクス経済学的社会統計学者、その他）」に分けて考察している。以下はその解説である。

「Ⅰ 官庁および独占資本の統計役職員」。敗戦後の日本の統計制度再建にあたり、大内兵衛は統計委員会の委員長に就任し、各省の統計部課を強化した。しかし、長続きせず数度にわたる行政整理で組織は縮小化され、1952年には統計委員会が廃止され業務が行政管理庁統計基準部に引き継がれた。これは日本の統計行政の保守政治への従属強化のプロセスであった。この動きに対し、日本の実態にそくした統計を作成しなければならないとする意識がたかまった。全労働省労働組合総連合の『失業白書――失業者の実態と政府失業対策の本

質』(1949年)、日本労働組合総評議会『官庁統計のぎまんをつく統計の闘い』(1954年)、労働調査協議会・関西労働調査会『労働組合の調査活動』(1957年)などが注目される。

「Ⅱ 数理統計学者(技術派、理論派、実用派)」。戦後の数理統計学者の動きとして注目されるのはまず、北川敏男を委員長とする「統計科学研究会」の発足、文部省の下に設置された「統計数理研究所」である。その後、「標本調査の黄金時代」が到来するがこの動きを牽引したのは増山元三郎(1912-2005)、北川敏男(1909-1993)の推計学派であった。彼らはアメリカ占領軍の指導のもとで、日本の官庁機構に加わった近代経済学者と連携し、推計学と標本調査の推進と定着に取り組んだ。標本調査とその技術は官庁が主宰する統計調査だけでなく、企業内部の品質管理、企業外情報入手のための市場調査、世論調査にも多用された。標本調査に対する幻想は、数理統計学者においてはいうまでもなく、一部のマルクス経済学者をも虜にした。その後、思想的混乱は次第に落ち着き、数理統計学者の一部にはこの理論を冷静に反省する機運があらわれた(坂元平八、津村善郎)。

「Ⅲ 社会経済統計学者(近代経済学者、マルクス経済学的社会統計学者、その他)」。近代経済学者のなかで一般均衡理論の実証あるいは現実分析にとりくんだのは、山田勇、市村真一などである。またケインズ系の経済学者は、統計調査史上、統計利用史上、大きな役割を果たした。財務金融関係の業務統計の整備、国民所得統計の整備などの分野でそれが顕著であった。計量経済学の分野では、英米の議論の直輸入(模造品)が氾濫した。

大橋は社会統計学者を社会民主主義の立場にたつ学者と蜷川統計学を基礎におく学者とに分け、前者に対して厳しい評価をしている。社会民主主義の立場にたつ学者は有澤広巳、高橋正雄、美濃部亮吉などである。大橋によれば、彼らは統計の吟味・批判に重点をおくのではなく、既存の統計の意味を探ることに関心があり、近代経済学の概念や理論モデルにも関心をもつ。また社会集団論を基礎とする統計理論をもたず、業績の主要な内容は統計解析法を中心とした技術論である。

社会統計学者は、官庁統計調査に対する直接的寄与はなかった。彼らの主要な仕事は、官庁統計の階級性、欺瞞性、非科学性に対する批判であった。代表的業

績は、上杉正一郎の『マルクス主義と統計』(1951年)[22]である。とはいえ、多くの研究は現象ないし法則性の説明的・記述的利用の範囲を出ていない。そうした消極的な統計利用に飽き足らないものは、積極的に数量的合法則性の摘出と検証、統計利用による法則性の理論的定式化に向かっている。統計理論上では、内海庫一郎が蜷川統計理論の非弁証法的、非歴史的性格を指摘し、その克服を課題として提起した。この他、ドイツ社会統計学派の影響を受けた研究は、地道に続けられた。それらは高岡周夫、有田正三、関弥三郎の尽力による。浦田昌計によるドイツ大学統計学派の研究、松川七郎による政治算術の研究が注目に値する。

以上に要約した大橋論文は1960年に公にされたものである。この後の動向を1980年に出た田中章義「日本における社会統計学の成立」(1980年)[23]で補いたい。田中論文は社会統計学、とりわけ蜷川統計学の批判的克服に論点を限定した論文である。全体的見取り図が要領よく整理されている。

田中論文の前半では、蜷川統計学が戦前から最も整備、体系化された社会統計学であるとの指摘がある。その後継者による研究は個別的には充実したものがあったが、学問体系化の作業は未解決のままであった。後半では蜷川理論の評価が要約的に紹介され、社会科学方法論説の批判的検討が行われている。

田中は統計学の発展を、大橋にならって5期に区分し、各時期の特徴を要約している。蜷川統計学の批判的継承の足跡を後段で検討する田中は、相対的に独立した統計学が実を結ぶ第3期に着目している。この時期(戦時中)、社会統計学者は苦節をしいられたが、それにもかかわらず高野岩三郎の指導の下に大原社研が刊行した『統計学古典選集』、小島勝治による中世日本の統計思想研究(小島は戦病死)、大橋隆憲訳によるマイヤー『統計学の本質と方法』(1943年)が遺産となった。他方、数理統計学は軍部との協力関係を保つなかで、「発展」を遂げた。

敗戦後の特徴は、4点に整理されている[24]。(1)英米数理統計学の跋扈、(2)戦時中、閉塞を余儀なくされた社会統計学者による戦後統計制度の確立。特筆

---

22) 上杉正一郎『マルクス主義と統計』青木書店、1951年。
23) 田中章義「日本における社会統計学の成立」田中章義・伊藤陽一・木村和範『経営統計学』北海道大学図書刊行会、1980年。
24) 以下の(2)(3)については、次の論文が参考になる。山本正「統計学の対象と方法——戦後におけるわが国社会統計学派の研究の特質——」『数量的経済分析の基本問題』産業統計研究社、1984年。

すべきは、社会統計学の優れた業績が公にされたことである。代表的なものは大橋隆憲による推計学批判、数理的方法の経済学への応用に対する山田耕之介、広田純、是永純弘の批判、上杉正一郎による政府統計批判、統計の組み替え・加工による実証分析（山田喜志夫、大橋隆憲、戸田慎太郎など）、ソ連統計学論争の紹介（有澤広巳、内海庫一郎、大橋隆憲）、統計学史研究（松川七郎、有田正三、足利末男、吉田忠）である。これらとともに、(3) 社会統計学の体系化が、蜷川統計学批判として進められた。第1章で言及したように、先鞭をつけたのは内海庫一郎である。大橋隆憲、木村太郎、大屋祐雪からの問題提起がこれに加わった。本書が対象とする社会統計学の枠組みからは出るが、田中は (4) 統計数字を一つの歴史的資料として編纂する作業、にも言及している。一橋大学経済研究所『解説日本経済統計』（1953年）、日本統計研究所『日本経済統計集』（1958年）、大川一司他『長期経済統計（全14巻）』（1965-88年）、松田芳郎『データの理論』（1978年）などである。

　以上、戦後の社会統計学の40年ほどに及ぶ歩みを2つの論文を手掛かりにまとめてきたが、それを縮約した文章がある。やや長いが、的確な表現であるので引用する。

　「……統計的・数理的手法の科学性、社会的機能はどう評価され、位置づけられ、活用されるべきか。これは、統計学が答えるべき中心的課題であり、わが国の社会統計学が検討を重ねてきた問題であった。すなわち、そこでとりあげられた論点は、国際統計活動と情報新秩序、情報公開・プライバシー保護と統計情報の在り方、統計行政と「統計環境の悪化」、政府統計調査の問題・政府統計の真実性検討、統計利用における個々の数理的手法（計量経済学をふくめて）の適用限界にかかわっての手法の発生史・論理・実際的適用にそくしての吟味、数理的方法を万能とする認識論、科学・数学観の検討、政府統計批判を越えての組み替え利用、革新運動側からの計画提起における計量的手法の利用の在り方の検討にまで及んだ。これらはいずれも、社会主義国をふくむ各国での統計実践の実際経過と各国統計理論、また統計史、統計学史、さらに認識論や科学論を参照しながらのものであった。これらの諸点は、大きくは、統計行政（制度）論、統計調査論、統計利用論、そして統計的認識論、統計学説史という統計学内の分野で研究されてきた。わが国の社会統計学はこの研究の経過の中で、現実認

識のためには統計データは不可欠であること、しかし資本主義国家が作成する統計データと統計利用は、その目的、使用している概念、手法の枠組みにおいて大きな制約をもつため、批判的吟味が必要であること、この中で、政府統計の組み替え等を通じて国民サイドからの現実認識に役立て、批判を迫力あるものとすべきこと、等では共通の認識にたち、さらに社会革新の中で、自らの手による統計の活用、計量的手法の利用をめぐって研究・論争を継続している」、と[25]。

3．社会科学方法論説の批判的継承

(1) 内海統計理論

　蜷川統計学の批判的継承に積極的に取り組んだのは、内海庫一郎である[26]。その内容は、内海庫一郎『科学方法論の一般的規定からみた社会統計方法論の基本的諸問題』(1963年)に集約されている[27]。内海のこの書を評したものに、葛西孝平・吉田忠「〈書評〉『科学方法論の一般的規定からみた社会統計方法論の基本的諸問題』の紹介と批評」(1963年)がある[28]。山本正は論文「統計学の対象と方法——戦後におけるわが国社会統計学派の研究の特質——」(1984年)で、とくに「内海統計理論」の節をたて、その内容を紹介、検討している。

　内海理論は必ずしも体系化されたものではない。しかし、前章でみたように、その問題提起は社会統計学の内容の本質をつく刺激的なものであった。一言で表すのは不可能なことを承知であえてそれを行うとすれば、内海の議論は蜷川理論の二元論的構成の批判、「存在たる集団」への「集団たる存在」の対置(さらに「個体」を統計の対象として考察)、さらに「純解析的集団」の統計学から

---

25) J. アーヴィン・I. マイルズ・J. エバンス (伊藤陽一・田中章義・長屋政勝監訳)『虚構の統計——ラディカル統計学からの批判』の「訳者あとがき」梓出版社、1983年、404-8頁。
26) 内海庫一郎は、1983年に蜷川統計学研究所を開設している。
27) この書物のうちの第1章第1節、第2節、第2章、第3章、第4章は、内海庫一郎編『社会統計学の基本問題——現代統計学批判——』北海道大学図書刊行会、1975年、に収められている。
28) 葛西孝平・吉田忠「〈書評〉『科学方法論の一般的規定からみた社会統計方法論の基本的諸問題』の紹介と批評」『統計学』第11号、1963年。

の切り離しと大数法則そのものを否定であった。
　内海によれば、統計の対象は必ずしも蜷川が規定した「集団」でなければならないのではなく、「個体」であってもよい。統計対象＝「大量」は「その存在が社会的に規定された集団」ではなく、社会的存在がその一面において集団なる性質をもつ、と規定すべきものである。統計対象は、社会的存在の数量的側面という規定だけで十分である。統計対象を必ずしも集団としない主要な理由は、次のように説明された。すなわち、人間集団は人と人との交互作用からなる社会関係＝生産関係からなり、この交互作用自身が「集団」化され、反復・安定・固定化すれば、社会科学の研究対象である社会制度、社会構成体となる。そうなると、特定の交互作用を営む人間集団がそれ自身「個体」化し、かつその個体独自の質的、構造的、および量的規定性をもつ。企業、国営企業、中央銀行などは、個体＝構成体である。企業の会計組織、権力機構の収支（すなわち財政）、あるいは日銀の銀行券発行高などは、これら個体の数量的属性である（集団とは言えない）。それらは、個体＝構成体の単一な数量的規定であることにその本質的意義がある。
　内海は「解析的集団」にも矛先を向ける。その結論は、統計の利用・加工あるいは「統計解析」の目的は「安定的結果」の追求、「統計法則」の発見にあるのではない、というものである。社会科学の目的は「統計的法則」の発見にではなく、客観的な社会法則の発見、およびそれらの諸法則の組み合わせによる諸規定の総合としての具体物とその運動の観念的再現である。「統計法則」はその過程における一つの段階、いわゆる「経験的法則」ないし「実験式」にすぎない。内海はまた、蜷川の「単なる解析的集団」の概念にも否定的姿勢を示す。時系列に反映される「集団」は「単なる解析的集団」ではなく、まさに「大量」の発展変化そのものである。それは目的によって構成された人工的産物ではなく、「大量」の発展変化の反映、すなわち客観的運動変化の反映そのものである。時系列が「単なる解析的集団」であるのはむしろ例外で、一般には「大量」の運動と変化そのものの反映であり、その分析は安定的結果の発見ではない[29]。
　内海理論に現在進行形で接していた佐藤博、大屋祐雪はその中身を的確に要

29）以上の内海理論の内容は、次の論文を参照した。内海庫一郎「統計対象の性格について」『科学方法論の一般規定からみた社会統計方法論の基本的諸問題』第２章、1962年（『社会統計学の基本問題』北海道大学図書刊行会、1973年、所収）。

約しているので、理解を深めるために引用させていただく。佐藤によれば、内海は蜷川統計学に弁証法の諸規定を導入することで、3つの分野でその批判的克服を図った[30]。(1) 統計対象＝「集団」の問題、(2) 統計調査の問題、(3) 統計系列の問題、である。「統計対象論」では、集団を反映する統計の他に、個体として現象する社会的存在の量的側面を反映する統計も存在することを指摘した。統計調査論では、統計調査過程を「統計数字を生産するという特定の認識＝研究実践」とし、「社会測量の過程」と規定する。そのうえで唯物弁証法の諸命題を(1) 認識の対象反映性、(2) 認識の実践的依存性、(3) 認識の発展性の3つにまとめ、蜷川調査論では「認識の対象反映性」は確認できるが、「認識の実践的依存性」「認識の発展性」の議論が不十分とする。「認識の実践的依存性」とは、統計調査が「科学的な活動に属する実践」であり、調査は被調査者の実践における体験、経験、記憶に依存し、統計調査が間接経験という性格をもつことである。「認識の発展性」の議論では、統計調査が感性的認識の段階のものとされる（一定の理性的認識を前提）。事実の確認である。

　「統計系列」に関して、内海は「生成、発展、消滅の法則」を適用する。内海にあっては、時系列は蜷川のいわゆる「単なる解析的集団」の反映と考えるべきではなく、「大量」そのものの運動変化を反映するものと考えなければならない。内海はこの視点からさらに蜷川統計学に対する「批判論点」を挙げている。(1) 時系列構成の目的はただ対象の一側面を感性的認識として確認するだけであること、(2) 時系列構成は多標識的でなければならないこと、(3) 時系列の解析手続きが現象から本質への、もろもろの偶然的因果関係の必然的因果関係への思惟の運動に他ならないこと、(4) 時系列分析は量的範疇、および量から質への転換の法則を基準にしなければならないこと、(5) 研究過程で統計およびその加工のしめる位置が分析、抽象、総合、具体化のそれぞれで確認されるものとならなければならず、対象の性質・本質とその研究段階によって統計の利用・加工の在り方は異なること、以上である。内海は蜷川統計学における「大量」を、意識から独立した「存在」の次元に引き戻してとらえることで、「存在の法則」にしたがって再規定し、統計方法、とくに統計調査法の諸

---

30) 佐藤博「統計方法論」『統計学』第30号、1976年、23-6頁。

規定を感性的認識過程の具体化として内容の深化を図ったのである、と。

また大屋は内海理論の礎石である思考方式に注目している。それによると内海理論の意図は、以下のとおりであったと述べている[31]。

(1) 統計対象は弁証法的性格をもった社会的存在である。しかるに、それを数量的に反映すべき統計方法が固定的、形式的なものであっては、それによって得られる統計も科学的認識の素材としては、一面的、固定的、形式的なものにならざるをえない。

(2) 弁証法的運動体の数量的反映のメカニズムとしての統計方法は、唯物弁証法の諸規定を生かす方法過程として構成されてこそ、真に科学的な統計実践の要素たりうる。唯物弁証法をこのように統計方法の諸規定に持ちこむ思考様式からすれば、蜷川理論には「弁証法がない」、チチェックの統計調査論には「反映・模写論の欠如」という指摘がでてくるのも無理からぬことである。もっとも、大屋は科学の方法として「反映・模写論」が唯一の正しい研究様式と考えているが、統計学へのその生かし方は内海と全く異なる。そのことは大屋の内海理論に対して指摘された「統計学で反映=模写論の立場にたつということは、唯物弁証法の諸規定を統計方法の中に生かすことだろうか」という疑問に示されている。

この内海理論にたいして、大橋隆憲、吉田忠、木村太郎、広田純がそれぞれの立場から意見を述べている。大橋は『統計学総論（上）』（1963年）の「内海統計理論」の項で[32]、内海理論の意義を (1) 有澤理論、蜷川理論に薄弱であった統計方法の認識サイクル的位置づけを明確にし、それを感性的認識段階の一方法と規定したこと、(2) 有澤理論の観念論的性格、蜷川理論の機械論的性格を克服し、唯物弁証法を徹底させ、大数法則論を社会統計理論から追放したこと、(3) 時系列の実在性を強調し統計学の問題の重点が時系列にあるのを指摘したこと、の3点で認めながら、内海が「集団」を統計学から追放したことを問題視している。社会集団は量的規定をみつけだすための方法過程における抽象的形成物（論理的総体）ではなく、歴史過程そのものが客観的に抽象した実体であり、特殊な機能をもった社会集団であるからである。

---

31) 大屋祐雪「反映=模写論の立場と統計学」『統計学』第13号、1964年、70頁。
32) 大橋隆憲「経済学の方法と統計方法」大橋隆憲・野村良樹『統計学総論（上）』有信堂、1963年、40-44頁。

吉田は内海の集団追放論のもつ多くの難点を指摘している。同時に内海理論が統計の内容を拡大し、「発展しつつある対象＝社会現象過程」へひろげる糸口を与えた点を評価している[33]。

　木村太郎は内海が集団概念の絶対性を否定し、社会集団の調査結果でないものも統計として認知したことを評価した[34]。もっとも木村見解が内海のそれと重なるのはここまでで、木村理論は単位観察の諸属性の量的側面（量的標識）を合計し標識和としての統計が作成されること、動態的観測単位集団の理解などに独自性をもつ[35]。広田は社会集団説の立場に立ちつつ、経済活動を示す数字も統計と規定した[36]。議論の経過のなかで注目すべきは、内海による統計対象の拡大が統計学の社会測量学＝計量社会学方法論への解消につながると批判した大橋に対して、山本正が「社会集団説よりする内海統計対象論に対する批判の究極的根拠はここに存すると考えられる」[37] と指摘しながらも、これに付け加えて数理主義的傾向に反発するのが内海理論だったはず、と内海を擁護していることである。

(2)　内海「研究室」の共同著作

　内海による社会統計学の展開への貢献は、以上に述べたように、蜷川統計学の批判的検討と独自の統計理論を構築したことだけでなく、この分野で多くの後継者を育てたことである[38]。「研究室」メンバーは本書の各章で紹介している

---

33) 葛西孝平・吉田忠、前掲稿、68頁。
34) 木村太郎「統計と社会的集団」『統計学』第12号、1964年。
35) 木村太郎「統計＝社会集団説批判」『[改訂] 統計・統計方法・統計学』産業統計研究社、1992年。
36) 広田純「書評：木村太郎著『統計・統計方法・統計学』」『統計学』第35号、1978年。
37) 山本正、前掲論文、192頁。
38) 北海道大学の自然科学、哲学の分野の研究者が数名、定期的に内海宅などで集まり「ヘーゲル会」という名の研究会がもたれていたことも指摘しておく。ヘーゲル『大論理学』などがテキストに使われた。この会の一員で内海の影響を強く受けた岩崎允胤（哲学、1921-2009）は、『統計学』に次の論文をよせている。岩崎允胤「プラグマティズム的『統合』論理学と『推計学』との近似性」『統計学』第12号、1964年；同「帰納論の歴史とわれわれの若干の課題」『統計学』第13号、1964年；同「『決定理論』とその基本性格」『統計学』第14号、1965年。岩崎には他に次の関連論文がある。岩崎允胤「プラグマティズムの仮説・検定理論――『統合』論理学と推計学の場合」『神戸大総合雑誌　展望』第8号、1962年；同「近代主義的モデル論の批判――とくに計量経済学と科学哲学について」『唯物論研究統計学』第16号、1963年；同「近代経済学の哲学的基礎」『経済評論』1965年2月号。

ように個別的に社会統計学研究に貢献し研究成果を公にしているが、「研究室」としての取り組みでも目をみはる成果をあげている。このことは木村が内海の追悼文で触れている[39]。内海「研究室」の、その集団的研究成果を以下に掲げる。

〈共同著作〉
① 内海庫一郎編『社会科学のための統計学』(1973年)[40]

本書は、教科書でありながら専門的研究の成果が取り入れられた内海「研究室」の最初の共同著作である。「はしがき」の冒頭で、次のように述べられている。「この書物は、新制大学の教養過程の統計学と専門課程の統計学ないし社会・経済統計学の二段階の課目の一貫した教科書になることを目標にして作られたものである。……統計学を応用確率論としては考えず、統計数字の生産＝調査とその数字の利用・加工についての研究方法論として考えてゆこう、としている」と[41]。前半の各章(第1章～第4章)は、統計数字の作成とその利用・加工を方法論として考察することを目的としている。後半、第5章以降は部門統計があつかわれ、具体的な統計数字の実質的意味の解説、信頼性、正確性の批判的吟味、そのことを踏まえた実証分析が意図されている。各章で若干の論点が社会科学研究の課題にそくして取り上げられ、専門的な検討が加えられている。章立ては、以下のとおりである。

「第1章：社会・経済研究における統計および統計方法の意義」(佐藤博)、「第2章：社会・経済統計の基本性格」(是永純弘)、「第3章：統計利用の基本的諸形態と数理統計学批判；[補論] 確率概念の本質と確率論主義批判」(是永純弘)、「第4章：世論統計」(是永純弘)、「第5章：人口と階級──人口統計──」(伊藤陽一)、「第6章：資本主義と貧困──労働統計──」(横本宏)；[補論] 最近の犯罪の動向について」(近昭夫)、「第7章：日本農業の現状と農業統計の特質」(山田貢)、「第8章：工業統計と産業分類」(田中尚美)、「第9章：経営情報システムにおける基礎概念──経営統計の一問題──」(田中章義)、「第10章：現代インフレーションとその基本的指標──金融統計──」(岩井浩)、「第11章：景気統計──景気観測の問題点──」(近昭夫)、「第12章：国家独占資本主義の再生産構造──国民経済計算──」(山田喜志夫)；[補論] 産業連関表における投入係数について」(長屋政勝)、「第13章：国民経済と国家──財政統計──」(山田喜志夫)、「第14章：物価統計と物価指数」(内海庫一郎)

---

39) 木村太郎「［追悼］内海庫一郎会員の逝去を悼みて」『統計学』第67号、1994年、58頁。
40) 内海庫一郎編『社会科学のための統計学』評論社、1973年。
41) 内海編、前掲書、「はしがき」。

② 是永純弘・佐藤博・山田喜志夫編著『講座・現代経済学批判（Ⅰ、Ⅱ、Ⅲ）』
（1974-75年）

是永純弘編著『現代経済学の方法と思想（講座・現代経済学批判Ⅰ）』[42]、佐藤博編著『現代経済学の源流――学説史的検討――（講座・現代経済学批判Ⅱ）』[43]、山田喜志夫編著『現代経済学と現代（講座・現代経済学批判Ⅲ）』[44]の三巻本は、モダニズム的社会科学諸理論（現代経済学）をその思想的・世界観的基礎に遡って批判することを意図したものである。

順に、現代経済学の理論の方法的思想的基盤を吟味したのが『現代経済学の方法と思想（講座・現代経済学批判Ⅰ）』、俗流経済学の成立から限界革命を経てケインズにいたる現代経済学の思想的系譜を検討したのが『現代経済学の源流――学説史的検討――（講座・現代経済学批判Ⅱ）』、現代の主要な経済問題にそくして現代経済学批判の具体的展開を試みたのが『現代経済学と現代（講座・現代経済学批判Ⅲ）』である。これらは議論の対象が社会統計学分野の守備範囲をこえているが、当時の経済学の焦眉の課題に真正面から取り組んだ理論的成果と言える。

より具体的にみると、Ⅰ巻が明らかにしているのは、現代経済学が誇示する、その理論の「科学性」（中立性、精密性、技術的・実用主義的有効性）の本質である。内容は「第1章：現代経済学の方法・思想的特質」（是永純弘）、「第2章：近代経済学の社会均衡観」（長屋政勝）；［補論］「マーシャルの部分均衡論」（成島辰巳）、「第3章：現代経済学と数学的方法」（杉森滉一）、［補論］「現代経済学と確率論の応用」（木村和範）」、「第4章：現代経済学と会計学――近代会計学の目的論主義批判――」（田中章義）となっている。

Ⅱ巻は古典派経済学の成立、発展、解体の過程を経て俗流経済学的要素の再編として1870年代初頭に成立した「限界革命」と、ケインズ経済学を含めたその後の近代経済学の展開を批判的に考察している。構成は「第1章：近代経済学的思想の発生――古典派経済学の解体過程における――」（佐藤博）、「第2

---

42) 是永純弘編著『現代経済学の方法と思想（講座・現代経済学批判Ⅰ）』日本評論社、1975年。
43) 佐藤博編著『現代経済学の源流――学説史的検討――（講座・現代経済学批判Ⅱ）』日本評論社、1975年。
44) 山田喜志夫編著『現代経済学と現代（講座・現代経済学批判Ⅲ）』日本評論社、1974年。

章：「限界革命」と近代経済学の変容」(是永純弘)、「第3章：「ケインズ革命」の意義と限界——国家独占資本主義の経済理論としてのケインズ経済学——」(近昭夫)、「第4章：ケインズ経済学の"発展"と評価の変遷」(近昭夫)；[補論]「物価指数論史」(高崎禎夫)である。

Ⅲ巻は現代資本主義の若干の問題にそくし、七つの論点に限定して現代経済学の諸理論の批判的検討を行っている。

「第1章：経済成長論」(山田喜志夫)、「第2章：公共経済学」(伊藤陽一)、「第3章：公害の経済学」(横本宏)、「第4章：管理通貨論」(山田喜志夫)、「第5章：所得政策とコスト・インフレ論」(岩井浩)、「第6章：産業連関論」(長屋政勝)、「第7章：経済学白書と経済計画の経済学」(池田茂)。

1970年代に前後して、資本主義は危機的様相を示していた。インフレーション、国際通貨危機、公害問題の発生、環境破壊、資源問題、人間疎外の深化などである。「経済学の第二の危機」を宣告された現代経済学はこの状況に直面して、切歯扼腕するだけでなく新たな展開を試みるが、ますます危機的理論的状況が露呈することになる。その中身を検討したのがこの巻である。

③ 田中章義・伊藤陽一・木村和範『経営統計学』(1980年)[45]

著者によれば、本書の特徴は、次の4点である。第一に統計を統計データあるいは統計方法として孤立的に扱うのではなく、社会的生産関係(その基底に社会的分業がある)との関連で相対的とらえ、それを指揮・統制するには観念的総括を行うための仕方・様式を計算様式と規定したことである。また、社会的分業には直接的分業と社会的分業とがあり、簿記・会計は前者における特定の計算様式であり、統計は後者における特定の歴史的な計算様式と規定したうえで、両者の区別と同一性が指摘されている。

第二に経営統計と経済統計との関連を資本制的計算様式として統一的にとらえ、各種の統計がもつ社会性をこの計算様式に由来するものとして構造的に把握されていることである。第三に経営に利用される数理的方法について、それが企業会計に応用されるさいの限界を示しながら、その基本的形態が説明され

---

45) 田中章義・伊藤陽一・木村和範『経営統計学』北大図書刊行会、1980年。

ていることである。第四に数理統計的方法に代わる社会科学の理論にそくした統計利用法の在り方が検討され、現実の企業の経済的関係の実質的分析がなされていることである。

本書は三潴信邦によって、経営統計と経済統計を資本制的計算様式として統一的に捉える試みとして評価されているが[46]、その評価の具体的中身は以上の著者の意図に示されている。構成は次のようである。(第1篇および第2編第1章、第2章[田中章義]、第2篇第3章および第3篇[木村和範]、第2篇第4章、第5章、第6章および第4篇[伊藤陽一])

第1篇　経営統計の基礎概念／「第1章：生産と分業」／「第2章：認識過程の構造」／「第3章：統計的認識様式の生成」／「第4章：日本における社会統計学の成立」；第2篇　資本制的計算様式／「第1章：企業経営の計算様式(1)——直接的分業の計算様式——」／「第2章：企業経営の計算様式(2)——価値的計算様式——」／「第3章：統計調査の過程」／「第4章：経済・経営統計資料の種類と内容」／「第5章：総合加工統計——新SNA——」／「第6章：統計制度」；第3篇　企業経営における数学的方法／「第1章：需要予測——移動平均法と回帰分析法——」／「第2章：投資決定——統計的決定理論——」／「第3章：生産の管理——線型計画法——」／「第4章：品質の管理——統計的品質管理——」／「第5章：市場調査——任意抽出調査法とχ^2検定——」；第4篇　統計の社会科学的利用／「第1章：社会科学的統計利用論」／「第2章：経営分析の方法をめぐって——三菱重工業を素材に——」／「第3章：企業配置と金融資本」／「第4章：階級構成と労働者階級」

④　高崎禎夫・長屋政勝編著『統計的方法の生成と展開（経済学と数理統計学Ⅰ）』[47]、山田貢・近昭夫編著『統計分析と統計的方法（経済学と数理統計学Ⅱ）』[48] (1982年)。

これら2冊の書は、「経済学と数理統計学」という共通のテーマのもとに、数理統計学そのものの成立と発展の過程を跡づけ、その理論的展開過程と問題点の解明および数理統計学が社会・経済現象の分析・研究にどのように導入されたのか、またそこでどのような問題が生じたのかという課題を解明した、社会

---

46) 三潴信邦「社会統計・統計環境」『経済学の動向（第2集）』東洋経済新報社、1982年、101頁。
47) 高崎禎夫・長屋政勝編著『統計的方法の生成と展開』（経済学と数理統計学Ⅰ）産業統計研究社、1982年。
48) 山田貢・近昭夫編著『統計分析と統計的方法（経済学と数理統計学Ⅱ）』産業統計研究社、1982年。

統計学プロパーの分野における力作である[49]。

　前者が意図したことは、19世紀末に生物測定学として成立した数理統計学が当初どのような性格をもち、その後どのような理論的あるいは現実的契機にうながされ、現代的形態へ変容していったかを解明すること、とされている[50]。その内容は、以下の章立てをみればおおむね明らかである。

「第1章：K. ピアソンと記述統計学――有意性検定前史――」（長屋政勝）、「第2章：スチューデントの小標本理論」（高崎禎夫）、「第3章：R. A. フィッシャーの統計的推論」（杉森滉一）、「第4章：ネイマン=ピアソンの統計理論――統計的仮説検定論を中心として――」（木村和範）、「第5章：A. ワルトの統計的決定論――その基礎的概念にそくして――」（伊藤陽一）、「第6章：相関と回帰の統計理論――相関・回帰分析法の方法論史的考察――」（岩井浩）、「第7章：因子分析の基本性格」（木村和範）

　後者は、数理統計学が本来の成立基盤を離れて、社会・経済現象の分析にどのように適用されたかを明らかにし、それが経済学の研究にどのような影響をもたらしたのかを、示すことを目的としている。この作業をとおして計量経済学に代表される数理統計学を利用する経済分析がかかえる問題点を考察している[51]。全体の内容は次のとおりである。

「第1章：ボーレーの統計思想」（横本宏）、「第2章：ユールにおける統計的方法の利用」（近昭夫）、「第3章：ジェヴォンズの経済分析における統計的方法」（成島辰巳）、「第4章：『統計的経済学』の展開とその意義」（近昭夫）、「第5章：計量経済学における統計的方法の適用」（近昭夫）、「第6章：計量経済学と統計的推論」（木村和範）、「第7章：日本の経済学と計量経済学」（山田貢）、「第8章：産業連関論的価格論の批判」（岩崎俊夫）、「第9章：システム思考と社会認識」（是永純弘）

〈編集〉

　「研究室」のメンバーが編集の中核となり、次の書籍が刊行されている。(1) R. ビーン編著（伊藤陽一・杉森滉一他訳）『国際労働統計――手引きと最近の

---

49) 次の書評がある。山本正「山田貢・近昭夫編著『統計分析と統計的方法――「経済学と数理統計学」II――』『統計学』第43号、1982年；小林道正「高崎禎夫・長屋政勝編著『統計的方法の生成と展開――「経済学と数理統計学」I――』『統計学』第45号、1983年。
50) 高崎・長屋編著、前掲書、序文。
51) 山田貢・近昭夫編著、前掲書、序文。

傾向——』(1990年)[52]、(2) 伊藤陽一・岩井浩・福島利夫編著『労働統計の国際比較』(1993年)[53]、(3) 長屋政勝・金子治平・上藤一郎編著『統計と統計理論の社会的形成（統計と社会経済分析Ⅰ）』(1999年)[54]、(4) 杉森滉一・木村和範編著『統計学の思想と方法（統計と社会経済分析Ⅱ）』(2000年)[55]、(5) 近昭夫・藤江昌嗣編著『日本経済の分析と統計（統計と社会経済分析Ⅲ）』(2001年)[56]、(6) 岩井浩・福島利夫・藤岡光夫編著『現代の労働・生活と統計（統計と社会経済分析Ⅳ）』(2000年)[57]、(7) 杉森滉一・木村和範・金子治平編著『社会の変化と統計情報（現代社会と統計１）』(2009年)[58]、(8) 岩井浩・福島利夫・菊地進・藤江昌嗣編著『格差社会の統計分析（現代社会と統計２）』(2009年)[59]、(9) [編集翻訳] D. ドーリング・S. シンプソン編著（岩井浩・金子治平・近昭夫・杉森滉一監訳）『現代イギリスの政治算術——統計は社会を変えるか』(2003年)[60]。

(3) 「研究室」の翻訳活動

① モリソン・ヘンケル編『統計的検定は有効か——有意性検定論争』(1980年)[61]

『統計的検定は有効か——有意性検定論争』の原書のタイトルは、*The Significance Test Controversy*, 1970、で30の論文が収録されている。訳書では下記の17論文に

---

[52] R. ビーン編著／伊藤陽一・杉森滉一他訳『国際労働統計——手引きと最近の傾向——』梓出版社、1990年。
[53] 伊藤陽一・岩井浩・福島利夫編著『労働統計の国際比較』梓出版社、1993年。
[54] 長屋政勝・金子治平・上藤一郎編著『統計と統計理論の社会的形成（統計と社会経済分析Ⅰ）』北海道大学図書刊行会、1999年。
[55] 杉森滉一・木村和範編著『統計学の思想と方法（統計と社会経済分析Ⅱ）』北海道大学図書刊行会、2000年。
[56] 近昭夫・藤江昌嗣編著『日本経済の分析と統計（統計と社会経済分析Ⅲ）』北海道大学図書刊行会、2001年。
[57] 岩井浩・福島利夫・藤岡光夫編著『現代の労働・生活と統計（統計と社会経済分析Ⅳ）』北海道大学図書刊行会、2000年。
[58] 杉森滉一・木村和範・金子治平編著『社会の変化と統計情報（現代社会と統計１）』北海道大学出版会、2009年。
[59] 岩井浩・福島利夫・菊地進・藤江昌嗣編著『格差社会の統計分析（現代社会と統計２）』北海道大学出版会、2009年。
[60] D. ドーリング・S. シンプソン編著／岩井浩・金子治平・近昭夫・杉森滉一監訳『現代イギリスの政治算術——統計は社会を変えるか』北海道大学図書刊行会、2003年。
[61] モリソン・ヘンケル編／内海庫一郎・杉森滉一・木村和範訳『統計的検定は有効か——有意性検定論争』梓出版社、1980年。

絞られている。1950年代後半からおよそ10年間の、アメリカの社会学と心理学の分野での統計的推論万能論に対する批判と反省の論文がまとめられている。本書の意義はアメリカでの有意性検定をめぐるこの議論が日本でそれまで紹介されていなかったにもかかわらず、この訳業で陽の目をみたことである。「はじめに」で、各章の内容と「統計学上の争点（標本抽出、母集団、意味、水準、検出力、技法、因果性）」「科学哲学上の争点（範囲、形式、過程、目的）」との対照表が掲載されている[62]。

第1部では編集者のホグベンの主張が述べられている。趣旨は、有意性検定をはじめとする統計的推論が科学研究の方法としての「推論」と無縁である、ということである。第2部では社会学界での論争の記録である。第3部には有意性検定（心理学分野での）に、疑問を呈した論文が収録されている。第4部には、「他の分野からの批判」として医学者の論文が収録されている。

吉田忠は本書に対する「書評」で、次のように述べている。「一部の論者によって理論形成過程における多様な実証研究と理論的方法の重要性が強調されているが、……有意性検定の役割を浮かび上がらせるほど具体化されていない。そこから、有意性検定を単なるデータ読み取り手続きとみなす見解への批判が必ずしも十分説得力をもたなくなる。……データ整理をめぐる主観的判断に関して限定された「合理化」としての意味しかもたぬ有意性検定も、理論的研究の進展、その前提としてのまた結果としての事実資料の集積のなかで、それらの補完によってなんらかの役割を果たしうるかもしれない。問題は、その形態や内容であり、科学研究の方法全体においてそれがもつ意味と重要性である」と[63]。

<u>第1部 批判的な歴史的接近／解説／「第1章：現代の危機──不確実な推論の不確実性」(L. ホグベン)／「第2章：統計的配慮と統計的推論」(L. ホグベン)；第2部 社会学における論争／解説／「第3章：統計的方法の諸問題」(S.M. リプセット、M.A. トロウ、J.S. コールマン)／「第4章：形式的基準なきデータ分析の落とし穴」(J.A. デーヴィス)／「第5章：社会調査における有意性検定批判」(H.C. セルヴィン)／「第6章：社会学的研究における確率化と推論」(R. マクギニス)／「第7章：社会研究における理論・確率・帰納」(S.F. カミレリ)／「第8章：聖なる0.05──社会科学における統計的有意水準の使用にかんする覚え書き」(J.K. スキッ</u>

---

62) モリソン・ヘンケル編、前掲訳書、9頁。
63) 吉田忠「［書評］D.E. モリソン、R.E. ヘンケル編／内海庫一郎、杉森滉一、木村和範訳『統計的検定は有効か』」『統計学』第39号、1980年、108頁。

パー Jr、A.L. ギュンター、G. ネイス）／「第9章：有意水準の選択基準——聖なる0.05についての覚え書き」(S. レイボヴィッツ）／「第10章：統計的検定と実質的意義」(D. ゴールド）／「第11章：有意性検定再論」(D.E. モリソン、R.E. ヘンケル)／「第12章：有意性検定の意義——証明か証拠か」(R.F. ウィンチ、D.T. キャンベル)；第3部　心理学者による批判／解説／「第13章：帰納仮説の有意性検定の誤謬」(W.W. ローズブーム)／「第14章：心理学研究における有意性検定」(D. ベイカン）／「第15章：心理学と物理学における理論の検定法——方法論的逆理」(P.E. ミール)／「第16章：心理学研究における統計的有意性」(D.T. リッケン)；第4部　他の分野からの批判／解説／「第17章：証拠としての有意性検定」(J. バークソン)／「むすび：行動科学における有意性検定——懐疑的結論とわれわれの生きかた——」(D.E. モリソン、R.E. ヘンケル）

② J. アーヴィン・I. マイルズ・J. エバンス『虚構の統計——ラディカル統計学からの批判』(1983年)[64]

『虚構の統計——ラディカル統計学からの批判』の原書タイトルは、*Demystifying Social Statistics,* 1979である。原書は22章からなるが、イギリスの特殊事情に深入りしている章を省略して15の章が訳出されている。日本の多くの研究者、学生、市民に紹介したいとの意図から訳出、出版された。内容は現代社会における国家を中心とした統計データの作成と利用、そこに含まれる数理的手法の利用、そしてこれを正当化する統計学を批判し、さらに社会革新をめざす統計と統計学をイギリスのラディカルな立場から提起したものである[65]。

本書の主要執筆メンバーは、BSSRS（British Society for Social Responsibility in Science：科学における社会的責任を考えるイギリスの協会）に属している。この会は、1960年代のベトナム戦争での生化学兵器使用反対運動の中から、1968年に生まれた。

訳者はこの書の意義を、次の四点に限定して指摘している。第一は、統計データと数理的手法の活用に関する諸問題が体系性をもち、包括的に取り上げられていることである。第二は、統計データも統計的手法もともに特殊な社会的産物であるという見地が強調され、「統計データ＝真理」「統計的方法＝科学的」という通説が批判されていることである。第三に、諸問題の検討が一面的にならず、柔軟であることである。第四に、全体として、ラディカルな政治的実践

64）J. アーヴィン・I. マイルズ・J. エバンス／伊藤陽一・田中章義・長屋政勝他訳『虚構の統計——ラディカル統計学からの批判』梓出版社、1983年。
65）同書、「訳者あとがき」、406頁。

に統計を役立たせるという見地があることである。もっともいくつか問題点があるとして、訳者は若干の章での論証不足や一面性、数理万能主義を支える実証主義に対する批判がはなはだ弱いこと、統計手法をそれ自体として検討する姿勢が乏しいこと、などを指摘している[66]。訳書の構成は、次のとおりである。

第Ⅰ部 社会統計の歴史的把握／「第1章：統計的認識の社会的起源」（I. マイルズ、M. ショー）／「第2章：イギリスにおける優生学、および数理統計学の興隆」（D. マッケンジー）；第Ⅱ部 知識と数について／「第3章：なぜ数字はそんなに重要なのか――数量化の役割とその批判――」（R.M. ヤング）／「第4章：社会科学における実証主義と統計」（R. キート）／「第5章：『有意性検定』の有意性」（L. アトキンズ、D. ジャレット）；第Ⅲ部 統計と国家／「第6章：政府統計批判」（I. マイルズ、J. アーヴィン）／「第7章：政府統計はどのように作られるか――内部からの告発――」（政府統計家有志）／「第8章：社会階級――政府、社会学、マルクス主義における――」（T. ニコルス）／「第9章：政府統計における性差別」（A. オークレー、R. オークレー）／「第10章：富統計の貧困」（C. ハード、J. アーヴィン）／「第11章：福祉国家における貧困」（J. キンケイド）；第Ⅳ部 統計の活用／「第12章：世論調査――社会科学か政治的謀術か――」（C. マーシュ）／「第13章：オペレーションズ・リサーチとコスト・ベネフィット分析」（J. ローゼンヘッド、C. サンハースト）／「第14章：社会的予測――将来の予測か歴史の作成か――」（I. マイルズ、J. アーヴィン）；第Ⅴ部 結論／「第15章：社会統計学；ラディカル科学をめざして」（D. グリフィン、J. アーヴィン、I. マイルズ）

③ R. クリューガー・L. ダーストン・M. ハイデルベルガー編著『確率革命――社会認識と確率』（1991年）[67]

『確率革命――社会認識と確率』は、*The Probabilistic Revolution, Volume 1, Ideas in History*, 1987の邦訳である。原書は4部19章からなる。本書にはそれらのうち12章が収められている。原書には *The Probabilistic Revolution, Volume 2, Ideas in the Sciences* という続編がある。

「訳者あとがき」によれば、本書は「確率革命」に関するプロジェクトチームである「ビーレフェルト・グループ」の主要な研究成果の一部である。このプロジェクトチームは、もともと科学史家であるT.S. クーンの研究会にR. クリューガー（R. Krüger）らが参加し、1974年に当該テーマの計画を設定することで研究活動をスタートさせたのであるが、その後、1983年と1984年にビーレ

---

66) 同書、409-10頁。
67) R. クリューガー・L. ダーストン・M. ハイデルベルガー編著／近昭夫・木村和範・長屋政勝・伊藤陽一・杉森滉一訳『確率革命――社会認識と確率』梓出版社、1991年。

フェルト大学学術研究センターとフォルクスワーゲン財団から研究助成を受け、大西洋の両側から総勢21人を擁して編成された[68]。本書の意義は、統計的方法や思考形式が社会現象の研究から生まれ、またそれがさまざまな自然科学や社会科学の研究分野の施行に影響を与えたと指摘していることである。統計理論そのものとしてではなく、それを考察した理論家の理論的、実践的、政治的活動が時々の社会関係のなかで検討されているのが特徴である[69]。

問題点は本書がT.S. クーン（Thomas Samuel Kuhn［1922-96］）のパラダイム論を方法論的支柱においていることである。パラダイム論とは、多くの科学者にとって理解しやすく、説得力をもち、種々の練習問題を解くのに便利な規範で科学の発展を説明するという原理である。クーンのパラダイム論は、はたして科学の革命的な進歩を説明し得るだろうか。訳者はこの問いに否定的である。章立ては、次のようである。

序文（L.J. ダーストン）／「第1章：確率論主義のおくれた誕生——19世紀の哲学論議——」（R. クリューガー）／「第2章：ラプラスの確率論の衰頽——シュトゥンプ、フォン・グリース、およびマイノンクについての研究」（A. カムラー）／「第3章「フェヒナーの非決定論——自然から偶然への法則へ——」（M. ハイデルベルガー）／「第4章：ラプラスとその影響——19世紀の確率論——」（I. シュナイダー）／「第5章：19世紀の社会科学における不確実さの測定」（S.M. スティグラー）／「第6章：合理的個人と社会法則の対立——確率から統計へ——」（L.J. ダーストン）／「第7章：記述、計数、計算——統計をめぐるナポレオン時代の論争——」（M-N. ブルゲ）／「第8章：生命・社会統計と確率——ケトレー、ファー、ベルティヨン父子——」（B-P. ルクエ）／「第9章：貧民と数——産業革命期のイギリスにおける社会改革についての統計的な議論」（K.M. メッツ）／「第10章：法則のない社会——1850-1880年のドイツにおける社会科学と統計学の再解釈——」（T.M. ポーター）／「第11章：プロイセンの数——1860-1882年」（I. ハッキング）／「第12章：統計的因果性の文化史」（M.N. ワイズ）

---

68) R. クリューガー・L. ダーストン・M. ハイデルベルガー編著／近昭夫・木村和範・長屋政勝・伊藤陽一・杉森滉一訳『確率革命——社会認識と確率』梓出版社、1991年、「訳者あとがき」、398頁。
69) 同所、406頁。

④ T.M. ポーター『統計学と社会認識——統計思想の発展 1820-1900年』（1995年）[70]

この著作は、*The Rise of Statistical Thinking 1820–1900*, 1986の邦訳である[71]。「訳者あとがき」によれば、著者のT.M. ポーター（T.M. Porter［1953- ］）はアメリカの科学史研究者で、カリフォルニア大学ロサンジェルス校歴史学部准教授である（日本語版序文執筆当時）。経歴のなかで注目されるのは、30歳前後で、ドイツのビーレフェルト大学での「確率論」をテーマに掲げた共同研究に参加したことである。ポーターの研究関心は、科学思想（その一環に統計思想がある）の特定のものが、その時々の社会状況に影響を受けながら、どのように勢いを得、次に別の形の思想によって克服されていくかという点にある。また、その興隆と変遷過程を、基本的節目を設けて精密に分析することである。このような諸思想との脈絡のなかで統計思想の特徴を明らかにし、科学にしめる統計学の位置を確かめる作業は、新しい視点である。

内容は下記の章別構成をみればある程度わかるが[72]、社会発展のそれぞれの時期の社会認識の在り方との関わりで統計思想がどのように成立し、統計理論としての特定の形を整え、なおかつ一定方向へ変遷していったかを考察したものである[73]。統計と統計理論をめぐる議論には多様な思想が関与するが、ここではそれらの関わりが丁寧に解きほぐされ、統計学の流れが思想としての機械的決定論から集団的（統計的）思考へと変化していく合理的プロセスとして説明されている。

問題点として、次の三点が指摘されている。第一は、制度的側面の考察が不足していることである。第二に、研究の枠組みが思想史に限定されているとしても、ケトレー理論から生物測定学への展開図式で統計思想を説明する本書の進め方では、方向の選択に明らかに偏りがあることである。第三に、社会統計

---

70) T.M. ポーター／長屋政勝・木村和範・近昭夫・杉森滉一訳『統計学と社会認識——統計思想の発展 1820-1900年』梓出版社、1995年。。
71) 次の書評がある。上藤一郎「T.M. ポーター『統計学と社会認識——統計思想の発展 1820-1900——』」『統計学』第72号、1997年。
72) T.M. ポーター／長屋政勝・木村和範・近昭夫・杉森滉一訳『統計学と社会認識——統計思想の発展 1820-1900年』梓出版社、1995年、「訳者あとがき」、385-88頁。
73) 同書、376頁。

的認識として、数理統計学よりも大きな重要性をもつ社会調査の系譜が研究の範囲から脱落していることである。19世紀の統計思想を論じる場合、一方で集団全体をとりあげ、その内部構造や全体の規則性を追求する統計的研究の方向があり、他方で部分や局所の実態や特質を事例調査、踏査をつうじて解明する社会調査の方向があり、この2つの方向が競合、交叉しながら統計理論は発展してきた。本書では後者が解明されていない。本書の中身は、以下の章立てをみるとより具体的にわかる。

<u>序論</u>／<u>第1部　社会的な計算</u>／「第1章：社会科学としての統計学」／「第2章：カオスを支配する法則」／「第3章：自然の壺から保険会社のオフィスへ」；<u>第2部　不合理なものの至高の法則</u>／「第4章：人工の誤差と自然の誤差」／「第5章：社会法則と自然科学」；<u>第3部　不確実性についての科学</u>／「第6章：統計的法則と人間の自由」／「7章：時間の矢、物理学と哲学における統計的不確実性」；<u>第4部　博学と学問</u>／「第8章：統計の数学」／「第9章：生物測定学的統計学の起源」／結論

4．むすび

　現在の経済統計学会会員は、現実の社会経済統計に関わる課題と直接、向き合ったテーマで研究に取り組んでいる。研究テーマは多彩である。このこと自体は、ますます複雑化する社会の現状の反映で、当然である。学会はその前身が経済統計研究会であるが、蜷川統計学の批判的継承を意図するにせよ、その根本的批判を試みるにせよ、あるいはそうした議論に親近感をもっていたか、いなかったかで濃淡の差があったにせよ、社会経済現象の統計的認識に何らかの形で関心をもった研究者が核となってスタートした事情があり、研究課題として統計対象論（集団論）、数理統計学に対する批判、社会統計学の学史的検討など、いくつかの主要なテーマをもっていた。

　テーマへのアプローチには、「学派」の特徴が顕著に現れていた。大きく分けると、前章で検討した三つの系譜、すなわち大橋隆憲などの蜷川統計学を批判的に継承する系譜、蜷川統計学の現代的意義を問うかたちでその統計学の再構成を意図した内海庫一郎とその「研究室」の系譜、そして蜷川統計学と格闘しながらそれと対峙して独自の反映・模写論の構築をはかった大屋祐雪の系譜に

分れる（あるいは蜷川統計学と関係をもつか、意識しながらも上記の系譜と異なる上杉正一郎、木村太郎の独自の統計学、広田純、山田耕之介の統計学もある）。

　本章はこれらの社会統計学の系譜の特徴を、明治以降の日本の統計学分野の研究活動のなかで、示すことができた。本章では、大橋論文、田中論文によりながら、その整理を行った。論文執筆の時点が1960年ないし80年であるので、分析はある時点で止まっている。大橋論文、田中論文を参考に、今後このテーマを掘り下げ、同時に時期の補完することが必要である。

　本章ではまた、上記の三つの系譜のうち内海庫一郎とその「研究室」メンバーによる研究成果（成果物としての著作）をクローズアップした。成果を詳細にパラフレーズすることはできなかったが、研究成果物の構成（内容）をみれば、その一端は自ら浮き上がってくるはずである。内海庫一郎とその「研究室」メンバーによる研究成果をとくに取り上げた理由は、筆者が内海研究室の早い時期のメンバーであった是永純弘教授に大学院経済学研究科で指導を受け、この研究室の事情を知ることができる位置で統計学を学び、これまで研究を続けてきたためであり、また、内海研究室の理論的・方法論的成果に大きな影響を受け、研究成果に敬意を表してきたからである。

第 3 章
統計学史

1．論点と関連論文

　本章では、統計学史研究の成果を検討する。経済統計学会あるいはその前身である経済統計研究会の会員による業績の蓄積は、この分野で極めて厚い。研究成果は、浦田昌計、長屋政勝、籔内武司、芝村良による『統計学』記念号のサーベイ論文に詳しい[1]。その対象範囲は、政治算術、国状学、確率論、ケトレーの統計学はもとより、英米数理統計学に及ぶ。いずれのサーベイも当該分野の研究業績が手際よく整理され、研究業績の充実さが如実に示されている。これらの学史研究の特徴は、その内容が統計学の系譜の祖述ではなく、社会科学としての統計学の主題を問い、社会認識の方法として統計（学）の意義とを問うていることにある。

　こうした成果が生まれた理由は、一つには蜷川統計学が西欧あるいは英米の統計学の学説史的検討をとおして構築された事情が微妙に影響している。また統計学の歴史的研究は、アカデミズムの世界に身をおく研究者が果たすべき責務との自覚があったことも否定できない。厖大な研究業績からの以下の紹介は、そのごく一部にとどまる。

　蜷川自身は、統計学の歴史について、次のように述べている。「独逸派にせよ英米派にせよ、現在の統計学から遡って行くと、ケトレー（L.A. Quételet 1796-

---

[1]　浦田昌計「統計学史（西欧）」『統計学』第30号、1976年。他に、長屋政勝「統計学史（西欧）」『統計学』第49／50合併号、1986年。籔内武司「統計史・統計学史」『統計学』第69／70合併号、1996年。芝村良「統計学史」『統計学』第90号、2006年。

1874)の輝かしい業績に達する。ケトレー以前に在っては、専ら国状の記述を目的とせる独逸大学統計学（deutsche Universitätstatistik）と、社会現象の数量的記載並に其の分析を目的とせる政治算術（Political arithmetic）とが全く別個に存在し、発展して来たのである。然るに、ケトレーにおいて、よく此の二つの流れに於ける本質的な問題が把握され、政治算術に於ける社会現象の数量的研究を更に発展し、之を一個の社会科学として主張するとともに、統計学こそ其の学問であるとした。同時にケトレーは之が研究の資料としての統計の整備に就いて実際方面の大なるものがあり、且つ此の科学の研究方法として、確率論の応用及び其の他数理的方法の進歩を促した所は実に大きい」と[2]。

代表的な著作をあげると有田正三『社会統計学研究――ドイツ社会統計学分析――』（1963年）、足利末男『社会統計学史』（1966年）、松川七郎『ウィリアム・ペティ――その政治算術＝解剖の生成に関する一研究』（1968年）、吉田忠『統計学――思想史的接近による序説――』（1974年）、浦田昌計『初期社会統計思想研究』（1997年）、長屋政勝『ドイツ社会統計方法論史研究』（1992年）、吉田忠『オランダの確率論と統計学』（2014年）[3]をただちに想起できる。上記の蜷川の文言にあるケトレーに関しては、山本正「アドルフ・ケトレーの"平均人間"について」（1952年）[4]、高岡周夫「ケトレーとマイヤー」（1962年）[5]、高橋政明「ケトレーの社会体系論」（1973年）[6]、「わが国におけるケトレー研究」（1975年）[7]、吉田忠「統計学と機械的唯物論［Ⅱ］――ケトレーの「社会物理学」と機械的唯物論――」（1974年）[8]、成島辰巳「ケトレーの統計学と平均」（1995

2）蜷川虎三『統計学概論』岩波書店、1934年、315-17頁。
3）吉田忠『オランダの確率論と統計学』八朔社、2014年。
4）山本正「アドルフ・ケトレーの"平均人間"について」『山梨大学学芸学部研究報告』第3号、1952年。
5）高岡周夫「ケトレーとマイヤー」『北海学園大学経済論集』第10号、1962年（『経済統計論の基本問題』産業統計研究社、1988年、所収）。
6）高橋政明「ケトレーの社会体系論」『統計学』第26号、1973年。
7）高橋政明「わが国におけるケトレー研究」『統計学』第29号、1975年
8）吉田忠「統計学と機械的唯物論［Ⅱ］――ケトレーの「社会物理学」と機械的唯物論――」『統計学――思想史的接近による序説――』同文舘、1974年。

年)[9]、佐藤博「ケトレーにおける『統計学』と『社会物理学』の構想」(1999年)[10] などをあげることができる。

統計学の源流にドイツ国状学、イギリス政治算術、フランス確率論があるといわれ、それらがケトレーによって近代統計学として集大成されたとする理解が広くいきわたっている（この通説にたいしては異論がある。「4. むすび」を参照）。この通説にてらすとドイツ国状学、イギリス政治算術に関する文献は多いものの、フランス確率論の内容を解説した文献は数えるほどしかない。こうした事情を考慮すると、吉田忠「統計学と機械的唯物論［Ⅰ］——古典的確率論と機械的唯物論——」(1974年)[11]は、貴重な成果である。この論文で吉田は、そのフランス確率論がどのようなものであったか、その思想的背景にあった機械的唯物論がいかなるものであったかを解説している。内容をみると、B. パスカル (B. Pascal 1623-62)、P. フェルマ (P. Fermat 1601-65) の往復書簡でその基礎が築かれた確率論の発展についての簡明な説明がまずあり、それを下敷きに、C. ホイヘンス (C. Huygens 1629-95) が主観確率論の傾向を含みながらも確率論を体系的に展開したこと、J. ベルヌーイ (J. Bernoulli 1654-1705) が二項分布と大数法則に関する考察で確率論分野を前進させたこと、P.S. ラプラス (P.S. Laplace 1747-1827) が古典的確率論の世界を完成させたこと、などが解説されている。

確率論の歴史に関する社会統計学的研究は多くないが、伊藤陽一「確率に関する諸見解について——確率主義批判のために——」(1965年) がある。これについては、「第5章：確率基礎論」で触れる。

2．統計学史展望

統計学の歴史の全体に関して、これを個人の力で通史的に書きとおすことが容易な仕事でないことは、想像に難くない。直接、古典文献、多くの関連資料にあたらなければならないことは言うまでもないが、問われるのは学説の歴史

---

9) 成島辰巳「ケトレーの統計学と平均」『社会科学のための平均論』法政出版、1995年。
10) 佐藤博「ケトレーにおける『統計学』と『社会物理学』の構想」『統計と統計理論の社会的形成』北海道大学図書刊行会、1999年。
11) 吉田忠「統計学と機械的唯物論［Ⅰ］——古典的確率論と機械的唯物論——」『統計学——思想史的接近による序説——』同文舘、1974年。

全体をまとめる視点や問題意識である。個々の学説ごとの連関と系譜、理論と方法の継承関係、経済社会の動きとの対応などを究めるためには、難問がいくつもある。ここでは日本の社会統計学者による試みとして松川七郎（1906-80）と吉田忠の仕事をとりあげ、紹介する[12]。

松川七郎「統計学史研究における5つの時期——政治算術・国状学を中心として——」（1967年）（『ウィリアム・ペティ——その政治算術＝解剖の生成に関する一研究』所収[13]）は、比較的早い時期（1960年代）に統計学の通史をまとめたものである。執筆時期の関係で叙述は、1960年頃で終わっている。松川の主張、すなわち「統計学史の方法は、統計学そのものの研究対象たる社会の歴史的発展との関連と、その重要な隣接分野をなす諸科学および諸思想の歴史的発展との関連との、すくなくともこの両者を根幹とすべきであろう」[14] という主張が貫かれている。この主張が明示的に具体化されている論文に、松川七郎「ペティの経済学的統計学的方法の社会的基盤——その測量論を中心とする一考察——」（1956年）がある[15]。

吉田忠『統計学——思想史的接近による序説——』（1974年）[16] は、統計学の歴史を総括的にまとめたもので、思想、科学方法論との連関に着目して展開した労作である。あわせて数理統計学の内在的批判を意識的に追及している点で、類書をみない。

(1) 展開の時期区分

松川七郎「統計学史研究における5つの時期」は17世紀のイギリス政治算術

---

12) 海外に目を向ければ、次のものがある。H. ウォーカー／足利末男・辻博訳『統計方法論史』高城書店、1959年。
13) 松川七郎「統計学史研究における5つの時期——政治算術・国状学を中心として——」『経済研究』（一橋大学）第12巻第2号、1961年（『ウィリアム・ペティ——その政治算術＝解剖の生成に関する一研究』岩波書店、1967年、所収）。
14) 松川七郎「浦田昌計『統計学史（Ⅰ西欧）』へのコメント」『統計学』第30号、1976年、377頁。
15) 松川七郎「ペティの経済学的統計学的方法の社会的基盤——その測量論を中心とする一考察——」有澤広巳・宇野弘蔵・向坂逸郎編『世界経済と日本経済——大内兵衛先生還暦記念論文集（下）』岩波書店、1956年。
16) 吉田忠『統計学——思想史的接近による序説——』同文舘、1974年。書評として、関弥三郎「吉田忠著『統計学』」『統計学』第31号、1976年、がある。

＝解剖の再評価を、17-18世紀のドイツ国状学との対比で歴史的に検討すること
を課題に掲げている。当該論文の検討が18世紀末葉から第二次世界大戦後、1960
年代半ばまでに刊行された海外の諸文献をとおして行われている。おおがかり
な仕事である。松川は文献を渉猟し（その文献リストが末尾に掲げられている）
通読するなかで、二つの事実に気付いたという。一つは、この二世紀足らずの
時間を、五つの時期に大別できるとの感触があったこと。もう一つは、これら
の評価、すなわち統計学史研究がドイツ社会統計学派によって担われてきたこ
とである。そしてこれら二つの関係について、統計学史の5期区分は、ドイツ
社会統計学派の前史を含めた形成、確立、解体のおのおのの時期と無理なく照
応している。

　5期とは以下のとおりである。(1) 国状学の対立、混乱、衰退期（1785-1829）、
(2)「社会物理学」＝近代統計学の形成期（1835-65）、(3) 社会統計学の発展・
確立期（1867-1911）、(4) 社会統計学の解体期（1921-44）、(5) 第二次世界大
戦後（1945-1960年代半ば）。　　　　　　　　　　（各期の西暦は便宜的なもの）

　松川はこれら5つの時期を展望する前に、17世紀イギリス政治算術＝解剖と
17-18世紀ドイツ国状学のそれぞれの特徴を次のように要約している。

　両者は17世紀の60年代に生まれた。政治算術はこの世紀の70年代に学問的形
を整えたが、国状学は18世紀の40年代に確立した。政治算術が統計学史上、高
く評価されたのは近代統計学の基軸となる数量的研究方法の先駆けとなったか
らである。重要なのは、この数量的規則性が「自然的」であると同時に、「政
治的（社会的）」であるとされたこと、その意味をいっそう明瞭にするために、
人口現象を土地ないし人民（労働）の問題として研究しなければならないと考
えられたことである。政治算術は、17世紀の自然科学（とりわけ数学）の発達
によるところが大であったが、経済理論を背後にもっていた。

　ドイツ社会統計学はどうだったのだろうか。松川によれば、ドイツ社会統計学
はイギリス政治算術とくらべて、一般に著しく低くしか評価されなかった。数量的
方法の位置付け方に問題があったからである。H. コンリング（H. Conring 1606-81）
が創始した国状学は、各国の国家記述を体系づけたものであり、絶対主義的領邦
国家の統治者の実務に役立つ学問であった。G. アッヘンワル（G. Achenwall 1719-
72) は、コンリングのそれを生かしながら、土地と人民をもって重要な総括的基

礎概念とする「国家顕著事項」の総体としての国状に関する学問を構想した。アッヘンワルの統計学は数量的方法を否定していなかったが、実際にはその方法を使っておらず、数量的観察を行わなかった。アッヘンワルの統計学を全体として評価するならば、それは国家の現状について、客観的な諸事実にもとづく正確な知識の獲得というメリットをもっていた。しかし社会経済現象のその記述は平板であり、表面的な事実の羅列に終始し、記述を統一する経済学上の理論を欠いていた。アッヘンワルの統計学との関連で、松川はJ. ジュースミルヒ（J.P. Süssmilch 1707-67）のそれに関しても、一言している。ジュースミルヒはイギリス政治算術をドイツに移植した人物として、また数量的方法や確率論的思想に着眼した人物として、さらに人口現象に生起する規則性を発見した人物として評価されているが、彼が実際に行ったことは政治算術の数理的形態を宗教的信念のもとで取り入れただけである。その本質はアッヘンワルと同様、国状学者であった。

17世紀イギリス政治算術と17-18世紀ドイツ国状学について、松川は以上のように概略的な整理をおこない、これらが18世紀末葉以降、5つの時期にまたがってどのように評価されたかを展望している。

① 国状学の対立、混乱、衰退期（1785-1829）

ナポレオン戦争による絶対主義ドイツの崩壊からドイツ関税同盟成立直前まで。この時期は、ドイツ国状学の内部対立（新学派と旧学派）、混乱、衰退によって特徴づけられる。新学派（A.F. ビュッシング［A.F. Büsching］の比較国状学、A.F.W. クローメ［A.F.W. Crome］の表式国状学）と旧学派（J.G. モイゼル［J.G. Meusel］など）の対立は、統計学の学問的性格、研究対象、方法などを基軸とした。論争は究極的には、統計的方法と経済学理論との関連でなされ、新学派は社会経済現象の数量化のみを問題とし、旧学派はとうてい数量化できない社会関係を重視した。A.F. リューダ（A.F. Luder 1760-1819）はこの両学派の論争を批判したが、その中身を統一的にとらえることができず、統計学そのものを全面的に否定した（リューダの悲劇）。

② 「社会物理学」＝近代統計学の形成期（1835-65）

この時期の統計学は、L.A.J. ケトレーの社会物理学によって特徴づけられる。

時代は「統計の熱狂時代」(各国の官庁統計の整備、家計調査、労働統計、経済統計に対する要請)であった。ケトレーは統計学を幾とおりかで定義している。一方では、統計学とは一定の時期のある国の存立に関するあらゆる要素を数えあげて分析し、その結果を他国あるいは他の時期のそれらと比較すること、としている。この定義は国状学のそれである。他方では、統計学は人間それ自体、あるいは人間の社会生活における数量的合法則性(大数法則)の究明を課題とする、と定義している。これはケトレーのいわゆる社会物理学的考え方である。後者は政治算術に通じるが、社会科学の理論を備えていない点で、政治算術と異なる。この時期、ドイツの統計学はいまだその前史の論争をひきずり混乱していた。この状態から統計学上の見解で、統一の道を開いたのがK.G.A.クニース(K.G.A. Knies 1821-98)である。その結論は、旧学派を歴史学の一部とすること、新学派を独立の科学とみなすこと、であった。クニースのこの結論はケトレー的であり、したがってケトレーに固有であるイギリス政治算術の理論的側面の無理解を共有していた。

③ 社会統計学の発展・確立期(1867-1911)

この時期には統計解析の数理技術が発達し、英米を中心に方法学派の台頭が目立った(W.S. ジェヴォンス [W.S. Jevons 1835-82]、E. ラスパイレス [E. Laspeyres 1834-1913]、H. パーシェ [H. Paasche 1851-1935] などの物価指数算式の作成、F. ゴールトン [F. Galton 1822-1911]、K. ピアソン [K. Peason 1857-1936] などの数理技術的な統計解析法の展開)。この流れのなかでドイツではケトレー=クニース的方向が決定的となったが、その最大の担い手は歴史学派の巨匠A. ワグナー (A. Wagner 1835-1917)であった。「ワグナーによって規定された統計学は、……人間社会および自然界の構造を数量的に解析し、そこに存在する普遍的合法則性―大数法則―を導出するために、系統的に大量観察を行う帰納法である」[17]。松川は、この点に関して、ケトレーの「社会物理学」のドイツ版であるという大内兵衛の文言を引いた後、意思自由論争を境に、マイヤーの社会統計学が登場してくる過程に言及している。ここからG.v. マイヤー(G.v. Mayer 1841-1925)の

---

17) 松川、前掲論文、430頁。

統計学の紹介が始まるが、この中でドイツ社会統計学が実はケトレーの衣をまとって再生された国状学、という松川の指摘に注意を喚起したい[18]。

先のワグナーは、松川の紹介によれば、統計学の歴史を次のように構想していた。(1) 古代・中世および近世における官庁統計調査および国家記述の歴史、(2) コンリング・アッヘンワル、シュレーツァー的方向における記述の学としての国状学の歴史、(3) ジュースミルヒ（その先行者としてJ. グラント［J. Graunt 1620-74］、W. ペティ［W. Petty 1632-87］、E. ハリー［E. Halley 1656-1742］）・ケトレー的方向（その先行者としてのラプラス）の「本来の統計学」、(4) 19世紀初頭以降における大量観察の体系としての官庁統計調査の発達史。もっとも、その統計学史理解は、ケトレー＝クニース的方向で自らがうちたてた統計学の見地にたって、方法論史として過去を割り切って構想されたもので、とりわけコンリング＝アッヘンワル以来のドイツ国状学の道程をこの観点から確認したものである[19]。この後、ドイツ、フランス、イタリア、イギリス、ロシアの統計学が紹介されているが、それらについては省略する[20]。

④　社会統計学の解体期（1921-44）

この時期は第一次世界大戦の末期から第二次世界大戦の終結までで、ドイツでは第一次世界大戦による敗北、ワイマール憲法の制定、第二次世界大戦によるその崩壊によって特徴づけられる。ドイツ社会統計学の伝統を担ったのは、F. チチェック（F. Zizek 1876-1938）、C.v. ティツカ（C.v. Tyszka）、F. ツァーン（F. Zahn）、P. フラスケンパー（P. Flaskämper 1906-96）である。この時期の社会統計学は、基本的には数理統計学が無原則的にもちこまれ、「事実上、社会経済現象の数量化による社会的制約性を見失いがちになり、方法学派に接近し、解体してゆく」[21]。フラスケンパーは、近代統計学の源流を官庁統計の発達、国状学、政治算術の三者に認めつつも、従来ドイツ国状学の評価が不当に高すぎ、現代の統計学と緊密な関係をもたなかったかのように言う。この言明は国状学

---

18) 松川、前掲論文、432頁。
19) 松川、前掲論文、432頁。
20) 松川、前掲論文、432-35頁。
21) 松川、前掲論文、436頁。

に対して否定的に発せられたのではない。彼は逆に国状学が数量的に表現しえない社会的事実や諸関係を記述したと評価する姿勢をとる。フラスケンパーは「統計学一般における確率論の広汎な適用を主張しながら、その反面、社会統計における『対象についての全体認識』や『質的すなわち意味的関連』の重要性を強調し、『社会的事実の核心は質的な性質をもち、したがってそれは根本的には数量化しえない』と考えて」いた[22]。フラスケンパー独特の理解である。松川はこの時期の特徴として、その前の第三期にみられた統計学史の画一性が失われたことを強調している[23]。

⑤ 第二次世界大戦後（1945-1960頃）

松川はこの時期に統計学史の研究として注目すべきものは、ほとんどないと述べている（少なくともこの論文が書かれた時点まで）。ドイツは東西に分裂し、その研究業績を統一的に俯瞰できなくなった。ソ連に関して、松川は統計学論争を紹介し（関連して東独の論争にも言及）、ここでは統計学と経済学とが密接に関連して捉えられている点に注目している。また、統計学の歴史的発展を社会発展との関連で、また政治算術を経済学との関連で考察しようとしている点、にも関心を寄せている。西ドイツの統計史研究ではC. ロレンツ（C. Lorenz）（近代統計の由来を「国家政策および行政」「官房学的国家科学」「政治算術」とみなす）、オーストリアのそれではF. クレーツル-ノルベルク（F. Klezl-Norberg）（近代統計学が対象としてきたのは、「実務的な官庁統計」と「統計理論」とする見解）を取り上げている。

(2) 思想的接近

吉田忠は『統計学――思想史的接近による序説――』（1974年）の目的を序文で次のように記している。「本書は、統計学の歴史を、世界観・科学方法論の歴

---

22) 松川、前掲論文、438頁。
23) 松川はさらにドイツ以外の国々の方法学派にも射程を拡大し、デンマークのH. ウェスターゴード（H. Westergaad 1888-1950）、英米のA.W. フラックス（A.W. Flux 1867-1942）、H.M. ウォーカー（H.M. Walker 1891-1983）、W.F. ウィルコックス（W.F. Willcox）、イタリアのL. ガルヴァーニ（L. Galvani 1878-1954）の統計学史の紹介を行っている。松川七郎、前掲論文、439-43頁。

史と重ねて展開させることにより、この方法論上の原則を説得的に示そうとする。同時に、統計資料の数学的な整理加工を統計学とみなす数理統計学に対する基礎的かつ内在的な批判の基準を示そうと試みている。これらは第二の『統計万能時代』ともいうべき現段階において、きわめて重要なことではないだろうか」と[24]。この課題を解くための本書の構成は、次のようである。

「序章」「第1章：統計学の源流」「第2章：政治算術とイギリス経験論」「第3章：統計学と機械的唯物論［Ⅰ］——古典的確率論と機械的唯物論——」「第4章：統計学と機械的唯物論［Ⅱ］——ケトレーの「社会物理学」と機械的唯物論——」「第5章：ドイツ社会統計学と歴史学派——機械的唯物論の克服」「第6章：イギリス生物統計学（記述統計学）と経験批判論」「附論Ⅰ：日本の経済計画と計量経済モデル」「附論Ⅱ：わが国生産統計の歴史とその役割」「附論Ⅲ：社会科学研究と統計方法——結びに代えて——」

本書はその内容にあたればわかるように、統計学の歴史を、すなわちその源流（イギリス政治算術、ドイツ国状学、フランス確率論）から近代統計学を確立したケトレーを経て、20世紀の数理統計学と社会統計学に至る過程を、世界観および科学方法論の展開と対応づけながら展望した労作である。それは「統計学の歴史を、世界観・科学方法論の歴史と重ねて展開させることにより、この方法論上の原則を説得的に示」すとともに、「統計資料の数学的な整理加工を統計学とみなす数理統計学に対する基礎的かつ内在的な批判の基準を示」す構成になっている[25]。このことは「統計学の方法がいかにその時代時代の世界観・科学方法論に深く制約されてきたか、しかし実証方法としての現実とのかかわりあいのなかからいかにそれを克服しつつ発展してきたか、をみようとする」だけでなく「現代において支配的な数理統計学の方法を、それが依拠する誤った科学方法論まで降りて批判する方法的基礎を与え」ることでもある[26]。これら2つの課題に取り組むことを通して、吉田は統計学の学問的性格を明らかにし、「さらに統計学が、それを補うものとしてのその他の実証方法とともに個別科学の既成理論を含むより大きな社会科学の方法＝唯物弁証法にどのよ

---

24) 吉田、『統計学——思想史的接近による序説——』同文館、1974年。
25) 吉田、同書、1頁。
26) 吉田、同書、20頁。

うに位置付けられなければならないかについて」示唆を得る試みに挑んでいる[27]。本書には、以上の説明からわかるように、二つの特徴がある。統計学の学史的展開を世界観および科学方法論と対応させて示すこと、数理統計学の内在的批判である。

前者に関しては、通説に従って統計学の系譜を「17世紀中葉、ドイツ、イギリス、フランスに独立にあらわれた国状学、政治算術、確率論がしばらく独自に発展したあと、19世紀中葉、ベルギーのケトレーによって「社会物理学」として統合されたが、それは、ドイツ社会統計学とイギリス生物統計学とに分かれて継承され、やがて現代の社会科学方法論および実質社会科学論としての社会統計学、普遍科学方法論としての数理統計学に連なる」[28]ととらえ、それぞれの統計学とそれらに影響を及ぼした科学方法論との関係を検証するという構成がとられる。

第1章の統計学史の前置き部分で、現代統計学の三つの源流について触れられた後、第2章ではイギリス経験論を背景に生まれたグラント、ペティの政治算術が解説されている。吉田はここで数理統計学を方法的に支える2本の柱が機械的唯物論と不可知論にあると指摘している[29]。上記で触れたが、吉田はフランスの古典的確率論の形成過程を跡づけ（第3章）、その背景に機械的唯物論が存在していたことを解明している。機械的唯物論を背後の思想としてもつケトレーの「社会物理学」については、第4章で解説されている。関連してイギリスの政治算術のその後の流れを追跡している。近代的統計学の確立者と目されるケトレーは、社会現象への統計的方法の適用によってしばしば評価されるが、吉田はそれとともに統計調査の実践とのかかわりで評価されなければならないと指摘している。ドイツ社会統計学の成立、発展、解体の過程がまとめられているのは、第5章である。国状学との関係でアッヘンワルがまずとりあげられ、以後、マイヤー、チチェック、フラスケンパーのそれぞれの理論がドイツ社会統計学の成立、発展、解体のプロセスに重ね合わせて解説されている。

第6章では、ケトレーの方法を継承して優生学と生物測定学を創始したゴールトンと生物学的現象から一般化して記述統計学を完成させたK.ピアソン（方

---

27) 吉田、同書、20-21頁。
28) 吉田、同書、25頁。
29) 吉田、同書、53頁。

法論的基礎は経験批判論)について論じられている。この延長線上で、吉田は現実のデータをその背後に存在する正規分布が生み出した標本と捉え、前者から後者に関する知識を得ようとする推計学の論理構造(方法論的基礎は論理実証主義)とその問題点を解明している(第7章)。

3．ドイツ社会統計学の形成と展開

社会統計学の分野における統計学史研究ではドイツ社会統計学の歴史研究に断然、厚みがある。以下に紹介するのは、浦田昌計『初期社会統計思想研究』(1997年)、足利末男『社会統計学史——ドイツ社会統計学形成過程の研究——』(1966年)、有田正三『社會統計學研究——ドイツ社会統計学分析——』(1963年)、長屋政勝『ドイツ社会統計方法論史研究』(1992年)である。取り上げられている対象におおむね重なりはない。すなわち、浦田昌計(1925-2005)はJ. コンリング(J. Conring 1606-1681)、G. アッヘンワル(G. Achenwall 1719-72)、A.L. シュレーツェル(A.L. Schlözer 1735-1809)の統計学を紹介している。

足利はケトレー学派、K.G.A. クニース(K.G.A. Knies 1821-98)、G. リューメリン(G. Rümelin 1815-1889)、A. ワグナー(A.Wagner 1835-1917)、J. ファラティー(J. Fallati 1809-1855)、L.v. シュタイン(L.v.Stein 1815-90)、R.v. モール(R.v. Mohl 1799-1875)、E. ヨナク(E. Jonák 1820-1879)、J.E. ヴァッポイス(J.E. Wappäus 1812-1879)、T. ヴィットシュタイン(T. Wittstein)、G.F. クナップ(G.F. Knapp)、G. ツォイナー(G. Zeuner)、K. ベッカー(K. Becker 1823-1896)、W. レクシス(W. Lexis 1837-1914)の統計学を解説している。

有田は後期ドイツ社会統計学の代表者であるF. チチェック(F. Zizek 1876-1938)、P. フラスケンパー(P. Flaskämper 1886-1979)の統計学を研究対象としている。

そして、長屋はG.v. マイヤー、A. ティッシャー、F. チチェック、P. フラスケンパー、H. グローマンの統計方法論の特徴を解明している。以下、順を追ってこれらの労作の内容(要点)を示す。

（1） 揺籃期のドイツ社会統計学

　浦田昌計『初期社会統計思想研究』（1997年）[30]は、ドイツ社会統計学の揺籃期における統計学者（コンリング、アッヘンワル、シュレーツェル）の学問的成果を内容としている。収録されている論文は、補論「アッヘンワルとその統計学」（『統計』第41巻8号、1991年）をのぞいて、1950年代後半から80年代半ばまでに書かれたものである。構成は次のとおりである。

　「序章」「第1章：コンリングの『諸国家の知識』——大学教科としての国状学の開始——」「第2章：ドイツ国状学と政府統計——ゼッケンドルフを含めて——」「第3章：アッヘンワルにおける政治学と統計学：（補論）アッヘンワル小伝」「第4章：アッヘンワルの経済思想と経済統計」「第5章：アッヘンワルの政治算術観」「第6章：シュレーツェルによる国状学の展開」「第7章：ヘルマンの統計思想と統計批判論——ロシアにおける国状学の展開——」「第8章：クロームの表統計学と統計調査論」「第9章：クルークの国富・階級構成研究と統計思想」「補章：ペティの政治算術と国富・所得推計」

　「第1章：コンリングの『諸国家の知識』」では、ドイツ国状学の創始者のひとり（国状学の講義を最初に行った統計学者）であるコンリングの経歴、業績がまとめられている。内容はコンリングが生きた時代背景、彼自身の経歴と立場、その国状学の内容と体系である。
　国状学はその中身を見ると国家顕著事項の記述が主で、それも非数量的な記述が中心であった。社会経済現象を数量的に把握するという認識が未熟であったうえ、資料自体がそもそも乏しかった。官庁統計が皆無だったわけではなく、国状学の検討はその存在との対応を含めてなされるべきである。ドイツの領邦国家には治世（徴税や徴兵）のために人口などの資料が必要であったからである。その種の官庁統計のようなものがどの程度、存在したのか、国状学を唱えた人々はそれらにどのような姿勢をとったのであろうか。浦田は「ドイツ国状学が、当時の官庁統計と無縁の存在であったのではなくて、むしろ当時の『官庁統計』の存在形態に一定の対応関係をもち、それが学問的に意義づける性格

30）浦田昌計『初期社会統計思想研究』御茶の水書房、1997年。

をもっていたことを見落としてはならないと考える」と述べている[31]。国状学の創始者といわれるコンリングも、後継者であるアッヘンワルも、シュレーツェルもそうであった。

　本書の内容は、アッヘンワルに関するものが中心である。アッヘンワルは、コンリングを創始とするドイツ国状学の系譜上にある統計学者である。統計学史のなかで彼の統計学は、政治的観点からの統計利用、統計学の本来の姿を示すものの一つとして、重要であるという。浦田はこうした観点からこの書で、アッヘンワルの国状学＝統計学の構想を支えていた思想を明らかにし、同時にその政治的立場と政治経済思想が後の統計学の内容をどのように規定したかを批判的に考察している。その統計学の内容は、コンリング以来の国家記述を継承し、それに個別国家の「国家基本制度」＝「国家顕著事項」という対象規定を与えた歴史的国状学と特徴づけることができる。統計学の最終目的は、国家の福祉の基準の措定で、広義の政治家・官吏の国家担当が知らなければならない現実の国家の基本的知識の体系である。「第4章：アッヘンワルの経済思想と経済統計」「第5章：アッヘンワルの政治算術観」では、アッヘンワルの統計学の内容、経済観、政策論がとくに重点的に解明されている。また、国状学の担い手だったアッヘンワルが政治算術に対して冷淡であったとする説に疑問を呈し、その見解を糺している。

　「第6章：シュレーツェルによる国状学の展開」では、ドイツ国状学の系譜でアッヘンワルの直接の継承者だったシュレーツェルの人と学問が論じられている。以下、ヘルマンの統計思想と統計批判論［第7章］、クローメの表統計学と統計調査論［第8章］、クルークの国富・階級構成研究と統計思想［第9章］が取り上げられ、［補章］でペティの政治算術と国富・所得推計が論じられている。

(2)　ドイツ社会統計学の先駆的形態

　足利末男『社会統計学史――ドイツ社会統計学形成過程の研究――』（1966年）[32]は、マイヤー以前の統計学の三つの先駆的形態、すなわち国状論＝ドイツ大学派統計学、ケトレー学派、ドイツ的数理統計学について論じた労作であ

---

31) 浦田、前掲書、23頁。
32) 足利末男『社会統計学史――ドイツ社会統計学形成過程の研究――』三一書房、1966年。

る。マイヤーは、言うまでもなく、実体科学としての統計学を確立したその人である。マイヤーは、統計学の研究対象を社会集団とした。社会集団とは社会関係にある個々人の集合体であり、人間行為の結果の総体である。本書の課題はマイヤーによって確立したドイツ社会統計学の歴史的背景を明らかにし、その成立過程を跡づけることである。構成は次のようである。

【序説】「Ⅰ. ドイツ社会統計学の源流、Ⅱ. 統計調査史的背景」／【本論】「第1章：ドイツにおけるケトレ派統計学の展開」「第2章：ケトレ以後のドイツ国状論」「第3章：形式的人口論から数理統計学へ」「【結び】社会統計学への展望」

　序説ではドイツ統計学の二つの源流である国状論とケトレー統計学の影響およびその時期のドイツ官庁統計の調査史、が取り扱われている。本論では三つのテーマ、すなわちドイツにおけるケトレー学派の展開、ケトレー以後の国状論派の統計学、形式的人口論から数理統計学への展開、が論じられている。
　第一のテーマはケトレー統計学である。近代統計学を確立したケトレーの統計学のドイツへの定着は、1850年から70年にかけてのことである。ケトレーは、社会の数量化が統計であると主張した。しかし、そこで言われる社会の内容は種的存在としての人間の集合であり、国家や真の意味での社会ではない。ここでは、ケトレー統計学をドイツ統計界に具現したエンゲルの統計学と彼の実務面での業績、旧歴史学派の系譜にある人物であるクニースとリューメリンの、そして新歴史学派の経済学者、財政学者、講壇社会主義の右派であったワグナーの統計学が紹介、解説、検討されている。ケトレー統計学のドイツへの流入は、クニースの『独立の学問としての統計学』（1850年）の影響が大きかった。
　第二のテーマである国状論は社会諸科学が分化・発展するに先立ち、一種の包括的社会科学として成立したが、ケトレー統計学のドイツへの流入後クニースによって根本的な批判を受け衰退したとされていた。しかし、足利によれば、クニース以後も国状論は命脈を保ち、初期の性質を変えながら存続したという。代表的論者にケトレー以後のドイツ国状論を展開したファラティー、ドイツにおける社会学の創始者に数えられ国家科学の体系のなかに統計学を位置付けようと試みたシュタインとモールがいる。またヨナクはクニースの主張、すなわ

ち国状論と政治算術とを分離し、統計学がかかわるのは後者のみとする主張に対し、統計学を国家科学あるいは社会科学のなかに位置付けた。ヴァッポイスはヨナクと同様、ケトレー以降の政治算術への傾斜に抗し、彼らに否定された国状論への復帰を図った人物である。

　第三のテーマである形式的人口論から数理統計学への展開は、ドイツにおける産業革命の進展とともに行政上の必要性から人口統計理論の深化が要請されたことを契機とする。保険事業の高揚にともない、正確な死亡率の推定がもとめられ、人口統計の整備が促された。足利によれば、人口統計理論は19世紀の後半に、形式的人口論となって完成し、確率論と結びつくことで数理統計学の先鞭をつけ大陸派数理統計学と呼ばれるものに発展した。

　足利は19世紀後半に生まれたこの数理統計学への新しい方向を紹介、検討している。この方向はT. ヴィットシュタインが問題提起した人口統計への確率論の適用による統計学の精密化、すなわち数理統計学への途であった。ここで言われる数理統計学の具体的内容は、死亡率ないし生存率を確率として規定し、これらの概念を用いた死亡表の作成である。「形式的人口論」はクナップが創始し、ツォイナー、ベッカー、レクシスによって展開された。なかでもレクシスは、形式的人口論の成果をふまえ、人口統計と確率論を結びつけ、数理統計学への途を切り開いた。ドイツでは人口統計論の分野からのこのような展開があったことに注目しなければならない。足利はさらに、その後の人口統計を利用した平均寿命の研究を跡づけている。

(3)　ドイツ社会統計学の展開

　有田正三『社會統計學研究――ドイツ社会統計学分析――』(1963年)[33] は、ドイツ社会統計学の後期段階（第一次世界大戦後）に登場した統計学者の成果に重点をおいて、これを分析し、その本質、成果およびその限界の解明を内容としている。後期ドイツ社会統計学を代表する統計学は、チチェック、フラスケンパーの統計学である。チチェックの統計学は「実体科学としての統計学」から「形式科学としての統計学」への過渡的形態として、同時に統計調査論の

---

33)　有田正三『社會統計學研究――ドイツ社会統計学分析――』ミネルヴァ書房、1963年。

再編成と統計利用の端緒として位置づけられる。フラスケンパーの統計学は「形式科学としての統計学」の完成形態でありながら、統計利用論の展開を本格化させたものである。

　20世紀に入ると、ドイツ社会統計学は大きな転換を余儀なくされる。実体科学としての統計学の権威の失墜、方法科学としての統計学観の台頭、そして「形式科学としての統計学」への転換がこれである。統計調査論重視の傾向は、利用論重視のそれにとって代わられる。フラスケンパーの統計学では統計調査論が後退し、「形式科学としての統計学」は社会科学の方法論の方法論的補助学となり、また立法・行政および経営などの社会的実践に結合する。

　有田が分析の力点においているのは、この過程における代表的社会統計学の基本構造に立ち入り、それらの体系における統計方法とその客体との関連づけの仕方である。構成は次のようである（有田はチチェックをジージェックと表記しているので、「構成」ではそのままにする）。

【序説】「ドイツ社会統計学における諸問題」「第1章：問題の限定、ドイツ社会統計学とその展開」「第2章：リューメリンにおける統計学の構造と性質」「第3章：マイヤーと実体科学としての統計学」／【第1篇】ジージェックの統計学「第1章：統計学の体系と性質」「第2章：一般統計方法論の課題と方法」「第3章：統計的集団論」「第4章：『四基本概念の理論』」「第5章：統計方法と大数法則」「第6章：統計数獲得論」「第7章：統計比較論」「第8章：ジージェックの統計学の特質」／【第2篇】フラスケンパーの統計学「第1章：社会統計学の構想」「第2章：認識目標の二元論」「第3章：『事ого理と数論理の併行論』」「第4章：一般統計方法論の展開」「第5章：フラスケムパーの統計学の性格」／【結び】「後期社会統計学への展望」

　［第1篇］ではチチェックの統計学の構造が解明されている。チチェックが唱えたのは、一般統計方法論の主導性である。具体的には、それを「統計数獲得論（＝統計調査論）」と「統計数解釈論（＝統計利用論）」から構成した。「統計数獲得論」では、統計調査の論理的構造に踏みこんで、その成果を「四基本概念の理論」として定式化した。「四基本概念」とは、調査単位、調査標識、群、そして陳述である。この「四基本概念の理論」を取り入れて、統計調査論の再構成が図られた。ついで、「統計数解釈論」では、統計比較、因果的連関の摘出をベースにした統計利用論が展開される。チチェックの統計学ではなお、「実体科学としての統計学」は清算されないまま残滓となった（「広義における統計的

結果学」)。チチェック統計学の過渡的形態性が云々される所以である。

　チチェック統計学の位置は、次のようになる。それはドイツ社会統計学の第一次世界大戦後の転換を、すなわち「実体科学としての統計学」から「形式科学としての統計学」への転換を推進するものであった。彼は一般統計方法論に優越的主導的地位を与えることによりその統計学体系を「形式科学としての統計学」へ本質的に傾斜させたものの、認識目標として「社会集団の数的説明」を掲げ、統計的認識を類とかかわらしめることで「実体科学としての統計学」(統計的認識の完結的自立性の観念) を清算できず、両者の併存を許すことになった。両契機の矛盾をもった併存は、その体系の全体的統一を不可能ならしめた。ドイツ社会統計学の「形式科学としての統計学」への完全な転換は次世代であるフラスケンパーの統計学の登場まで待たなければならなかった。フラスケンパーにおいて、統計学は形式科学として明確に構想され、一般統計方法論では統計利用論の十全たる展開がみられる。もっとも、その統計利用論はチチェックのそれとは異なったものとなったのであるが。

　[第2篇] ではフラスケンパーの統計学の構造が分析される。フラスケンパーは統計学を統計方法論と規定し、チチェックのそれにいまだ残滓としてあった「実体科学としての統計学」が払拭される。統計学は、社会科学領域の独自の方法論として、構想される。その原理は統計方法を数理の応用としつつ、それを「事論理と数論理の並行論」と「認識の二元論」によって根拠づけ、統計的認識の方法を定立する。「事物論理と数論理の並行論」とは、一切の数理的概念および数理的手続きが「実体の論理」から規定されて始めて有意味になることを裏付ける理論である。「認識の二元論」とは、統計的認識には記述的性格のものと、典型的 (法則的) 性格のものとがあるということを、その方法的構造の解明の基礎とすべきであるという理論である。フラスケンパーにあっては、統計的認識の構造における統計調査と数理的解析手続きの位置を確認しつつ、これを記述的方向で展開していく姿勢をとった。

(4)　ドイツ社会統計学の方法論的展開

　著者である長屋政勝の言を借りて『ドイツ社会統計方法論史研究』(1992年) の課題を示すと、次のようである。すなわち、それは1920年代以降にドイツ社

会統計学の展開のなかで示された社会統計方法論の構成をめぐる論題と論点を整理すること、そこに形成された統計方法論の特徴を明らかにすることである[34]。第一次大戦後、19世紀末にマイヤーによって成立した「統計学＝実体科学としての統計学」は実体部分が切り離され、方法科学として再編される。これ以降、統計学は方法科学、しかも社会科学に基礎づけられた統計方法論として自立する。社会統計学のこの転換のなかで、統計学はその対象規定と方法構成など、要するに社会統計学の理論構成に甚大な影響を与えた。統計学を方法科学と規定する見解に対してつきつけられた基本的問題は、何であったのか。本書の主題はその過程にあらわれた主要論点を究明し、その検討のなかから社会統計的認識の特質を解明することである。構成は次のとおりである。

「序章：マイヤーの統計学」「第1章：社会統計学の『外敵』と『内敵』――マイヤー統計学の批判をめぐって――」「第2章：ティッシャーの統計理論」「第3章：統計的集団と同種性」「第4章：統計的因果研究――チチェクの所説を中心に――」「第5章：フラスケンパーの方法原則」「第6章：フランクフルト学派統計学の現代的課題」「第7章：グローマンの統計方法論」

　全体の内容は二分されている。第一はマイヤーへの批判とその後にあらわれた方法科学への統計学の転換過程で戦わされた議論とそこから形成されたフランクフルト学派統計学の特徴を把握する部分である（第1章から第4章）。この部分は社会統計的認識の自立性をめぐる特徴的見解（マイヤー理論に対する二つの傾向、ティッシャーの統一理論、同種性論争、チチェクの統計的因果研究論）が跡づけられる。第二の部分は戦後のフランクフルト学派統計学の方向を理解する部分で、フラスケンパーの方法基準に依拠しながらストカスティークと対決し、新たな社会統計方法論の模索の過程が追跡される（第5章から第7章）。主要な課題は、フランクフルト学派の議論（フラスケンパーの方法原則、フランクフルト学派の現代的課題、グローマンの統計方法論）の検討である。議論の内容はフラスケンパーが戦前に確立した方法原則に依拠した統計方法の記述と推測への区分、記述をめぐる理念型と類概念との調整、統計的測度と手法の事物論理の解明、推測をめぐる統計利用様式の方法論構築の試みである

34）長屋、前掲書、i頁。

長屋は「むすびに替えて」で、本書のエッセンスをまとめている[35]。いくつかの論点が示されているが、筆者は次の二点を着目した。第一は、1920年代後半から40年代にかけて展開された統計的同種性をめぐる論争に関して、である。この論争の全体を紹介し、その意義を的確に把握し、ドイツ社会統計学史のなかに位置付けた研究は日本にはないという[36]。長屋によれば、同種性をめぐる議論は実体科学から方法科学への転換に際し、避けてとおることのできない論点を示している。社会統計とストカスティークとの結合が不可能であるならば、その根拠をそれぞれが対象とする集団の客観的、論理的性格にたちかえって究明しなければならない。コレクティフとそれを対象にしたストカスティークの場合には、本質的同質性が絶対的要件で、統計的測度に確率論的処理が施され、研究目的は集合や系列にあらわれる規則性や安定性の確認に収斂する。これに対し、社会集団とその認識では、形式的同種性から始まり起因的同質性にいたるまでレベルの異なる同種性が現れ、それに対応して全体の規模の確認から原因構造の究明へと方法上の展開が示されるのである。

　第二はグローマンの統計方法論に関わって、その意義が統計的推測の方法論的定式化の試みにあるとの指摘である。長屋の解説によれば、グローマンは現実の経験的経済研究で展開されている営為に着目し、それを四つの方法行程に整理し、社会統計でも推測の方法構成が可能であるとした。「グローマン方法論の最大の意義は、フラスケンパー以来、フランクフルト学派、否、ドイツ社会統計学にとっての暗点（弱点）でもあった統計的推測の方法理論化を試みた点にある。それ以前の統計的諸概念、諸方法の観念理論的分析と関連づけの段階から一歩進み、現実の経験的経済研究でくりひろがられている営為に密着し、記述同様、それを四つの行程に整理しながら、社会統計でも推測の方法構成が展望できることを具体的に示した」ことである[37]。統計的推測には普遍的関連の発見（経験事象の生起・変化を規制する要因の析出、要因間の恒常的依存関係の統計による探索、発見、定式化）と検証（定式化された普遍的関連が新たな事実で検証されるか反駁されるかの資料にもとづく判断）との二局面がある。

---

35) 長屋、前掲書、319-28頁。
36) 長屋、前掲書、323頁。
37) 長屋、前掲書、327頁。

グローマンの推測は後者の局面、しかも命題の反証プロセスにのみかかわる、という[38]。長屋はグローマンの試みを評価しつつ、推論の成立局面と機能を限定しすぎているとして、その狭隘化に難点をみている。

4. むすび

　社会統計学分野での研究者の強みは、統計学史研究の蓄積が厚いことである。日本の数理統計学者がこの分野にほとんど関心がない事情とは、好対照をなす（例外的に、竹内啓のフィッシャー研究があるが）。統計学史研究への社会統計学者の精力的取り組みは、蜷川がドイツ社会統計学からその理論と方法を吸収し、英米数理統計学の成果をも批判的に取り入れたことと、関係している。

　海外でのこの分野での成果は、H. ウェスターゴード『統計学史（*Contribution to the History of the Statistics*）』（1932年）[39]、V. ヨーン『統計学史（*Geschichte der Statistik*）』（1835年）[40]、H. ウォーカー『統計方法論史（*Studies in the History of Statistical Methods*）』（1929年）[41] などが知られるが、日本のこの分野の仕事はほとんど社会統計学者の独壇場である。本章はその成果の一部を整理した。

　なお、冒頭で触れた統計学の源流をドイツ国状学、イギリス政治算術、フランス確率論とする通説に対しては、この図式に疑問を示す吉田忠の見解がある。吉田忠は近年、この通説に疑義を示している。吉田の見解は、次のようである。統計学説史には「ケトレーにおける三川合流・二川分流説」がある。この説は近代統計学を確立したケトレーがドイツ国状学、イギリス政治算術、フランス確率論を集大成し、以後ケトレー統計学が分かれてドイツ社会統計学とイギリスの記述的数理統計学へ繋がるとする見方である。吉田はこの説に疑問をもち、ケトレー統計学の登場に寄与したのはオランダの政治算術と確率論であるとする。確率論はフランスでパスカルとフェルマの往復書簡でその基礎が築かれたが、オランダではそのわずか3年後にC. ホイヘンスが確率論の体系的テキス

---

38) 長屋、前掲書、328頁。グローマンの統計理論に関しては、次の論文も参照。坂田幸繁「フランクフルト学派統計学における H. グローマン」『統計学』第41号、1981年。

39) H. ウェスターゴード／森谷喜一郎訳『統計学史』栗田書店、1943年。

40) V. ヨーン／足利末男訳『統計学史』有斐閣、1956年。

41) H. ウォーカー／足利末男・辻博訳『統計方法論史』高城書店、1959年。

トを書き、そのホイヘンスは弟と、グラントの『死亡表に関する自然的及び政治的諸観察』について論じていた。18世紀に入るとストルイク（Struyck 1687-1769）とケルセボーム（Kersseboom 1690-1771）は、政治算術と確率論の融合を推し進めた。すなわち、ストルイクは都市や地方の人口推計を行い、生命表の作成と終身年金現在価値評価で成果をあげた他、ホイヘンスの確率論の問題を解いた。ケルセボームは、人口と年間出生数の安定的比率の推計とそれを利用した人口推計、生命表の作成と終身年金現在価値評価額を研究した。「こう見てくると、別々に独自なコースを歩んで発展してきた政治算術と確率論（及び国状学）がケトレーによって統合された、とする統計学史観は、オランダの統計学史を見る限り否定されざるをえない」と[42]。今後の検討課題である。

---

[42] 吉田忠「19世紀オランダにおける政治算術と確率論の統合——R. ロバトの年金現在価額評価論と偶然誤差理論——」『統計学』第98号、2010年、2頁。(『オランダの確率論と統計学』八朔社、2014年、132-33頁)。

第 2 部

推計学・標本調査論批判と確率基礎論

第 4 章
推計学批判

1．論点と関連論文

　社会経済現象の認識に数理統計的手法を適用するには、多くの制約がある。多様で複雑な社会経済現象に、数理的規則が働く余地は狭い。数理統計学の分野には、大別すると記述統計学と推測統計学の領域がある。前者ではその淵源がイギリス政治算術にあり、完成された内容がK. ピアソン（K. Peason 1857-1936）の統計論に集約される。後者ではその淵源がR.A. フィッシャー（R.A. Fisher 1898-1973）を原点として、J. ネイマン（J. Neyman 1894-1981）、E.S. ピアソン（E.S. Peason 1895-1980）によってその後、展開される。本章で筆者は冒頭の問題意識のもとに、数理統計的手法への過大評価を諫めた社会統計学の領域での批判的研究を紹介し、その意義を確認する。とはいえ数理統計的手法の全般の検討を行うのではなく、取り上げるのはフィッシャーの精密標本理論に立脚する統計的推測、実験計画、標本調査の方法を主たる内容とした推計学である[1]。
　この理論と方法の全体に推計学と命名したのは、増山元三郎である[2]。推計学

---

[1] フィッシャーの推計理論に関する著作として、芝村良『R.A. フィッシャーの統計理論』（2004年）がある。全体的構成は、「序論」でフィッシャーの内外での評価、現代の数理統計学との関連でのフィッシャー理論の位置付けがなされ、以下「第1章：フィッシャーの実験計画法」「第2章：フィッシャーの有意性検定論の成立過程」「第3章：フィッシャーの統計理論とK. ピアソンの統計理論」「第4章：フィッシャーの有意性検定論とネイマン——ピアソンの統計的仮説検定論」となっている。
[2] 竹内啓「問題提起として」同編著『統計学の未来——推計学とその後の発展——』東京大学出版会、1976年、2頁。

には「推測と計画の統計学」の別称もある[3]。その主要な中身は統計的推論（仮説検定論）と標本調査論（「母集団―標本」理論）である。本章では前者の議論に焦点を絞る。後者にかかわる議論の詳細は次章にゆずる（必要な言及は行う）。

推計学は1920年代から30年代にかけ、欧米で農事試験（実験計画法）、統計調査（標本調査）、医療などの分野で普及した統計理論である。この理論と標本調査の分野でのその応用が戦後、日本で積極的に導入された。導入はアメリカの占領軍司令部の指導の下に行われた[4]。最初は主としてESS（経済科学局）を中心としたグループによって政府統計に、その後CIE（民間情報局）を中心としたグループによって民間の世論調査等に導入された。最初の標本調査の実施は米軍の委嘱で増山元三郎が行った広島の原爆被害調査である（1945年11月）。

政府統計として実施された標本調査の最初は、消費者価格調査である（1946年）。この調査方法は、その後、調査の速さ、費用の軽減など実用性の面から評価され、急速に広まった。具体的には、各種の官庁統計における標本調査（農林省の作物報告調査、労働省の毎月勤労統計調査、総理府の労働力調査など）に、また市場調査、世論調査、品質管理に適用された。この理論はその後も勢いを失わず、日本の統計学分野に浸透した[5]。

1940年（昭和15年）代半ばから隆盛をきわめ、社会科学的研究に浸透した統

---

3) 竹内、同所。
4) 日本への推計学導入の頃の状況は、次の文献に詳しい。坂元平八「日本における推計学の発展とその問題点――戦時中から戦後の十年間――」、竹内啓編『統計学の未来――推計学とその後の発展――』東京大学出版会、1976年。
5) 推計学研究が戦前にまったく研究対象として存在しなかったわけではない。数学の分野では1930年代後半に、確率論や数理統計学の分野で研究が始められ、1941年（昭和16年）4月には統計科学研究会（北川敏男、河田龍男、増山元三郎、佐藤良一郎、石田保士）が設立されフィッシャーなどによる「近代数理統計学」の研究に既に手がつけられた。数理統計学者と軍部とは、1942-3年（昭和17-8年）頃から強い研究上の関係を結ぶ。兵器生産への品質管理の導入がこの頃手がけられ、山内二郎を中心とした科学者グループに多くの数理統計学者が加わった。1944年（昭和19年）6月には、軍部の強力な支持のもとに統計数理研究所が設立された。研究所の設立は、当時の日本統計学会の中心的担い手だった社会統計学者を無視して進められたため、彼らの反発を招いた。また、戦後、研究所は戦争遂行の目的で設立されたかどで閉鎖されるべきとの意見があったが、増山らが熱心にその存続を主張し、存立を全うした。このあたりの事情は、坂元平八「推計学」『自然』中央公論社、1956年。同「日本における推計学の発展と問題点――戦時中から戦後の十年間――」『統計学の未来』東京大学出版会、1976年、に詳しい。

計的推論(「母集団―標本」図式による確率論的な算法)の過大評価に、社会統計学者は手をこまねいていたわけではない。推計学万能論を前に、大橋隆憲はこの理論に対して最初に原則的批判を行った。本章ではまず、その大橋の批判の内容をとりあげ、その意義を示す。続いて大橋理論のその後の継承関係を確認したうえで、是永純弘(1928-99)、杉森滉一の業績に依拠して論点の究明を進める。取り上げる論文は、是永純弘「R.A. フィッシャーの『帰納推理論』について」(1956年)[6]、是永純弘「R.A. フィッシャーの『帰納推理論』と統計的仮説検定論について」(1956年)[7]、杉森滉一「R.A. フィッシャーの統計的推論」(1982年)[8]である。また、ネイマン=ピアソンの統計的仮説検定論の内容を木村和範「ネイマン=ピアソンの統計理論」(1982年)[9]に依拠して理解する。フィッシャーとピアソンとの間で1940年頃から長く対立があったことは、あまねく知られている。最後に、その対立の構造を検討した上掲の是永論文を手掛かりに、仮説検定論の理解をめぐるフィッシャーとピアソンとの見解の相違を確認する。

2．大橋隆憲の推計学批判

(1) 推計学批判

体系的な推計学批判を行った論文の嚆矢は、大橋隆憲「近代統計学の社会的性格――その歴史的地位とイデオロギーの系譜――」(1949年)である[10]。大橋はこの論文で社会統計学が対象とする集団は「存在たる集団」で有限であり、

---

6) 是永純弘「R.A. フィッシャーの『帰納推理論』について」『統計学』第3号、1956年。
7) 是永純弘「R.A. フィッシャーの『帰納推理論』と統計的仮説検定論について」『統計学』第4号、1956年。
8) 杉森滉一「R.A. フィッシャーの統計的推論」高崎禎夫・長屋政勝編著『統計的方法の生成と展開(経済学と数理統計学Ⅰ)』産業統計研究社、1982年。
9) 木村和範「ネイマン=ピアソンの統計理論」高崎禎夫・長屋政勝編『統計的方法の生成と展開(経済学と数理統計学Ⅰ)』産業統計研究社、1982年。他に以下の文献を参照。木村和範「4つの統計的仮説検定論」『北海学園大学経済論集』第28巻第4号、1981年。この論稿ではフィッシャー、ネイマン、ピアソンの他にワルト、サベッジの理論も考察されている。
10) 大橋隆憲「近代統計学の社会的性格――その歴史的地位とイデオロギーの系譜――」『8000万人(特集:転換期の統計学)』第3巻第1号、1949年。

推計学のいわゆる集団が「純解析的集団」で、無限母集団を想定していると指摘し、「仮説検定」をそのうちに組み込まない調査を無意味とした推計学者の主張に批判を加えた。

中村隆英は大橋のこの論文を、当時の無反省な推計学ブームにたいする警鐘として、大きな意義をもつ最初の体系的批判と評した[11]。また、内海庫一郎はより内容にそくして、次のように総括している。「大橋氏の批判によって、推計派の人々の考え方の思想界における位置付けはかなり明らかになり、推計派が唯物弁証法だの、推計学は進歩的科学だの、という宣伝めいた迷論によるお化粧はひととおり洗いおとされることになった。……現在の日本では統計学といえば、数理統計学のことだというのが常識めいたものになっていて、その方法機構が原則的な批判にさらされている、という危機意識は殆どないかのようである。だから、人々にも、そういうお化粧は必要ではなくなった、といえるだろう」と[12]。また木下滋は、次のように書いている、「大橋氏は推計学の背景をなす哲学は唯物弁証法なのではなく、確率論的世界観であり、母集団概念の主観性、抽象性は社会現象の形式化の危険を持つものであり、確率的法則観から出てくる必然的結果が全数調査の否定であると批判されたのである」と[13]。筆者は大橋論文の意義を、以下に5点、示すことにしたい。

大橋が立脚する統計学は、蜷川のそれである[14]。本稿は社会統計学を擁護す

---

11) 中村隆英「統計学の展開——統計と統計学」有澤宏巳編『統計学の対象と方法』日本評論新社、1956年、32ページ。
12) 内海庫一郎「標本調査をめぐる諸見解（下）」『国民生活研究』（国民生活センター）第19巻第1号、1979年、5頁。
13) 木下滋「標本調査法の諸問題——標本調査法における母集団と標本の関係——」『経済論叢』第116巻3・4号、1975年。
14) 蜷川虎三はこの推計学論争に直接加わることはなかったが、1947年の時点で推計学について次のような見解を表明していたと内海庫一郎が伝えている（内海庫一郎『社会統計学の基本問題』北大図書刊行会、1975年、224-25頁。）。「フィッシャーは、私のいう"作った集団"すなわち解析的集団のうち、特に純解析的集団をpopulationとよび、このポピュレーションを語る測度をパラメータと名付けている。このパラメータを知れば、問題の解析的集団の性質を数量的に明らかにしうる訳だが、それを満足するだけの集団の構成因子を測定することはまづ不可能である。そこで構成因子の一部を何ら作意なく選び出し（random sample）、この小集団の測度を求める。たとえば平均とか、比率とか、相関係数などであるが、フィッシャーはこれをstatisticと呼んでいる。しかして、statisticを求めるのは、それ自体が目的でなく、これによって先の"もとになっている集団"（母集団といわれている）のパラメータ

る視点から書かれ、その視点からの推計学批判の展開である。論点はいくつかある。まず社会統計の対象は「存在たる集団」である（純解析的集団ではない）。次に科学の方法は対象に規定され、対象的内容の契機を重んじなければならない（方法が主体の観念物として客体に先立ってあるのではない）。さらに統計的方法は社会集団の合法則性を捉える社会科学の方法・理論を前提とし、この集団を数量的に研究する手段である。

　大橋論文の第一の意義は、推計学がどのような性格の科学であるかを論じるにあたって、この科学の対象が何かを、原理的に考察したことである。この議論を行うのは、統計に関する知識の総体である統計学が対象としている数字的「事実」とは何かを考えることが大事であるからである。所説を整理すると、三つの分岐点がある。一つ目は、集団についての事実を語る数字を「統計値」、個体についての事実を語るのが「測定値」であること。二つ目は、集団には対象的な集団（存在たる集団とも呼ぶ）と方法的な構成物としての集団があること。前者は集団の大きさが不明で、集団性の方向が多岐である。後者は集団性の方向が一つで、その安定的な強度を求めることが目的として定立される。三つ目は前者の集団には「自然集団」と「社会集団」があること。ドイツ社会統計学は「社会集団」を問題とし、「方法的な集団」への道を歩む英米数理統計学は個体（測定値）なり集団（統計値）が自然に関するものか社会に関するものかを問わない、経験的性質を除去した「純解析的集団」をその対象とする。

　第二の意義は、推計学の理論構造を、その科学の視点にたちかえって捉えたことである。推計学は「蓋然性の哲学」（＝確率論的法則の世界に関する思惟）に依拠する。この科学は客観的存在を単純な直接的方法ではとらえられない、客観的存在として追及するのは本質的存在であり、それと関わる「法則」であると主張する。この客観的存在は、推計学にとっては、ありとあらゆる偶然さを

を推算することが目的である。だから、statistic の parameter の推算値としての信頼の程度が測られなければ、科学的意味をもちえない。／スモール・サンプリングの理論、すなわち小標本の理論は選び出した構成因子すなわち標本の数が必ずしも多きを要せぬこと、この小集団の測度すなわちスタティスティックがパラメータとして、どの程度に信頼し得るか、これを測る方法とその根拠とを数学的に規定したものである。その限りにおいて従来の用語法をとれば、数理統計学に属する一課題である」と。（蜷川虎三「調査余話」『サーヴェイ』第3巻第4号、1947年、13-4頁）。

考慮した純粋に客観的な法則である。このような対象を把握するには、変化を含み混沌としたカオスである対象を整序する独自の方法が必要である。方法の基礎は主観の側の対象構成作用にもとめられ、主観と客観の乖離を縮めるために方法をもって現実に逐次近似しなければならず、理論模型はそのために必要とされる。模型概念の適用は説明を可能な限り直感的に知るための努力の結果である。数理統計学の理論構造において、その基本になるのは母集団と試料である。経験的所与として与えられた資料は仮の現実、仮象の記述である。これに対し、母集団は数学的なケースにストックされている純解析的構成物（その限りで観念的母集団）であり、試料は母集団の一つの現実化に他ならない。母集団も試料もこの方法全体の機構のなかで解釈されるわけである。

　第三の意義は、上記の推計学の理論構造を受けて、その技術構造を解明したことである。試料からの母集団の認識、この点がここでの問題である。具体的には確率原理、母集団仮説、仮説検定、任意抽出について、試料からの母集団推定の技法が解説されている。もちろん、その技法はすでに対象の内容と決別し、純形式的確率論的操作によって演繹されるもので、抽象的な数学的構成物にもとづく。当面の試料がある母集団と結びついているという想定から出発し（仮説的無限母集団）、この仮説の設定をふまえて仮説検定にかけるという一連の循環的操作が推計学の中身であるが、その試料のとりかたは任意抽出という手だてによる。任意抽出は仮説をたて、その仮説を検定する逐次近似の循環のなかで意味をもつ。もっとも大橋論文以後、推計学が必ずしも仮説検定論の構成要素とみなされないことが明らかにされた。

　第四の意義は、推計学が成立した背景を列挙していることである。1930年代以降のアメリカにおけるテーラー・システム、フォード・システムにおける科学的管理法、そこにおける品質管理と抜き取り検査の利用、生産資本と流通資本の関係における「生産者危険」と「消費者危険」の回避がこれである。大橋は、これらの応用の基本にある規格⇒生産⇒検査のプロセスは、仮説の設定⇒実験の遂行⇒仮説の検定のそれに符合すると指摘している。

　第五の意義は、推計学のイデオロギー的危うさを指摘していることである。この論文が書かれた戦後の科学界では弁証法に脚光があたっていたので、推計学論者もそれを援用した。しかし、多くは弁証法の勝手な解釈であった。推計学

が唯物弁証法の利用と考えられたり、「帰無仮説」が弁証法の「否定の否定」の法則と結び付けられたりした（増山元三郎）。このようなことが、まじめに語られたのである。

(2) 推計学批判その後

　日本での推計学の浸透は、一方で統計学の分野で主として、標本調査論の移植と展開としてあらわれ、他方では統計学以外の分野（医学、心理学、行動科学、教育学など）での統計的仮説検定法として定着した。標本調査論の分野での議論は、次章「統計調査論」でより詳しく紹介する。後者に関しては、社会統計学の分野から離れるので深入りしない。しかし、参考までに「現代の裸の王様」とも言える統計的仮説検定論が上記の分野でいかに誤解され、弊害をもたらしたかについて論じた橘敏明『医学・教育学・心理学にみられる統計的検定の誤用と弊害』（1986年）[15]をあげておきたい。その書評で、木村和範はその末尾に次のように書いているので、紹介する。(1)（この書は）現在の知的難局を「有意性検定症候群」ととらえ、これから抜け出て反省的思索の復位を提起しており、共感できる、(2) 有意性検定の誤用・乱用を包括的に、しかも一人で論じた書物として初めての試みであり、当該テーマを検討しようとする人が真っ先に読まなければならない重要文献である、と[16]。

　その木村は推計学批判の原則を次のように整理している[17]。推計学は偶然変量に関する算法の体系であり、推計派の主張の背後にある確率論的世界観は社会が偶然性のみに支配されるとする非合理的なそれである。この世界観は推計派が主張する唯物弁証法とは関係がなく、その哲学的基礎はプラグマティズムあるいは論理実証主義である。推計学の骨格である仮説検定論（推定論は仮説検定の体系に包摂されている）は、留保付きパラメータの数値を推測する算法で、記述＝事実の確認である。普遍的科学方法論といえる代物ではない[18]。

15) 橘敏明『医学・教育学・心理学にみられる統計的検定の誤用と弊害』医療図書出版社、1986年。
16) 木村和範「［書評］橘敏明『医学・教育学・心理学にみられる統計的検定の誤用と弊害』」『統計学』第52号、1987年。
17) 木村和範「推計学批判」『統計学』第30号、1976年。
18) 木村、前掲論文、101-4頁。

任意抽出標本理論に意義を認める論者は、標本調査による全体の推計値とセンサス結果との符合をその論拠とする。抽出の任意性がその一致の根拠とされる。木村はこの見解に反対し、抽出の任意性と数値上の符号との間に必然的関係を認めない。なぜなら、任意抽出標本理論が社会統計調査に果たす役割はクジ引き式の統計調査と調査票の配布・回収の算定に限られるが（後者は社会現象が確率論の対象ではないので虚構の計算である）、結局のところ任意抽出標本理論はクジ引き式の統計調査を強制することに関してのみ指導するにすぎないからである。この際、調査対象は任意に（無作為に）規定されるので、標本の代表性は保証されない。それゆえ、標本統計における推算値がセンサス結果と符合することの根拠を抽出の任意性に求めることはできない。符合の根拠は、①社会構成の変化が小さいこと、②標本数が大きいこと、③偶然的符合、にある。
　木村は関連して関弥三郎の議論をとりあげている[19]。関は母集団概念を無限母集団と有限母集団とに二分する。後者は対象集団の構成単位の全部の集合を、一つの集団性について観察した時の単位をもつ数値（統計標識の集合）である。ここでは確率的性質が仮定されないが、任意抽出という人為的操作で確率の場が創出されるとする。関はこのことによって、推計学の社会認識上の構造分析が任意抽出標本理論によって可能になるという[20]。木村は関の目標が統計集団の構造分析（法則性の認識）にある点を評価しているが、抽出の無作為化をもって推計学的手法の統計調査への適用根拠とみなすことに疑問を呈している[21]。
　木村はこの他、標本統計の利用基準、判断の確率の実質的意義という重要論点を解説している[22]。利用基準が推定値に付された数学的条件であるとする見解によると、基準は精度あるいは信頼度であるとされる。木村はこの見解に対し、統計対象は確率論的処理を許さず、したがって推定値に付された数学的条件は実質的意味をもたないと主張する。この主張は①統計の現実歪曲性の検討と、②数学的条件の実質的意味の検討の考察によって根拠づけられる。前者では統計における誤差の原因の究明が要となる。後者に関しては、精度（precision）がと

---

19) 木村、前掲論文、109-10頁。
20) 関弥三郎「社会統計学における母集団の意義」『立命館経済学』第12巻第3号、1963年。
21) 木村論文には、関弥三郎の「コメント」が付されている（『統計学』第30号、1976年）。
22) 木村、前掲論文、113-120頁。

りあげられ、この概念は多数値の測定を前提とするが、単一の標本ではこの概念が成立しないと指摘している。また数理派は精度の概念を単一の個別値と真値との接近度の尺度と考える（正確さ）。この意味での精度が明確になるのは真値がわかっている場合に限られるが、社会統計調査でこれが分かるのはセンサスと標本調査がともに行われる場合である（事後的に）。したがって一般に、標本統計調査だけで精度はわからない、と。

3．フィッシャーの統計理論

　フィッシャーの学説は記述統計学から推計学への転換点に立つ統計学者として知られる（いわゆるフィッシャー革命）。その理由としてあげられるのは、フィッシャーが（1）標本分布論を精密化したこと、（2）標本と母集団とを概念的に区別し、後者から前者を求める方法として統計的方法を体系化したこと、（3）記述を目的とする観察の論理から、仮説の検証を目的とする実験の論理に向かったこと、（4）現象の記述から、その分析と本質の把握に進んだこと、である。

　フィッシャーの業績を詳細に分析した杉森の「R.A. フィッシャーの統計的推論」（1982年）によれば、フィッシャーの業績は従来の標本分布論に正確化と一般化を行ったこと、そして統計量の分布を正確にもとめるというその後の研究の方向を示したことである。上記の一般的評価は疑問の余地のないようにみえるが、（2）の指摘は、フィッシャー以前に、母集団・標本の概念がなかったか、あっても混同されていた印象を与え、適切でない。この認識はむしろ誤りで、E. エッジワース（E, Edgeworth 1845-1926）やK. ピアソンの推論は、すでに母集団・標本図式に立脚して成立していた。フィッシャー以前には大標本が前提とされていた。標本と母数を区別する必要性が明確でなかった。大標本という前提のもとでは、標本・母集団という図式は当面の焦眉の課題と意識されない。フィッシャーは標本分布論の正確化と一般化により、小標本の場合の推理を可能にし、同時に大標本の場合の推理に正確化をはかった。この意味で、フィッシャー理論の意義は、統計的推論を緻密化したことにある。

　フィッシャーの統計的推論は、従来の漠然とした統計的推論の原理を明らかにし、それを推定量選択の諸基準や最尤法として示したことである。彼は最尤

法の考え方を強調するなかで、獲得された最尤推定量が当該の分布に適切であることを証明し、この方法を正当化した。フィッシャーの推定論の意義はこの意味で、正確な分布論にもとづいて推定法を比較する一般理論の構築である。このことは区間推定論また検定論にも当てはまる。さらにフィッシャーは尤度的な考え方や確率概念を再解釈することで、それまでのいくつかの推理法の論理構成を明確にし、それらを帰納推理として統一的に展開した。その直接的手続きは、統計的推論の議論を統計量の正確な分布の議論に帰着させ、方法論としての統計的推論を帰納法的に観点から統一するというものである。

帰納法的理解そのものは、イギリスの統計学や論理学の世界に伝統的である。フィッシャーはそれを継承し、特殊な方向に先鋭化させた。特殊な方向とは統計的推論を帰納推理の一部分（一形態）ととらえ、帰納推理それ自体の具体的精密化をはかることであった。

先に指摘したように、フィッシャーを境に統計学が記述的なものから推測的なものへと変わったという評価に、杉森は異議を唱えている。記述統計学は標本・母集団を前提せず、データを単なる変数の度数関数と見做しその特性量を表す尺度を工夫する。推計学はこの図式を前提とし、データを標本とみなし、その分布の特性量から母集団の特性値をもとめる。このような理解にたてば、フィッシャー理論が記述統計学から推計学への移行の形態であるとは言えない。フィッシャーは彼以前の記述統計学にあった推測という契機（モーメント法、確率誤差による誤差の評価、仮説検定など）を継承し、その発展をはかったにすぎない[23]。数理統計学はフィッシャー以前も以後も、手続き的には推測、認識論的には記述を行っている点で変りはない。彼を境に記述統計学が推計学に転化したとする通説は誤解である[24]。

4. 統計的仮説検定論

ネイマン＝ピアソンの統計的仮説検定論の内容を、木村和範「ネイマン＝ピアソンの統計理論」によってまとめる。木村によれば、この理論の特徴は、母集

---

23) 杉森、前掲論文、137頁。
24) 杉森、前掲論文、139頁。

団特性値を限定する二種類の仮説（「検定仮説」と「対立仮説」）が設定されること、標本の大きさが決められること、第一種過誤の確率が事前に定められること、行動の規則があらかじめ作成され、それに従って検定仮説の採択・棄却が行われること（一回ごとの判定を確率付きで評価しない）にある[25]。これらのことを確認して、仮説検定で対立仮説が「単純仮説」の場合（母集団特性値を数直線上の一点で特定する場合）と、「複合仮説」（母集団特性値を数直線上の任意の領域で特定する場合）の場合とに分けて例解している。

　木村は当該論文で次に、ネイマン＝ピアソンの仮説検定論とフィッシャーの仮説検定論との相違を検討している（両者の相違は当初は目立たなかったが、1941年以降、対立が鮮明になる）。相違が6点に要約されている[26]。(1) ネイマン＝ピアソンは検定仮説と対立仮説を設定するが、フィッシャーは検定仮説のみを設定する。(2) ネイマン＝ピアソンにあっては標本の大きさは事前に定められるが、フィッシャーにとってそれは重要でない。(3) ネイマン＝ピアソンは仮説の採択・棄却の判定を機械的に反復せよとなっているが、フィッシャーでは一回限りの判定でよしとされる。(4) ネイマン＝ピアソンでは判定の基準としての第一種の過誤があらかじめ決められることになっているが、フィッシャーでは有意水準を決めておく必要はないとされる。(5) 最終判定はネイマン＝ピアソンでは検定仮説の採択か棄却であるが、フィッシャーでは検定仮説の棄却か判断の留保である。(6) ネイマン＝ピアソンでは過誤の確率を頻度の意味で使うが、フィッシャーの有意水準は「確信確率」である。ネイマン＝ピアソンの仮説検定論とフィッシャーのそれとでは、その用語は同じでも、内容が全く異なる。木村はその理由として、ネイマン＝ピアソンの仮説検定論が品質管理を前提していたのに対し、フィッシャーは圃場試験を基礎として考えていた、という事情に言及している[27]。木村はさらにネイマン＝ピアソンの仮説検定論が統計的品質管理の領域と密接に結びついていることを、検定の目的、過誤の概念、過誤の確率、検出力の4点にわたって検討し、その理論が統計的品質管理の領域を前提に定式化されたと結論づけている。

---

25) 木村、前掲論文、164-65頁。
26) 木村、前掲論文、173頁。
27) 木村、前掲論文、185頁。

木村は最後に、ネイマン＝ピアソンの仮説検定の合理的核心について次のように述べている。「そもそも確信確率（フィッシャーのいわゆる—引用者）では、当るという判断が正しいということは当りクジが抽出されるという事象の生起と同意味であるとは考えられていない。この結果、判断の確率が事象の確率を基礎とするが、判断の確率は事象の確率とは相対的に独自の地位を得ている。……この困難性を立論のなかで回避し、判断の確率と事象の確率を統一的に理解した点において、ネイマン＝ピアソンの仮説検定論の合理的核心がある」[28]。「ネイマン＝ピアソンの仮説検定論が教えるところによれば、仮説検定論は統計的仮説を機械的に採択か棄却にふるいわける方法にすぎない。そこに仮説検定論の意義を見たことは、ネイマン＝ピアソンの功績である。仮説検定論の役割がそのようであれば、おのずと、その実践的指導性に限界がある」と[29]。

ところで、仮説検定論の理解をめぐって戦わされたフィッシャーとネイマン＝ピアソンとの議論の相違に関連して、その中身を浮き彫りにした論文に、是永純弘「R.A. フィッシャーの『帰納推理論』と統計的仮説検定論について」がある[30]。

フィッシャーは、「帰納推理（＝最尤法）」を「採択手続き」と言い換えている。「採択手続き」とは、品質管理の過程で一定の仕切り（lot）の母集団が合格品として採択される場合のような「非可逆的」手続きのことである。フィッシャーはこの手続を科学的研究一般における作業仮説の採択の場合にも適用可能とし、「統計的仮説検定」と明確に区別する。すなわち、「統計的仮説検定」には、（ⅰ）「同一母集団からの反復抽出」の場合の有意性検定、（ⅱ）「『第二種』過誤」を含む有意性検定、（ⅲ）ネイマンのいわゆる「帰納行動」という３つの手続きが

---

28) 木村、前掲論文、181頁。
29) 木村、前掲論文、182頁。
30) 是永純弘「R.A. フィッシャーの『帰納推理論』と統計的仮説検定論について」『統計学』第４号、1956年。ほぼ同じ時期に是永が執筆した次の論稿も参照されたい。是永純弘「仮説の検証と『最尤法』の原理について——M.G. ケンダールの『最尤法』論——」『経済学研究』第11号、1957年。他に玉木義男「統計的決定論における若干の問題——その序説——」『新潟大学法経論集』第16巻第３号、1967年；同「統計的決定論における若干の問題——Bayes の定理を中心として——」『新潟大学経済論集』第１号、1968年；同「統計的仮説検定論——R.A. Fisher と J. Neyman の定理を中心として——」『新潟大学経済論集』第８号、1968年、横本宏「数理統計学と社会統計学——『２つの統計学』の現段階」『国民生活研究』第12巻第２号、1972年；吉田忠「現代数理統計学と論理実証主義・分析哲学」『統計学——思想的接近による序説——』同文館、1974年、を参照。

含まれるが、「採択手続き」はこれらと論理的に区別される、という。

フッシャーによれば、ネイマン＝ピアソンの統計的仮説検定論では、通常の有意性検定が有効な場合と、それが役にたたない「採択手続き」の場合とが区別されていない。すなわち「帰納推理」としての「採択手続き」はネイマン＝ピアソンの統計的仮説検定と区別され、有意性検定で問題とされるのは「統計家の想像の産物」であり、そこでは第二種過誤の度数が決定されえないのに対し（有意性検定が有効な場合）、「採択手続き」は客観的に実在する母集団と関連づけられ、ここでは第二種過誤の度数が決定されうるものとする（「採択手続き」の場合）。ネイマンの「帰納行動」はこの区別を理解せず、有意性検定より、「演繹推理」によって純粋に数理的な統計的仮説検定の一般化につとめる。この限りでは、フィッシャーの見解のほうが、自然科学的研究の実際問題を考慮に入れている。

それではフィッシャー自身の「採択手続き」という「帰納推理」の論理的性格はどうであろうか。是永によれば、フィッシャーが「帰納推理」の特徴としたもののうち、主要なものは次の三つである[31]。

（1）「帰納推理」のなかにはその精度が「基準確率」で表現されるものがある。（「基準確率」は最尤法における「尤度」である。それは観測値からその仮説的諸要因を、標本から母集団を、特殊から一般を推論するための数学的用具で、「不確実性の性質と程度を秤量する」ための尺度、確率言明の確率精度を示す合理的「信頼度」である。）

（2）「帰納推理」はデータを解説するために一定の仮説（作業仮説）を必要とする。（このような「帰納推理」を可能ならしめるには研究における作業仮説が仮説を「枠づける」諸条件［(イ)自然の諸事実と一致し、(ロ)資料が含む観測可能な全事実の度数分布を規定し、(ハ)自然常数を母数として含み、(ニ)現実の資料と矛盾しない］に従わなければならない。）

（3）「帰納推理」は、演繹推理よりもはるかに厳密である。（演繹推理では資料のなかのある項が無視され、公理群中の一部分から推理が行われるのに反し、帰納推理は資料の全体を考慮するからである。）

---

31) 是永、「R.A. フィッシャーの『帰納推理論』と統計的仮説検定論について」『統計学』第 4 号、1956年、54頁。

是永は「採択手続き」と統計的仮説検定の論理的差異に関するフィッシャーの次の結論を引用している。「連続変量の基準確率についての言明があてはまるのは情報が全部利用されている場合に限る。けだしこの言明は充足推定値を利用するのに対して、有意性検定では、常に、検定力がいかに低くても、一定の有意性水準における資料との不一致を生ずるような母数の値を含まないように、限界をきめることができるからである」と[32]。

以上のフィッシャーの主張に対し、ピアソンの反論は次のようなものである。すなわち、ピアソンの見解は、フィッシャーが主張した「採択手続き」よりもはるかに一般的な検定方式を数学的に展開したということに、すなわち「統計家がそのデータを統計的に検定する場合に必要なことをできるだけ数学的に表現する方法」として「検定力関数」を展開した点にある。フィッシャーの「採択手続き」すなわち「帰納推理」は、客観的に実在する母集団（観測値の一団）以外のいかなるものをも先験的に想定しない。これに対して、ネイマン＝ピアソンの統計的仮説検定（有意性検定）は「統計家の想像の産物」の想定を容認し、フィッシャーの推定方式を含む一般的な仮説検定論を数学的に展開することが可能であるとされる。「帰納推理」と統計的仮説検定の論理的差異のポイントは、ここにある。

是永はこの点に関して、次のような判断を下している。フィッシャーは「採択手続き」における母集団の客観的実在性を要求するが、この限りではフィッシャーの見解の方がピアソンのそれよりも理にかなっている。ピアソンは仮説検定の数理的に一般化された方式の展開に対して何の疑いももたないが、こうした展開がいかに数理的に一貫しているにしても、その結果を自然科学における実験結果としての測定値の集団に、無条件に応用し得るものとは考えられない。この意味でピアソンには、誤解がある。

それではフィッシャーの「採択手続き」の論理的性格は、彼が言明するように、帰納法一般とみなすことができるかというと、それは誤りである。すなわち、フィッシャーによる「採択手続き」は、「帰納推理」の一つにすぎず、その「帰納推理」は小標本理論における推定論上の数理手続である最尤法であり、

---

32) 是永、前掲論文、55頁。

これを「標本→母集団」推理=「個別→普遍」推理=帰納法とみなすことはできない[33]。

フィッシャーの「採択手続き」の3つの論理的特徴に対しては、是永は以下の難点を指摘する[34]。第一に、統計的推論の確率を「基準確率」によってあらわすことは、主観的な確率概念を「信頼度」の数量的表現であるとする仮定、また客観的実在である母集団を数学的に規定された確率過程におきかえるとする仮定が成り立たない限り不可能なことで、その限りでその意図は帰納法と関係のない数理手続にすぎない。

第二に、フィッシャーの帰納推理はその「採択手続き」における仮説に一定の枠をはめているが、その限定が意味することは、たとえこの手続が自然科学における統計的研究において利用されるとしても、社会科学の研究方法としてはほとんど無意味であるということである。すなわち社会科学では、こうした「仮説の枠づけ」は不可能であるからである。

第三に、フィッシャーの「帰納推理」は、対象の厳しい限定の上に成り立つもので、「資料の全体を考慮する」といっても、決してこのような限定を取り除いて、資料を全体として、その質的規定性をも全面的に考慮することを意味しない。したがって、この「帰納推理」に演繹推理以上の厳密性を見いだすことは困難である。

以上、是永によるフィッシャーとネイマン=ピアソンの考え方の対立の解明は、1950年代半ばに推計学が日本に流入してきた直後の先駆的な研究であった[35]。

5．むすび

1940年代後半から60年頃までにかけて、社会統計学研究者の大きな理論的課題は、推計学とそれをベースに展開された標本調査論の批判的評価であった。

---

33) 是永純弘「R.A. フィッシャーの『帰納推理論』について」『統計学』第3号、1956年。
34) 是永純弘「R.A. フィッシャーの『帰納推理論』と統計的仮説検定論について」『統計学』第4号、1956年、60-62頁。
35) フィッシャーとネイマン=ピアソンの考え方の対立に関しては、[注30]に掲載の玉木論文、横本論文の他に、木村和範「t分布による母平均の区間推定について」『統計学』第27号、1973年などに記載がある。

批判的評価は蜷川のいわゆる「存在たる集団」概念を基礎に展開された。推計学が想定する集団は「純解析的集団」と規定される無限母集団である。この議論は、仮説検定の対象とならない調査には意味を認めることができないとする。この見解に対し、社会統計学の研究者が研究対象とする社会・経済現象の背後にあるのは有限の「存在たる集団」である、「純解析的集団」と規定される無限母集団を観念するのは誤りである、と主張した。この見解を根拠づけるためには、社会統計学者は推計学の淵源までさかのぼって議論を掘り下げることを課題とされた。フィシャー、ネイマンの議論にまで立ち返った問題点の整理が必要だったわけである。本章はそうした一連の論稿を要約しながら、論点の確認を行った。

日本での推計学の普及と展開そして推計学論争は、より具体的には標本調査の意義と限界をめぐってなされた。第6章でその詳細を示すが、そこでの議論への橋渡しとして、標本調査論に関わる論点を広田純の整理を助けに予備的考察を与えておく[36]。

広田は推計学の、とりわけ標本調査論の展開を二期にわけている。第一期は、1948年頃から52・3年頃までで、推計学の方法論に対する社会統計学からの批判と、それをめぐる論争が行われた時期である。第二期は、それ以降の、標本調査そのものの評価をめぐる論争の時期である。この時期の論争は、標本調査に関する議論を「超母集団」に関する仮説検定論の一環で考えることはせず、実在する集団について推定する技術とみなす技術論者の見解に端を発している[37]。この見解を契機に、標本調査を統計調査としてどう位置付け、どう評価するか、さらに統計調査をどう考えるか、が論争の主要な内容となった。

以上の区分は、今日では通説になっている。しかし、ここで批判の対象が推計学的標本理論と技術的標本理論とをあたかも別々のものであるかのように判断するのは誤解である。批判されたものは、数理統計学の手法として基本的に同一物である。第一段階では標本理論に誇大な「哲学的」解釈が加わったのに対し、第二段階ではランダム・サンプリングの手法が統計調査の局面に必要以

---

36) 広田純「推計学批判と社会統計学」竹内啓編『統計学の未来――推計学とその後の発展――』東京大学出版会、1976年。
37) 津村善郎『調査の話』東洋経済新報社、1954年；同『標本調査法』岩波書店、1956年。

上に限定され、結果的にあたかも異質の数理統計学を対象とするかのような外観をとったにすぎない[38]。

　本章の前段で紹介した大橋論文は、第一期のものである。この時期の論争について、広田は次のような説明をしているので、参考までに引用する。論争で論陣を張った増山元三郎[39]、北川敏男[40]の主張を広田に従って3点に要約すると、(1) 従来の社会統計学は統計調査の基本は全数調査だとしていたが、これは科学的認識の段階としては現象記述的な低い次元の話であって、科学としての統計学はこうした段階から法則定立という高次の段階へと進まなければならない、(2) 全数調査の結果もその背後に仮説的無限母集団を考えれば無作為標本とみなすこともできる、標本調査はそういう観点からとらえるべきものであり、単に推定の技術、全数調査の代用品ではない、(3) そのようにとらえられた標本調査は記述目的で実施される全数調査より優れたより科学的な方法である、というものであった。

　広田によれば、こうした推計派の主張に対し、社会統計学の立場にたつ論者は、おおむね次のような反論を行った。観察資料の背後に想定される仮説的無限母集団が非現実的であること、法則定立を予定した推計学が科学的認識の理論として高次のものと考えるのは間違いで、社会統計学にとっては記述が基本であり、しかも記述には理論がそれに先立って存在し、観察される事実を総括する原理も、またその結果を説明する原理もすべて理論によってあたえられる、統計調査には社会的役割があり、歴史的・社会的過程であるから、そこで生産された統計が限界をもち、階級性をもつことは自明で、社会的認識の材料として制約がある、したがってその批判的利用が重要である、と。この議論には第6章で深入りする。

---

[38] 吉田忠「［書評］竹内啓編『統計学の未来』」『統計学』第31号、1976年、54頁。
[39] 増山元三郎『推計学の話』朝日新聞社、1949年。
[40] 北川敏男『統計学の認識』白揚社、1948年。

第 5 章
確率基礎論

1．論点と関連論文

　推計学はその原理を大数法則の理論と確率論にもとめる。両者は密接に関連している。大数法則とは、ある集団において特定の単一標識があらわれる度数の比率がその集団が大きくなるにつれ、限られた範囲内の値（極限値）に接近するという統計的（数理的）規則性である。統計の集積に認められるこうした統計的規則性、これが大数法則である。これらの統計の背後にある事象のもつ質は、問われない。自然現象のデータであっても社会現象を反映した統計でも、質が捨象され、データとして一括されたところに認められるのが数理的規則性である。

　ところで戦後の日本で一時盛んに持ち上げられた推計学は、その理論的基礎を確率論とした。推計学がどのように構想されたのかを知るには、この分野でのいくつかの基本テキストの構成を示すと明らかである。

　例えば北川敏男『統計学の認識：統計学の基盤と方法』（1947年）の目次は、以下のとおりである[1]。「【第1篇】統計学に於ける法則定立、［第1章］統計学の黎明、［第2章］古典確率論の構成、［第3章］統計万能時代の起伏」「【第2編】統計学に於ける記述と理論、［第4章］古典統計力学の理念、［第5章］記述統計学の文法、［第6章］経済統計学の計量」「【第3編】実験統計学の基盤、［第7章］実験の計画、［第8章］大量生産の管理、［第9章］社会統計の認識」「【第4編】近代統計学の構造、[第10章] <u>確率論の公理</u>、［第11章］近代統計数

1）北川敏男『統計学の認識：統計学の基盤と方法』白揚社、1947年。

学の展開、[第12章] 実験統計学の方法」「【第5篇】統計学の過去現在未来、[第13章] 統計学の過去、[第14章] 統計的認識の段階、[第15章] 統計学の将来」。

また、増山元三郎校訂『推計学への道：統計学を超えて』（1950年）は、次のような構成をとっている[2]。「[第0章] 推計学のはじめに」「[第1章] 推計学の生まれるまで」「[第2章] 確率論の歩み」「[第3章] 統計学から推計学へ」「[第4章] 想定の理論」「[第5章] 推定の理論」「[第6章] 検定の理論」「[第7章] 計画の理論」「[第8章] 標本の抽出」「参考文献と付録」。

推計学を推奨するこれら二つのテキストでは、確率論が重要な位置を占めている。したがって、推計学の基本性格を理解するには、あるいはその科学としての存立基盤を検証するには、数学の一分野である確率論とはいかなるものであり、この理論における種々の手法が自然科学や社会科学の分析にどのように適用可能なのかをおさえておかなければならない。社会科学者による推計学批判の課題がその理論的基礎である確率論の意義と限界の点検であったことは、自然である。

確率論の歴史的展開を跡づけることは、それだけで大著を要する[3]。数理統計学プロパーの分野で研究にたずさわる人々の間に、確率基礎論の系譜にふれた業績はほとんど無い[4]。一口に確率論と言っても、この理論の説明、解釈は論者の間で一様でない。その歴史を概観すると、大きくは確率現象を客観的基準で測る頻度説的考え方とそれを主観的基準で判断する捉え方とに分かれる。

概略、以上のような問題意識のもとに本章で、筆者は以下で、伊藤陽一「確

---

2) 増山元三郎校訂『推計学への道：統計学を超えて』東京大学出版会、1950年。この書は講義録である。
3) R. クリューガー、L. ダーストン、M. ハイデルベルガー編著／近昭夫・木村和範・長屋政勝・伊藤陽一・杉森滉一訳『確率革命――社会認識と確率』梓出版社、1991年。I. ハッキング／広田すみれ・森本良太訳『確率の出現――確率、帰納そして統計的推測についての初期の概念の哲学的研究』慶應義塾大学出版会、2013年。I. ハッキングのこの著に関しては、藤江昌嗣「確率前史研究序説――Ian Hacking『確率の出現』をめぐって」『思想と文化』1986年、がある。
4) 海外に目を向けて邦訳のあるものをあげると次の著作がある。I. トドハンター／安藤洋美訳『確率論史――パスカルからラプラスの時代までの数学史の断面』現代数学社、1975年。標題からわかるように19世紀初頭までの数学史である。

率に関する諸見解について――確率主義批判のために――」(1965年)[5]、吉田忠「統計学と機械的唯物論［Ⅰ］――古典的確率論と機械的唯物論――」(1974年)[6]、是永純弘「確率論の基礎概念について――R.v. Miesesの確率論――」(1960年)[7]、杉森滉一「ヴェンの確率基礎論」(1968年)[8]、伊藤陽一「ケインズの確率論について――基礎理論の紹介を中心に――」(1966年)[9]、是永純弘「確率概念の本質と確率論主義批判」(1973年)[10] を順に取り上げ、紹介する。それぞれの論文が内容としているのは、確率論の系譜の整理、確率の客観的解釈を志向し立論した確率論の紹介、ケインズ確率論（蓋然性論）の評価、確率論主義批判である。

2．確率論の系譜

(1) 確率論の二潮流

　伊藤陽一「確率に関する諸見解について――確率主義批判のために――」は、確率論の系譜を簡明に整理している。確率論の基礎はシュバリエ・ド・メレ（Chevalier de Méré 1610-1684）による賭け事の問題とそれに関連する諸問題について交わされたB. パスカル（B. Pascal 1623-62）とP. フェルマ（P. Fermat 1601-65）の往復書簡によって固められた[11]。古典的確率論の発展は以来、C. ホイヘンス（C. Huygens 1629-1695）、J. ベルヌーイ［J. Bernoulli 1654-1705］）A. ド・モアヴル（A. de Moivre 1667-1754）によって担われ、P.S. ラプラス（P.S. Laplace

---

5）伊藤陽一「確率に関する諸見解について――確率主義批判のために――」『統計学』第14号、1965年。
6）吉田忠「統計学と機械的唯物論［Ⅰ］――古典的確率論と機械的唯物論――」『統計学――思想史的接近による序説――』同文館、1974年。
7）是永純弘「確率論の基礎概念について――R.v. Miesesの確率論――」『統計学』第8号、1960年、(『経済学と統計的方法』八朔社、2000年、所収)。
8）杉森滉一「ヴェンの確率基礎論」『統計学』第18号、1968年。
9）伊藤陽一「ケインズの確率論について――基礎理論の紹介を中心に――」『統計学』第16号、1966年。
10）是永純弘「確率概念の本質と確率論主義批判」内海庫一郎編『社会科学のための統計学』評論社、1973年。
11）C・デブリン／原啓介訳『世界を変えた手紙』岩波書店、2010年。

1747-1827）で完成をみた。この系譜は一方で頻度説（J. ヴェン［J.Venn 1834-1923］、R.v. ミーゼス［R.v. Mieses 1883-1953］）へ、他方で確率数理（A.H. コルモゴロフ［А.Н. Колмоголов 1903-87］）へと継承された。これらの流れと併行して、帰納論との関連でイギリス経験哲学を受け継ぐ流れがあり、J.M. ケインズ（J.M. Keynes 1883-1946）の合理的信頼度説に繋がる。

今日の主要見解は、頻度説（ミーゼス）、測度論（公理主義）説（コルモゴロフ）、合理的信頼度説（ケインズ、R. カルナップ［R. Carnap 1891-1970］）、主観説（L.J. サベージ［L.J. Savage 1917-71］）に分かれる。頻度説は、確率を現象系列の事象の相対頻度の極限値と規定する。この現象系列は、コレクティフ（確率が成立する集団現象）と呼ばれる。頻度説はこのコレクティフに確率をみる。頻度が与えられたときにそれを確率とみなすが、その様な頻度をもたらす物自体に確率の構造をみない。

測度論（公理主義）説は、集合論的確率論、近代確率論とも呼ばれ、ロシア＝ソ連の確率論研究（ペテルブルク学派［Ц.Л. チェビシェフ［Ц.Л. Чебышев 1821-94］、А.А. マルコフ［А.А. Марков 1856-1922］］、モスクワ学派［А.Я. ヒンチン［А.Я. Хинчин 1894-1959］、А.Н. コルモゴロフ］）の形成とともにある。この系譜にたつ確率論の要諦は、大数法則の証明と、これを含めた簡潔な公理系の樹立である。後の R.A. フィッシャー（1890-1962）、J. ネイマン（1894-1981）、E.S. ピアソン（1895-1980）の統計理論は、コルモゴロフの公理主義的確率論に依拠して構成された。

合理的信頼度説では、確率論（蓋然性論）は論理学の一部である。その代表者であるケインズによれば、獲得された知識（一定の前提たる知識から帰結される結論）の多くは確実なものではなく、それゆえその確実さの程度に応じて結論命題に確率が付与される。ケインズ以降、B.O. クープマン（B.O. Koopman 1900-81）はケインズの公理設定とその展開が不明確として、新たな公理を設け、数学的厳密化をはかった。また、R. カルナップは、前提と結論の結びつきを各人の直接的知識とするケインズの考え方が論理学的に不徹底として承認せず、前提の先験的設定、そこからの結論の導出をはかった。

L. サベージによって代表される主観説は、自らの確率を個人的確率と称する。主観説は、確率を命題についての信頼度ととらえる点で合理的信頼度説に通ず

るが、後者では確率が前提と結論の間の論理的規則によって導かれ、この規則は誰にとっても同一の拘束力をもつと考えられるのに対し、前者の主観説ではそこに個人的主観がもちこまれ、確率が誰にとっても同一でない。確率が何によって与えられるかを分析することが重要であるにもかかわらず、主観説はこれを個人的主観に依ると唱える。

(2) 確率論の思想的背景

確率論の展開とその思想的背景を詳述したものが、吉田忠「統計学と機械的唯物論［Ⅰ］——古典的確率論と機械的唯物論——」(1974年) である。この論文に依拠し、確率論の成立と展開の経緯をおさえると、概略、以下のようである。

吉田によれば、古典的確率論の流れには、大陸派合理主義がその思想的背景として存在した。この思想は数学化された自然を前提とし、感覚をこえた知性の「数学（幾何学）的推論」を用いて、その認識可能性を唱える。その精神は偶然現象のなかに数学的方法に規定された構造を想定することで、その認識可能性を確信するというものであった。ラプラスは、フランス唯物論哲学者の世界観を基礎に、確率論を体系化した。

パスカル＝フェルマからド・モアヴルに至る確率論の発展の経緯を以上のように整理し、吉田は次に数学的（または先験的）確率と統計的（または経験的）確率との関係を考察する。前者は大陸で誕生し、サイコロやカードなどによるギャンブルを対象とし（事前に確率を計算できる）、後者はイングランドで発祥し、出生性比のような人口の規則性を対象とした（社会現象）。ベルヌーイはその確率論において大数法則の原理を社会現象に適用し、ド・モアヴルは人口現象を含めたこの世のあらゆる偶然現象の背後に潜む規則性をもとめようと試みた。確率論を武器に自然・社会現象の全ての偶然現象を合理的に把握するという欲求は、現実とは無関係な数学的構造を擬制し、それにもとづいて確率論を適用する方向に向かう。その到達点は、ラプラスが完成させた古典的確率論の世界であった。

ラプラスは『確率の解析理論 (*Theorie analytique des probabilités*)』(1812年) で、それまでの確率や統計の理論を集大成し、自身が創案した積率母関数を用い、確率に関する種々の問題に初めて解答を与え、体系化した。とりわけ、正規分布

の体系化に取り組み、それを二項分布から導出した。重要なのは、彼が与えた確率の定義である。ラプラスにあっては、偶然現象（偶然現象一般と確率現象の区別がない）の結果として起きる二つのものの片方が起こることが、他方がそうなるよりも確からしいと確信させる理由が何もなければ、二つの場合は「同様に確からしい」として、これを確率の定義にもちこんだ（ライプニッツの充分理由律に依拠）。ライプニッツはその充分理由律に、あるものを認識したときの「理由」とあるものの存在そのものを規定する「原因」とを含めたが、この考え方を継承したラプラスは、両者を混同して「理由」の欠如から「原因」の欠如を導こうとした。すなわち等可能でないと確信する理由が見出せなければ、それは等可能であるとしてよい、とした。ラプラスの「不充分理由の原理」がこれである[12]。

ところでイギリス経験論のもとにあった帰納法は、演繹論理のもつ論理的必然性をもたない。しかし、ラプラスはT. ベイズ（T. Bays 1702-61）の定理を用いて、帰納推理の不確からしさに「確率」の値を与えようと試みた。吉田がこの試みに言及したもう一つの理由は、主観確率の立場から、確率の復活を意図する傾向が今日の数理統計学にみられるからである。吉田はベイズの定理の丁寧な数学的解説を行っているが、結論部分で次のように述べている。「その基本概念である確率を経験世界に引き戻して考えると、ベイズの定理は、確率現象という一定の抽象化が加えられた事実においてそれと同次元の抽象的事実に関する特殊な推理を与えているにすぎない。そこでは『特殊な結果』から『特殊な原因』が確率的推論という特殊な形で判断される。ところがこの定義が数学的には、経験的内容を捨象した確率や確率変数にもとづいて証明されるため、あらゆる偶然現象において『特殊な結果』から『一般的原因』を推論するのに使えるような外観をもつ。しかし、それは外観のみで、一般化された形で経験世界とのかかわりあいを与えると必ずそこに論理的破綻があらわれる」と[13]。ベイズの定理は単なる数学上のそれであり、帰納法に代替するものではない[14]。

---

12) 吉田、前掲論文、84-5頁。
13) 吉田、前掲論文、105頁。
14) ベイズの統計学に関しては他に、木村和範「投資決定問題への統計決定理論の利用について——ベイズの定理を中心に——」『統計学』第27号、1975年。吉田忠「ベイズ決定理論の基本性格」『数理統計の方法——批判的検討——』農林統計協会、1981年；菊地進「ベイズ推定」『統計学』第69・70合併号、1996年、がある。

3．確率論諸説

(1) R.v. ミーゼスの場合

　前節でみたように、確率とは何かについては諸説がある。古典的定義としては、確率とは「好都合な場合の数／等可能な場合の数」というものがあるが、「等可能」であることをいかに証明するかが問題で、議論が分かれた。確率が合理的信頼度をあらわすとする主観的捉え方は広くいきわたっているが、もし確率論が現実分析に有効であるとすれば、その意味を客観的なものと認識し、その現実性を明らかにする必要がある。是永純弘「確率論の基礎概念について──R.v. Mieses の確率論──」は、そうした考え方（頻度説）にたつミーゼスの確率基礎論を批判的に検討した論文である。以下に、この論文の内容を紹介する。是永はミーゼスの確率論をコレクティフ概念の検討に重きをおいて検証し、この概念の発見が数学の一分野としての確率論の基礎、その適用範囲、客観的実在との関連解明の糸口を与えたと評価している（そのマッハ主義的認識論の限界を指摘しながら）[15]。是永が参照したミーゼスのテキストは、*Wahrscheinlichkeit, Statistik und Wahrheit*, Dritte, Neubearb, Aufl., Wien, 1951 である。

　ミーゼスは確率概念を、集団現象または反復事象の一標識が無限回の試行中に現れる相対頻度の極限値、と規定する。この頻度説的確率論を支持する者は実は多くない。理由はそれが前提とする数学的意味づけの難しさ、あるいはその基礎にあるマッハ主義的認識論の観念性に由来する。是永はしかし、ミーゼスの確率論、とくにその基礎論を意味のないものと一蹴することはできない、と言う。確率が客観的現実のどのような側面を反映する概念なのかという問題は、確率論の基礎づけではもちろん、自然あるいは社会の諸現象にそれを適用する際には当然考えておかなければならず、ミーゼスはそのことを念頭に議論を展開しているからである。

　是永論文は「確率概念の基礎」と「ミーゼス確率論の意義と限界」の二つの

---

[15] 近昭夫「統計解析」『統計学』第30号、1976年。

節で構成されている。前者ではミーゼスの確率概念の定義、それと古典的定義との相違、ミーゼスの議論への批判に対する彼自身の反論を紹介している。後者ではミーゼスによる確率計算の適用可能領域の検討である。

　ミーゼスの確率の定義は上記のようであるが、確率の対象として考えられたのは次の三種に限定される。第一は賭事や運任せの遊戯、第二は保険業務、人口現象など、第三は統計物理現象である。それらにみられる共通性は、多数個体の一団である集団現象であること、何回も反復される同種または一個の個体の反復現象であることである。この集団現象あるいは反復現象は、ミーゼスによれば、確率が成立する不可欠の現実的前提である。

　確率が成立する「第一の前提」であるこれらの集団現象または反復現象を総称して、ミーゼスはコレクティフと名付けた。また、ミーゼス自身の言葉によれば、コレクティフとは各個体の観察メルクマールの相対頻度が一定の極限値に近づくだろうとの推定が正しいと思われるような集団現象または反復現象で、個別的観察の長い系列としての客観的性質（物理的性質）である。ここで重要なのは、この系列が規則性をもたないことである。すなわち、系列のなかのどの一部分を任意に取り出しても、この取り出し方が相対頻度の極限値を変えない性質つまり「無規則性」をもつことが確率の成立する「第二の前提」である。

　上記の二要件を満たすミーゼスの確率は、「確率とは事例の総数で好都合な事例の数を割った比である」（ラプラスによって定式化された古典確率）とか、「確率とは集合の数学的頻度である」（通説）といった解釈と一線を画する。

　是永はここからラプラス流の確率の古典的解釈とコルモゴロフ流の現代的解釈の検証に移る。前者に関しては、古典的定義が前提とする「均等可能」の仮定が現実には存在しないこと、「主観的確率概念」を認識論的背景にもつことの2点で問題があるという。主観説の奇妙な考え方は、「諸事例が等確率だと考えられるのは、諸事例が等確率であるということに等しい。理由は確率が主観的なものに他ならぬからだ」という言明に象徴される。古典的解釈はまた大数法則の存在にたよるが、これも失敗の原因である。なぜなら、ポアソンの定理と通称される二つの命題の混同の上に成り立ついわゆる大数の第一法則と、ベイズの定理と呼ばれる大数の第二法則は、コレクティフを前提とする頻度説で定義された確率概念を基礎におかないかぎり内容のない命題になるからである。

他方、後者、すなわち確率は集合の測度であるとするコルモゴロフによって代表される見解に対しても、ミーゼスは自らの頻度説を堅持する。ミーゼスによれば、コルモゴロフの研究は、確率計算という純数学的側面だけに注意をはらった理論で、彼自身、公理系が不完全なことを理由に、確率計算の諸問題については種々の確率域を考えることができるとし、公理論的確率論の限界を示している。是永は以上の確認をしたうえで、さらにミーゼスが行った彼のいわゆるコレクティフの二要件に対する諸批判への反論を補足的に紹介し、ミーゼスの確率概念の規定の妥当性を追認している。

　「ミーゼス確率論の意義と限界」で、是永は確率が客観的実在のいかなる側面を反映しているかという点に関して、ミーゼス的解答が確率計算の応用領域でどのように貫かれているかを点検している。対象となる応用領域は、統計学（出生・死亡などの人口現象、婚姻・自殺・所得などの社会現象、遺伝・生物体器官の測定、薬剤・療法の効果判定、大量生産）、誤差論（ガウスの誤差法則）、統計物理学（存在する気体分子、ブラウン粒子など）の領域である。要するにミーゼスにあっては、確率が適用できるかどうかは、相対的頻度の極限値をもち、無規則的であるという二要件を満足するコレクティフの存在を観察できること、またはそう仮定して確率計算を行った結果が観察結果と一致するかどうかを問わず、そうした集団のコレクティフ性が客観的存在であると確認できるかどうかにかかっている。

　問題はミーゼスのいわゆる「原系列のコレクティフへの還元」である。原系列を加工してこれをコレクティフ系列とすることは、もともとコレクティフ系列たりえないものを一定の目的でそれを構成することである。そこで改めてこの構成された系列の当否が問題となる。実際にはミーゼスのコレクティフ概念では存在たるコレクティフと意識的に構成されたコレクティフとの間に明確な境界線が引かれていない。ミーゼスの最大の難点であり、彼が別の箇所で確率基礎論の帰結を因果律の否定、確率法則による代位に見出していることと関係がある。「この点はすでにミーゼスの理論の認識論的背景がマッハ主義にあり、そのため彼の確率論の全命題は経験・試行から出発し、それ以前の対象の性質そのものへ認識が全く及んでいないこと、したがってミーゼスのいう確率の客観性ははなはだ疑わしくなるということ、等の指摘をつうじて、ミーゼスに対

する認識論的批判の核心点になっている」[16]。そうは言ってもミーゼスの確率基礎論の意義は、少しも損なわれるものではない。ミーゼスはマッハ主義的認識論からの決別を秘めつつ、存在としてのコレクティフの確認にも迫っていた。ミーゼスが到達した限度までの経験的事実の整理は、確率の客観性の認識への大きな前進であると言える。

　課題はある。行論との関係に限定すれば、要素間の相互作用が決定論的意味をもつ多標識集団としての社会集団は、そのままミーゼスのいわゆるコレクティフになりえない。それゆえに、確率論の社会集団への適用は、コレクティフの仮定と現実の集団との照応関係の考察から始めて、適用条件の仔細な検討に至るまで、慎重になされなければならない。

(2)　J. ヴェンの場合

　頻度説的視点から確率基礎論を展開しミーゼスに影響を与えた論者にJ. ヴェンがいる。杉森滉一「ヴェンの確率基礎論」(1968年)は、そのヴェンの確率論を紹介、検討している。

　杉森はヴェンの確率基礎論を *The Logic of Chance: An Essay on the Foundations and Province of the Theory of Probability, with Especial Reference to Its Application to Moral and Social Science* (1866) の第3版 (1888) と *The Principles of Empirical or Inductive Logic* (1889) によって検討し、その意義を論じている[17]。ヴェンは確率論史のなかで頻度説の代表的論者の一人である。彼の業績は一般的な理解では、確率を相対頻度の極限値と規定しただけのように扱われるが、果たしてそうなのかというのが杉森の問題意識である。この問題意識から出発し、ヴェンにおける頻度説の形態はどのようなものであったか、それが頻度説、確率基礎論の歴史的展開にいかなる意義をもったのかを明らかにすることが、この論文の主題である。

　既に述べたように頻度説の立場にたったミーゼスは、一つの属性に関して (1) 相対頻度の極限値と (2) 分布の無規則性とを備えた集団現象をコレクティフと規定し、その説明原理を確率論にもとめた。この説は二面性をもつ。一面

---

16) 是永、前掲論文、32頁。
17) 杉森にはこの他に次の論文がある。杉森滉一「『客観的可能性』としての確率」『岡山大学経済学会雑誌』第5巻第2号、1973年。

では確率数理に一種の形式性を認めたことであり、確率論とは別によってたつ経験的対象の規定を強調したことである。コレクティフが抽象されることで、特定の物質の運動形態が規定され、確率論の適用対象はそこに限定された。この方向性は正しい。しかし、これは他面で現象、経験を絶対化する認識論上の立場にたつことに他ならず、コレクティフが存在するための客観的構造、原因機構の究明が遮断された。頻度説の経験主義的側面を払拭し、確率基礎論のさらなる展開が必要な所以であるが、そのためには頻度説の意味が明らかにされなければならない。これはミーゼスの学説がどのような系譜を経て出現したかを究明することでもある。ヴェンの学説は多面的内容を含んでいるという。

ヴェンの念頭には、確率の基礎概念を系列すなわち事象または事物の連続ないし集合体であるとする考え方がある。確率論の対象は系列一般ではなく、特定の性質（個別的不規則性と総体的規則性）をもった系列である。この特質は、「事象系列」とヴェンが名付けたもので、系列の構成要素に部分的に共通するある属性が究極的に事例全体のある割合に落ち着くことを差して言う。このような事象系列には、(1) 運任せゲームの結果、(2) 同種多数の観察結果、(3) 同一物の多数測定結果の三種類がある。これらのうち、(1) のみが確率論の理想的な対象で、(2)(3) は近似的な対象である。

ヴェンはこの説を、確率の内容を主観における知識ないし心理的信頼であるとする主観的諸説に対置している。ヴェンが強調するのは、推理の正当性の最終的根拠が経験にあり、経験と切断して信頼を云々することが無意味であるということである。ヴェンにあっては、主観の知識状態に確率を依存させるのは誤りであり、主観の側に確率を考えるとしても、主観をしてそのように思い込ませる経験の側における根拠が何かを究明しなければならない。確率の意味を問うには経験的世界との対応が根本問題であり、そのために頻度が媒介になる。ヴェンの確率基礎論の意義は、経験世界と確率数理との対応をつけようとし、現象世界から事象系列を確率論の対象として抽出し、特定の客観的事物に確率を認め、そのような事物に特徴的な構造を明らかにする道筋をつけたことである。この方向は経験主義に立脚するが、「事象系列」をより詳細に規定しコレクティフを導出したミーゼスに継承される。

杉森によれば、ヴェンの確率基礎論が提起したものは、これだけではない。確

率が事象系列全体に言われるもので、それの主観による受け取り方が信頼であるという上記の議論をさらに一般化し、様相（modality）をも頻度＝確率の観点から解釈する。様相は、判断の確実性による分類である。ヴェンは様相の本質が信頼ないし確信の程度を区別することにあるとし、それを総て頻度に還元した。

またヴェンは確率論の推理機能を一般的に問題にし、帰納法との関係を論じている。彼によれば、経験的世界から「事象系列」を抽出し、そのなかで相対頻度を規定するのは帰納法の課題である。「事象系列」にみられる統計的規則性は、帰納法によって得られる。確率論はそれを受け、爾後の推理を担う。二つの方法は協働的である。推理の過程は、事物についての確実な知識の獲得が目的である。この過程は、(1) 単なる推定、(2) 仮説ないし理論、(3) 事実、の三段階からなる。確率が担うのは、(2) である。確率論による認識は、材料として統計的規則性しか得られない場合の不完全な中間的認識である。

杉森は最後にヴェンの学説上の継承関係を読み解く。まずミーゼスとの関係、続いてライヘンバッハ、ケインズとの関係である。ヴェンは経験論者で、特定の物質構造としての事象系列ならびにその属性としての確率という意識が希薄であり、専ら現象論的に頻度の極限値イコール確率という規定の強調にとどまった。このため現象が確率現象であるか否かがどうしてわかるのか、それを決定する徴証が何かという問題に回答を用意できなった。こうした経験主義に固有の欠陥は、ミーゼスにも特徴的であった。

事項で紹介するケインズとの関係について、ヴェンは確率を伝統的な帰納法の枠のなかに位置付けたのに対し、ケインズはヴェンの確率基礎論が狭すぎるとして（統計的頻度に還元できない偶然的ケースがあることを強調）、帰納法そのものを基礎づける新たな確率論の構築に向かった。ヴェンは方法としての確率論を論じることで、判断の確率をも頻度で測ろうとしたが、ケインズはそれが頻度とは別のより一般的論理的関係図式に包摂されること、そしてこの図式が帰納法の不確実性の処理を含むことを説いた。また、ヴェンは事象の確率、その事象について思考する主観における確率、一般的認識の信頼性としての確率という順序で問題をとらえ、それらをすべて頻度に還元したが、このことを考えると、ヴェンはケインズが記号論理学に触発され、命題間の論理的関係について確率を考えた直前の地点まで基礎論を展開していたと言える。

以上、確率概念の客観性に重きをおき頻度説に立脚したミーゼスとヴェンの所説を是永と杉森の論文で紹介したが、事項ではこの系譜の対極にある主観的確率論の立場をとったケインズの見解を紹介したい。留意しなければならないのは、ケインズの確率論の内容が、以下で記すように必ずしも数量的に測ることができるものと考えられていないことである。この点を重視して、ケインズの確率論は「蓋然性論」として語られることが多く、またそうしたほうが誤解されないと思われるが、伊藤論文の要約にさいしては、執筆者の用語の使い方を尊重してケインズの確率論として叙述する。

(3) J.M. ケインズの場合[18]

確率論の信頼度説的解釈を集大成したケインズの理論の基礎的部分を紹介、検討した論文が伊藤陽一「ケインズの確率論について——基礎理論の紹介を中心に——」である[19]。伊藤の案内にしたがって、ケインズ確率論の紹介を行う。

ケインズの『確率論（蓋然性論）』（*Treatise on Probability*）は、1921年の公刊である。その編別構成は、次のとおりである。Ⅰ編：基礎的諸概念、Ⅱ編：基礎的諸定理、Ⅲ編：機能と類比、Ⅳ編：確率の若干の哲学的応用、Ⅴ編：統計的推論の基礎。伊藤は当該論文で主として、Ⅰ編、Ⅱ編、Ⅲ編までを、解説している。

ケインズは確率論を論理学の一部とみる。われわれの知識は、一部分は直接的に、一部分は論証によって間接的に獲得される。形而上学、科学において依拠するほとんどの論証は、その結論が決定的でなく、確からしさに何らかのウェイトを付与したものである。従来の論理学は結論に疑問をのこす論証を扱わなかったが、ケインズはこれを論理学の一部である確率論の課題とした。

ケインズによれば、確率は間接的知識が獲得される過程の論理であり、前提となる知識が与えられたときに、この知識によって結論が付与される合理的信頼度である。ここでは確率が事象ではなく、命題の論理的な関係に与えられている。この合理的信念の程度としての確率は、主観的側面と客観的側面をもつ。

---

18) ケインズの確率論、すなわち「蓋然性論」が『一般理論』にどのように貫かれているかに関しては、藤原新「ケインズ『一般理論』の方法——『蓋然性論』における蓋然的推論の論理——」『統計学』第64号、1993年。

19) 伊藤陽一「ケインズの確率論について——基礎理論の紹介を中心に——」『統計学』第16号、1966年。

合理的信念の程度としての確率はまた、数的に測定可能なわけではない。ケインズは確率について、量的に測定可能な場合、大小の比較の順序づけだけが可能な場合、それらが不可能な場合、があるとする。ケインズはごく限られた場合に、すなわち無差別性原理（不充分理由原理の修正されたもの）が適用可能な場合に数値が付与され、多くの場合には確率間の大小比較が行いうるだけで、比較が不可能とした。

数学的確率論は、等しさの承認を不充分理由原理にもとづいて行った。ケインズはこの不充分理由原理を無差別性原理と呼び換えたが、この原理が多くの矛盾をもたらすことを知っていた。したがって、ケインズはこの無差別性原理が適切性の判断に依拠していることを明らかにし、資料が選択肢に対して対称的であるべきこと、また適切性を判断するときに選択肢の意味と形とが無視されてはならないことを指摘し、原理のより正しい適用をはかった。

伊藤は概略以上のように、ケインズの合理的信頼度説を、これに関わる基本命題（知識論との関係、確率の量的性格、比較のための原理、無差別性原理の再構成、数値測定の方法など）を論ずるなかで確認している。ケインズはこれらをふまえ、さらに確率計算の公理系、帰納と類比、偶然論、統計的推論について論じている。伊藤はとくに前二者について詳しい解説を行っている。偶然論、統計的推論に関しては、次の要約を与えている、「ケインズは、偶然を我々の有する情報との関連においてとらえ、偶然を主観的偶然と客観的偶然とに分ける。事象についての情報が二つの事象間に関連を与えないとき、それら二つの事象は主観的意味で偶然とされ、客観的偶然とは、この主観的偶然の特殊な場合として位置付けられて、完全な知識、情報すらも偶然性を変化させないときにその偶然性は客観的偶然性と考えられるべきとされる。次に統計的推論に関しては、……普遍的帰納は一般化においては、一般化された結論は例外を許さなかったのに対し、統計的帰納は一般化にあたって事例のいくつかに反することを許すもの、従って論じられる単位は単一の事例ではなくて、一組あるいは一系列であるという特徴づけを行う。そしてここでも、確率はあくまで資料との関連においてとらえられる（従って試行の経験によって次々と予測確率が変化する）という立場から、従来の大数法則論、統計的推論を検討するのである」と[20]。

---

20) 伊藤、前掲論文、15頁。

「確率論」を執筆した頃のケインズには、帰納論理を発見の論理として位置付ける余地があった（後にそれを放棄し検証の論理に焼き直す新実証主義的見地へ転落する）。概念の形成から一般的知識へ至る認識過程の分析は行われず、一般的知識がいかに形成されるかという問題意識は乏しかったものの、帰納的一般化のさいに、その確率を高める要因の分析を行い、発見の論理を否定するヒュームの問題提起に対し、制限付きの独立変異の仮説を提出して、帰納原理を維持しようとした。

しかし、科学的知識の成立における帰納法の位置付けでは、それを諸々の論理的方法から切り離し、量的評価の可能性を科学的知識の現実的な形成過程から乖離させたことで、結果として帰納法を独立させ、これを形式化してとらえる傾向を胚胎していた。

帰納的知識の確からしさの量的評価を問題にするのであれば、前提から結論にいたる、現象的知識から科学的知識にいたる認識過程の構造、思惟のプロセス、そこでの知識の蓋然性を規定する諸契機を明らかにすることが先ず前提作業とされるべきであった。安易な量的評価と、それにもとづく計算体系の樹立を急いだことは、数理形式主義的偏向であると、伊藤は結論づけている[21]。

4．むすび

推計学ひいては数理統計学は、確率的世界観をもつ。確率論そのものは数学分野での科学的成果である。確率あるいはそれによって抽出される大数法則の成立には、諸条件が必要である。具体的分析へのその適用にあたっては、厳しい制約がある。このことを無視すれば、結果として生じるのは確率論主義への転落に他ならない。この弊におちいらないための一つの有力な方法は、確率論分野におけるそれぞれの解釈の中身を吟味することである。この過程で、確率が客観的に機能する事象とその範囲が確定される。

確率論主義の本質は、自然および社会の諸現象に関する数値（観測値や統計値）の一団が与えられたとき、それらの研究対象を固有の研究方法で分析するの

21）伊藤、前掲論文、18頁。

ではなく、これらを抽象数の一団とみなし、そこに確率論を適用し、分析することである。自然科学、社会科学を問わず、それらの固有の対象を明らかにするために不可欠な独自の研究方法にたよらず、確率論だけで問題に接近しようとする姿勢が、これである。

そもそも確率とは何なのか。それは客観的な運動形態のいかなる側面を反映したものなのか。具体的な諸現象の特徴を浮き彫りにするために確率概念を適用したとき、それはいったいどのような実質的意味をもつのだろうか。

古典的確率論は、われわれの経験に先立って事物の存在そのもののうちに、一定の条件のもとにではあるが経験の結果としての一定の規則性という属性を認める。経験の背後に、事物の存在が予定されている。問題は物自体の一属性が確率にあらわれるメカニズムに関して、不完全な説明しかできていないことである。これに対して、頻度説では、既にみたように、確率は無規則な現象系列の中での特定事象の発現の相対頻度の極限値と定義され、相対頻度の極限値が出現するメカニズムに客観性をもとめる。この頻度説の欠陥は、経験がすべての大前提におかれ、そのような経験の結果が生ずることを経験以前の「物自体」の属性と認めていないことである。すでに見たように、ミーゼスは物質の一属性が確率として発現するメカニズムを、同一現象の繰り返し試行、あるいは同種の自然物の集団という二つの類型をもった客観的事実としてのコレクティフの性質に見出した。

先に述べた確率論主義はいかに克服されるべきなのだろうか。確率論主義が有している欠陥は、確率論とその適用の結果が統計値集団にみとめられる安定的規則性の発現の強度にすぎないにもかかわらず（なにゆえにこの集団がこの集団性をこの強度において示すかという原因機構の解明が次の研究段階である）、その延長線上で既存の知識で対象の認識に到達しえないとし（不可知論）、認識の相対性を一面的に強調することにある（相対主義）。この弊を避けるには、相対的真理の認識を漸次的に高めていき、全体として一歩一歩、対象の絶対的真理に接近していく他に道はない。

以上のことを提唱したのは、是永純弘「確率概念の本質と確率論主義批判」（1973年）である[22]。今から約45年前のことである。

---

22) 是永純弘「確率概念の本質と確率論主義批判」内海庫一郎編『社会科学のための統計学』評論社、1973年。

第 6 章
標本調査論争と調査論の展開

1．論点と関連論文

　社会統計学の強みは、統計調査論をもつことである。調査論の展開は当初、ドイツ社会統計学の系譜にある G.v. マイヤー、F. チチェックのそれを紹介する形で、高岡周夫「マイヤーの『実質統計学』」（1954年）[1]、有田正三「ジージェックの四要素概念の理論について」（1956年）、「ジージェックの統計数獲得方法論分析序説」（1957年）、「ジージェックの統計数獲得方法論分析」（1957年）[2]、大屋祐雪「F. チチェックの統計調査論」（1967年）[3] によって行われた。その後、調査論は統計利用者が統計を読み、分析するために了解されなければならない統計の真実性（正確性、信頼性）の検証として論じられ、その理論展開が蜷川統計学によって提示されたことは第 1 章で触れたとおりである[4]。
　数理統計学は概して、調査論に関心をもたない。作成され公表された統計の数理的処理（解析）をプロパーとする数理統計学は、計算のもとになる統計の質、あるいはそれらがどのように作成されたかは「統計学以前」の問題とされ

---

1) 高岡周夫「マイヤーの『実質統計学』」『北海学園大学経済論集』第 2 号、1954年。
2) 有田正三「ジージェックの四要素概念の理論について」『彦根論叢』第34号、1956年；同「ジージェックの統計数獲得方法論分析序説」『彦根論叢』第37号、1957年；同「ジージェックの統計数獲得方法論分析」『彦根論叢』第40号、1957年。
3) 大屋祐雪「F. チチェックの統計調査論」『九大40周年記念経済学論集』1967年。
4) 関連して蜷川虎三には、次の論文がある。蜷川虎三「統計調査論」『経済論叢』第41巻第 6 号、1935年；同「調査における統計の役割」『経済論叢』第52巻第 1 号、1941年。また、蜷川の一部調査（標本調査）論に関しては、次の文献を参照。蜷川虎三『統計学概論』岩波書店、1934年、99-104頁。

る。このように言明すると、数理統計学には標本調査論がある、との反論が予想される。しかし、標本調査論は、その中身に少しでも触れた人には明らかであるが、確率論とその応用に限定され、サンプル集団から得られた統計値にもとづいて母集団のそれを推計する数理的処理（手続き）に留まる。問題とされるべき調査にもとづく誤差は、標本誤差の範囲内で処理されるにすぎない。調査者が被調査者を、調査票を介して調査するプロセスに固有の、人と人との関係から生じる諸問題（プライバシー問題など）には言及がない。

これに対して社会統計学には、統計調査論に関して豊富な議論の蓄積がある。筆者は統計調査論に関する論点を、さしあたり次の主要な5点に集約する。(1) 標本調査論（ランダム・サンプリング）批判、(2) 社会統計学における調査論の展開［木村太郎の統計調査論、典型調査論］、(3) 大屋統計論による調査論の発展的展開、以上である[5]。

「(1) 標本調査論（ランダム・サンプリング）批判」では、この理論を最大限にもちあげた増山元三郎、北川敏男などの推計派による議論の批判的検討、またその議論を軌道修正した津村善郎など「技術派」の議論の批判的検討、西欧で標本調査論がそもそもどのような経緯で発展してきたのかの検討を行う。「(2) 社会統計学における調査論の展開」では、木村太郎による独自の統計調査論の展開また統計調査における典型調査の位置付けに関わる研究をとりあげる。「(3) 大屋統計論による調査論の発展的展開」では調査論における大屋佑雪の反映・模写論の内容を紹介する。その議論は統計の作成と利用のプロセスを客観的に遂行される対象とし、その視点から調査論（統計制度論）構築の試みである。この視点は従来の蜷川理論の統計利用者の立場からの、あるいはその系譜上にあった社会科学方法論説に立脚した調査論と決定的に異なる。

---

5) 1970年代半ばから80年代半ばの議論を要約したものに、杉森滉一「統計調査論」『統計学』第49・50合併号、1986年、がある。また、1980年代半ばから90年代半ばの議論を要約したものに、岡部純一「統計調査論」『統計学』第69・50合併号、1996年、がある。また、独自の立場から執筆されたものとして、馬場吉行『〈増補〉標本調査法の基本問題』有斐閣、1964年、がある。

2．標本調査論批判

(1) 社会統計学分野における標本調査論争

　最初に標本調査論（無作為抽出調査）をめぐる議論をとりあげる。標本調査そのものは17世紀以来、個別的分野で多用されていた。最初の本格的標本調査は、A.L. ボーレー（A.L. Bowley 1869-1957）が1912年に行ったレディング市労働者調査と言われている[6]。アメリカで本格的な「近代的な標本調査＝任意抽出法」が用いられるようになるのは、1930年前後からである。アメリカでこの頃、選挙前の世論調査に任意抽出調査が活用されただけでなく、雇用・失業調査、都市居住者家計調査、消費者購買力調査、多くの社会調査にこの調査方法が適用された[7]。

　社会統計学の大きな成果は、標本調査法をめぐる戦後の論争を経て構築された標本調査論批判である。この論争は推計学に関する部分と、調査技術に関する部分とに大別できる。両者は密接に関係する。前者についてはすでに第4章で取り上げた。ここでは主として後者に重点をおいて紹介する。

　標本調査法をめぐる論争は規模が大きく、論点は多岐にわたった。内海庫一郎「標本調査をめぐる諸見解（上）（下）」（1979年）は、論争の詳細を伝えている[8]。これに付け加える点は、ほとんどない。推計学内部でも推計派と技術派とで見解の相違があり（というよりは、前者から後者へ議論の軌道が変化したというべき）、集中的議論がなされた[9]。論争の基調は推計学の理論に関わるものと、

---

6) 木村和範「イギリスにおける任意抽出標本理論の形成——A.L. ボーレーの1912年レディング調査を中心に」長屋政勝・金子治平・上藤一郎編著『統計と統計理論の社会的形成』北海道大学図書刊行会、1999年、（同『標本調査法の生成と展開』北海道大学図書刊行会、2001年）。

7) 木村和範「統計的推論の普及とその社会的背景」『数量的経済分析の基礎理論（現代経済政策シリーズ11）』日本経済評論社、2003年。

8) 内海庫一郎「標本調査をめぐる諸見解（上）（下）」『国民生活研究』（国民生活センター）第18巻第4号、第19巻第1号、1979年。他に、伊藤陽一「社会統計調査と任意抽出法——統計論争の検討——」『北大経済学』第5号、1964年、参照。いずれの論文にも関連文献の一覧表が付されている。

9) 木村和範「推計学批判」『統計学』第30号、1976年。木村和範「任意抽出標本理論をめぐる若干の問題について」『統計学』第33号、1977年（『統計的推論とその応用』梓出版社、1992年、所収）。木村の見解の詳しい紹介は、「推計学批判」の章で紹介する。

調査技術に関わるものとに大別できる[10]。

この論争は増山元三郎、北川敏男が主導した推測統計学（推計派）に対する大橋隆憲の批判を契機とする。この論点に直接関係する大橋「近代統計学の社会的性格」(1949年)[11]の意義は、推測統計学の対象が何かを原理的に考察したこと、社会統計学が対象とする集団が「存在たる集団」で有限であり、推測統計学のいわゆる「純解析的集団」が無限母集団であると指摘したことである。

次いで森下二次也は「統計調査論序説」(1951年)[12]で、社会現象には推計学的母集団の想定も、母集団と標本との関係における確率論的図式の想定も不当であるとして、推計学的方法の一部分としての標本理論を批判した。森下がその論拠として第一にあげたのは、母集団は特定の標識に関してのみ想定できるが（標識が特定されなければ当該の集団がストカスティックになり得ない）、社会現象は種々の諸現象と不可分に構成された存在なので一つの標識を随意に切り離すことはできないという点であった。第二の論拠は、母集団を想定し、現実の資料をそこから取り出されたものを標本とみなすことは、もとの母集団を確率変数と考えることになるという点である。推測統計学は実際に起こっている事象を無数に可能なものの一つとみなすが、統計調査の対象である社会集団は歴史的に限定された具体的集団であり、その限定のない社会集団（推測統計学の言うような）は存在しない。これに続いて、広田純「統計論争によせて」(1955年)[13]、内海庫一郎「ランダム・サンプリングに関する疑問」(1959年)は、標本調査論の若干の問題点を列挙し、批判的考察を行った[14]。

社会統計学の側からの以上の批判を受け、坂元平八、津村善郎が「標本調査＝技術論」を展開した（技術派）。坂元はストカスティック成立の場を、無作為抽出法における有限母集団と標本との間に成立する場合と、標本と無限母集

---

10) 坂元慶行「標本調査」『統計学』第30号、1976年。
11) 大橋隆憲「近代統計学の社会的性格――その歴史的地位とイデオロギーの系譜――」『8000万人（特集：転換期の統計学）』第3巻第1号、1949年。
12) 森下二次也「統計調査論序説――推計学批判への一つの覚え書き――」『経済学雑誌』第24巻1・2号、1951年。この論文に対する批判にこたえたものに、同「推計学的標本理論と技術論的標本理論」『統計学』第2号、1955年、がある。
13) 広田純「統計論争によせて」『農林統計調査』第12号、1955年。
14) 内海庫一郎「ランダム・サンプリングに関する疑問」『北海道経済』第157号、1959年（『社会統計学の基本問題』北海道大学図書刊行会、1973年、所収）。

団をつないで成立する場合とに分けられるとし、分析の出発点が有限母集団にあると主張した。津村は現実に実施されている標本調査にのっとって、標本調査における確率の場が抽出操作にあること、標本調査の目的は有意性検定にあるのではないこと、標本調査の母集団は調査対象として定義されたもの全部の集まりであると指摘した。津村は標本調査法を一つの調査技術と性格づけた。

「技術派」への反論は、上杉正一郎「統計調査の社会性」(1957年)[15] によって代表される。上杉正一郎 (1912-90) はこの論文で、標本調査の論理と統計調査の社会性の対立・矛盾という面から母集団概念、回答誤差、統計の平板さの3点にわたって批判を加えている。批判のポイントは、津村が統計調査を集団測定（実測調査）と定義し、自然現象の実測で有効とされる標本調査を社会現象の認識のためにも活用できるとした点についてである。津村の認識は、統計調査・集団測定は社会の調査・測定にも、自然のそれにも共通に利用可能とする。上杉はこの見解に対し、実測調査（実測主義がとられている調査）は、自然を測定する自然科学的方法であるとした。実測と調査は、異なる。違いはデータを獲得する手段の相違（実測器具と調査票）、また実測による誤差（測定誤差）と調査における誤差（回答誤差）の性質の差にあらわれる。津村調査論には、以上の認識が不足している。調査対象の社会性が問題とされれば、標本調査の適用に制約条件が加わるのは当然である。標本調査はこの制約に対応する形で、その数学的条件を後景におしやり、現実主義的観点から対象の社会性に適合しようとした。いわゆるサンプル・センサスは、標本調査の数学的条件と対象の社会性との妥協の一形態として、社会認識上一定の役割を果たしたが、難点を完全に払拭したわけではない、と上杉は結論づけている[16]。

これらの議論を一歩進めた論文は、吉田忠「標本調査による構造的変化の把握」(1962年)[17] である。この論文は標本調査論の意義と限界を現実的な視点で、批判的に考察している。その視点とは社会統計学の側から標本論批判の上記の

---

15) 上杉正一郎「統計調査の社会性」『経営研究』（大阪市大商学部）第30号、1957年、(『経済学と統計 [改訂新版]』青木書店、1974年、所収)。

16) 上杉、前掲論文、72頁。

17) 吉田忠「標本調査による構造的変化の把握――農林省農家経済調査におけるランダムサンプリングをめぐって――」『統計学』第10号、1962年、(『数理統計の方法――批判的検討――』農林統計協会、1981年)

到達点を確認しつつ、しかし現実の各種の社会調査に適用された標本調査の結果からその有効性を一概に否定できない事実をおさえた議論展開になっていることである。

吉田による標本調査の評価は、以下のとおりである[18]。

(1) 実在の社会集団に関して、全数調査をもとにした母集団リストがあるとき、ランダムに抽出されたサンプルの標本平均値で構成される純解析的集団の確率的安定性を利用して、その社会集団の特性値の平均を推定することは可能である。

(2) しかし、それは確率的操作にもとづいてくみ立てた純解析的集団を媒介するという迂回的把握であるから、直接的把握である全数調査に比して種々の制約があり、その制約が社会集団の認識には致命的な場合もある。

吉田が当該論文の第一の課題としたのは、(2)でいう制約を明確にすることである。従来その論点はほぼ出尽くしていたが、(1)の否定と連動させた議論が多く、混乱した状況があるので、整理が必要とした。第二の課題は、この整理を踏まえ、農家経済調査を例に標本調査の問題点を検討することである。論文のなかで吉田は標本調査のメリットについて、その技術的なメリット(迅速性、経済性、誤差の縮小)とともに、本質的メリットとして (1) 標本誤差を確率的にではあるが、定量的に定めうること、(2) 標本誤差をある範囲内に確率的におさめるのに必要な標本数を前もって定めることができること、にみている。

(2) 標本調査論の国際的論議

国際的にみて最初の標本調査として知られるのがボーレーによるレディング市労働者調査であることはすでに触れた。この種の調査についての議論は20世紀の境目に始まった。内海「標本調査をめぐる諸見解(上)」(1979年)[19]は、議論の国際的展開を簡明に紹介している。この内海論文によりながら、その経緯を追ってみる。

標本調査法の提唱を公の場で提唱したのは、ノルウェー統計局長のA.N. キエ

---

18) 吉田、同論文、71頁(頁は単行本のもの)。
19) 内海庫一郎「標本調査をめぐる諸見解(上)」『国民生活研究』(国民生活センター) 第18巻第4号、1979年。木村太郎「一部調査論考」『國學院経済学』第29巻第1・2号、1981年。(『統計学あれこれ』産業統計研究社、1998年、所収)

ール（A.N. Kiaer）である。キエールは1895年の ISI 第5回ベルン大会で「代表調査に関する観察と経験」というテーマで報告し、代表法の利点を表明した。ここで論じられている標本調査は、今日で言う無作為抽出調査をただちに指すのではなく、一部調査という意味でのそれである。くわえて全数調査に代わるものとしての代表法（標本調査法）ということではなく、それを補充する方法としての部分調査であることに注意を要する。部分調査による全集団の「縮図」の研究である。キエールはその単位の選出方法を、有意抽出法と系統抽出法で考えている。

マイヤー、L. ボルトキヴィッツ（L. Bortkiewicz 1868-1931）は、このキエール報告に反対した。マイヤーの見解は悉皆調査（全数調査）擁護の観点からのものであり、ボルトキヴィッツの見解は全体群と部分群との数理的関係の保証（確率論）の観点からなされた。キエールはこれらの反対論に関わらず、自らの見解を継続的に主張し、その努力は1903年 ISI 第9回ベルリン会議の決議に結実した。キエールの歴史的功績は、国際統計協会という舞台で、標本調査法の思想的確立のために闘ったことである[20]。標本調査法に対する反対表明はキエール以降も続いた。A. イェンセン（A. Jensen）は代表法＝標本調査法に対する批判に抗し、代表法の有用性を擁護する議論を展開している。

1923年の ISI 第15回ブリュッセル大会では再び標本調査法の問題がとりあげられた。背景に第一次世界大戦が勃発して以降、統計調査への需要が高まり、代表法によるそれが頻繁に行われるようになったという事実があった。その結果、1925年の ISI 第16回ローマ大会で、イェンセンは「統計学における代表法に関する報告」をその附録「実施された代表法」とともに提出した。また、このイェンセン報告に付随してボーレーも「標本抽出によって達成された精度の測定」と題する報告を提出した。両者の報告をベースに、この会議は決議を採択したが、その原文はイェンセンが起草したものである。この決議で標本調査は全数調査が不可能な場合、その代用物として利用できること、全数調査に対する補助的な指標獲得のために、さらに労働、時間および費用の節約のために推奨されるべきこと、標本は十分に全体を代表しなければならないこと、有意抽出が任意抽出とならんで標本抽出の二形態として認められるべきことが示されている。この時点ではイェ

---

20) 内海、前掲論文、3頁。

ンセンもボーレーも任意抽出と有意抽出とを同列に捉えていたようである。ただし、イェンセンにあっては有意抽出に関心が高く、ボーレーにあっては有意抽出を議論する場合にもこれを任意抽出にひきつけて理解しているという違いはある。

　イェンセンとボーレーの後に登場するのが、ポーランド出身の数理統計学者ネイマンである。ネイマンの所説は階層別ランダム・サンプリングと有意抽出の方法とを比較し、後者を否定し無作為抽出を評価するというものである。このネイマンの有意抽出否定論以降、サンプリングの方法として有意抽出を不可とし、標本調査といえば無作為抽出であるべきという観念が一般的に定着するようになった。内海は、それはそれとして、しかし、ネイマンが有意抽出法に対置しているのは層別比例抽出法型の無作為抽出法であることを指摘している。すなわち、ネイマンは層別任意抽出法とくに比例抽出法を推奨し、さらに各層の等質性の程度を考慮して単位の割り当てを変えるということを提案している（ネイマンの割当法）。内海によれば、これは任意抽出法の修正ではなく、任意抽出法への有意抽出原理の導入である。また、ネイマンによる有意抽出に対する批判の要点は、有意抽出法の第一次的前提とするコントロール標識のもとでの回帰の一次性という仮定が充たされず、両者の回帰の型について何ら定まった仮説を設定しえないとき、推定値が不偏推定値であることをやめる、というものである。この批判は任意抽出にひきつけた議論であり、有意抽出にはそもそも仮想的な標本特性値の分布などが存在しないのであるから批判のポイントがずれている、と内海は指摘している。

　内海はさらに、ドイツ社会統計学の系譜にいる A. ブリント（A. Blind）の所説に言及している。ブリントは「実在的母集団から代表的標本を獲得するための原理と方法」で、英米数理派統計学者の標本調査法問題への確率論的接近と真っ向から対立する見解を表明した。問題は実在的母集団からの代表的標本の抽出であるが、その方法は、ブリントによれば二つあり、一つは配列原理による代表法で、もう一つは確率原理による抽出法である。配列原理による代表法は、あらゆる範疇の単位が母集団に対する割合に応じて抽出されることがかなり確実に保証される。これに対し、確率原理による抽出法では、多少とも一面的な極端に例外的な標本の構造をとることがある。ブリントはここから進んで、配列群、集落の抽出、多段抽出のような種々の方法の積極的配列効果とマイナス

効果とを考察し、体系的抽出原理を検討するが、要は有意抽出の任意抽出に対する優位の主張になっている。ここでは層別、集落化が、任意抽出ないし確率原理とは正反対の原理として取り扱われている。当然、判断原理の終着点に確率原理が想定されることはない[21]。

3．調査論の展開

(1) 木村太郎の統計調査論

統計調査論のもう一つの成果として見逃せないのは、木村太郎の一連の論文、すなわち「一部調査論考」(1981年)[22]、「統計調査法の諸概念について」(1985年)[23]、「社会調査と統計調査」(1992年)[24]、「統計調査論」(1992年)[25]である。その意図は（完全に成功したかどうかは別として）、蜷川虎三以来の社会統計学の伝統的統計調査論を具体的に展開することにある[26]。

木村は論文「統計調査論」で統計の生産方法である統計調査の対象を社会集団（数量的観察を行うことに意味がある社会集団）であると規定し、次いでその構成要素である単位が観察に値する社会的属性を保持しなければならないとする（既述のように「統計の生産」という用語は木村独自のものである）。さらに木村は統計調査の対象である社会集団は相互に独立した単位からなる、いわゆる数えるべき集団（計数集団）であると、述べている。

---

21) 本節での議論の経緯は後に、木村和範が体系的に論じている。木村和範『標本調査法の生成と展開』北海道大学図書刊行会、2001年。この書の構成は次のとおり。「第1章 キエールの代表法」「第2章 1903年国際統計協会ベルリン大会」「第3章 ドイツ標本調査論争」「第4章 ボーレーのレディング市労働者調査」「第5章 1925年イェンセン・レポートとボーレー＝イェンセン論争」「第6章 ジーニの代表法」「第7章 ティペットの乱数表」「第8章 ネイマンの標本調査論」。
22) 木村太郎「一部調査論考」『統計学あれこれ』産業統計研究社、1998年（『國學院経済学』第29巻第1・2号、1981年）
23) 木村太郎「統計調査法の諸概念について」『統計学あれこれ』産業統計研究社、1998年（『國學院経済学』第33巻第2・3号、1985年）
24) 木村太郎「社会調査と統計調査——統計学の側からの社会調査論序説——」『改訂 統計・統計方法・統計学』産業統計研究社、1992年。
25) 木村太郎「統計調査論」『改訂 統計・統計方法・統計学』産業統計研究社、1992年。
26) 他に伊藤陽一「蜷川統計学における調査論の形成」『北大経済学』第2号、1962年、参照。

統計調査は、自明のことであるが、統計の生産過程である。それは対象である社会集団の全数を捕捉、観察する悉皆大量観察＝全数調査を基本形態とする。同時に、統計調査は量的社会経済調査を課題としている。その課題は、これらの社会経済の活動主体が相互にどのように結合し、分解しているかを、また全体としての社会集団の成り立ちを数量的に観察することである。統計調査が量的社会経済調査でもあるということの意味は、その対象が社会経済の担い手である人間や家計あるいは事業体という社会経済活動の集団であるということである。

社会統計学の研究者は従来、統計調査のこの二つの課題のうち、社会統計調査的側面を強調するが、統計生産的側面に言及することが少なかった。統計調査を統計の生産という側面から見ると、それは社会集団の大きさや性質に関する統計だけでなく、例えば工場の集団の場合、その生産高、在庫高、生産諸設備、雇用労働者数、原料使用高などもある（標識和の統計）。統計調査の重要な課題は、こうした多様な諸統計を、統一した総体として生産することにある。

木村はさらに、統計の対象である存在は時点的観察と時間的観察の二つの観察形式をとることであると確認している。時点的な観察の結果が静態量で、時間的なそれが動態量である。静態統計調査にせよ、動態統計調査にせよその対象が観察単位集団であることに変わりはないが、相違は前者が静態的観察単位集団を、後者が動態的観察集団を扱う点にある。統計調査の結果が、静態量であるか動態量であるかとは別の問題である。静態的統計調査の対象である集団は、単位自体が客観的存在であり、これによって構成される社会集団も空間的大きさをもった存在である。これに対し、動態統計調査の対象である社会集団は社会経済過程の現象形態を、一定の期間内でとらえた集団である。後者は客観的存在ではない。

(2) 典型調査論

統計調査論の論点のなかに、典型調査論がある。佐藤博「典型調査の意義について」(1967年)[27]、木村太郎「一部調査論考」(1981年)、「典型調査論考」(1979年)[28]

---

27) 佐藤博「典型調査の意義について」『経済学研究』（北海道大学）第13号、1957年
28) 木村太郎「一部調査論考」『国学院経済学』第29巻第1・2号、1981年：「典型調査論考」『統計学あれこれ』産業統計研究社、1998年（『大学院紀要』［國學院大學］第10輯、1979年）。

が、典型調査を論じた論文である。

　佐藤論文は、戦後、標本調査論（任意標本抽出調査法）が華やかだった頃、典型調査にこそ社会学的統計調査の意義があることを主張したものである。この論文のなかで、佐藤は当時、標本調査の推奨者だった津村善郎が典型調査を質的調査であるとして、統計調査から除外する考え方をもっていたと紹介し、この見解に批判をくわえている。論文の課題は、社会科学における典型認識の意義を明らかにし、これを受けて調査論における典型調査の役割を規定し、さらに典型調査と統計調査の関連を明らかにすることである。全体をとおして、統計学における典型調査の意義を明らかにする内容になっている。

　佐藤によれば、典型調査は大量観察代用法の一つである。大量観察代用法は、大量観察の実施が困難か不可能な場合、また必要でない場合に実施される一部調査で、そのなかの一つの形態が典型調査である。典型調査がそのように規定されるのは、調査が社会科学の理論によって典型的とみなされた集団を調査するからである。典型を選択し、その一般性を保証するのは、大数法則や確率論ではなく、社会科学の理論である。したがって、典型調査の信頼性を保証するものは、理論規定の正当性である。

　木村は、一部調査には(1)直接的一部調査、(2)間接的一部調査、(3)地域的一部調査（間接的一部調査であるが複雑な集団性そのものが観察課題となる）、(4)典型調査がある、という[29]。このうち、典型調査でいうところの「典型」という概念は諸種の型（類型）の存在を前提とし、この型として模範的なもの、代表的なものを指す。したがって、典型という概念は、社会現象にも自然現象にも存在する。典型が特定の類型について模範的か代表的であるかどうかはその単位の類型としてもつべき特定の諸性質あるいは代表的諸性質を備えているかどうかにかかっている。統計生産において典型的な単位を抽出するのは抽出される単位が類型を代表する単位すなわち典型だからであるが、この単位について観察・測定すべき具体的な対象は基本的にこの単位を典型的なものたらしめている諸属性ではなく、それ以外の特定の諸性質である。重要なのはこの点の了解である[30]。

---

29) 木村太郎「一部調査論」『［改訂］統計・統計方法・統計学』産業統計研究社、1992年、92頁。
30) 木村太郎「典型調査論考」『統計学あれこれ』産業統計研究社、1998年、33頁。

(3) 統計調査と実態調査

　社会経済現象の量的側面を計測する調査には、統計調査（全数調査）、標本調査、事例調査、実態調査、などがある。これらの関係をどのように理解するかという問題を、直接に取り扱った論文は、吉田忠「統計調査論ノート」(1977年)[31]、木村太郎「社会調査と統計調査」(1992年)[32] である。

　吉田はこの論文の最後の節「事実資料の利用過程における統計資料と実態調査」で、非統計的資料としての実態調査（事例的ないし典型的実態調査）の問題を、統計資料を含む事実資料の社会的組織的な利用形態との関連で検討している。吉田の主張は、統計資料が社会科学研究で一定の意義をもつとはいえ、それだけでは十分でなく、この点を補うには種々の事実資料と結合させて統計資料を活用（整理加工）しなければならないこと、そのことによって統計の信頼性、正確性をたかめうること、ときには事例的典型調査の結果を尊重しなければならないこと、を指摘している。吉田には実際に農業分野でのこれらの諸資料の使い方を論じた「農業統計資料と農業・農村の実態調査」(1987年)[33] があり、参考になる。

　他方、木村は上掲論文の末尾で、このテーマの結論を次のように要約し、社会科学的社会調査論体系のあるべき基本的方向を示唆している。すなわち、社会科学的社会調査は、社会全体の全数（悉皆）調査によって行われるべきである。社会のこの全体的調査は、数量的観察によって果たされる。ここから脱落する質的側面に関する観察は部分的な観察や調査（実態調査）によって補完されなければならない。この部分調査を一部調査（事例調査）と混同してはならない。この種の調査は社会の構成要素の個別的な観察にすぎず、本来的意味における社会の部分的調査の代わりにならない。統計に対する補完的認識資料として必要なのは、本来的部分調査＝実態調査である。この部分的実態調査の多く

---

31) 吉田忠「統計調査論ノート――統計調査・標本調査・実態調査――」『関西大学経済論集』第26巻第4・5合併号（高木秀玄博士還暦記念特輯）、1977年（『数理統計の方法――批判的検討』農林統計協会、1981年）。
32) 木村太郎「社会調査と統計調査――統計学の側からの社会調査論序説――」『改訂 統計・統計方法・統計学』産業統計研究社、1992年。
33) 吉田忠「農業統計資料と農業・農村の実態調査」『農業統計の作成と利用（食糧・農業問題全集20）』農山漁村文化協会、1987年。

は、個人的研究家や研究者集団の調査能力に依存するが、政府行政諸機関が積極的に実施してもよい。戦前には現にこの種の部分的実態調査が、行政機関によって行われ、価値ある実績を残したが、戦後その関心は専ら標本調査だけに限られてしまった。アメリカ的社会調査論の悪影響の一つである、と。

4．大屋統計調査論

　社会統計学の系譜で、調査論の新たな展開は大屋佑雪の反映・模写論によって示唆された。大屋理論の内容はすでに第1章で触れたが、調査論に限って一言述べると、この理論は客観的に遂行される統計の作成と利用のプロセスを対象とみなし、その視点から統計調査論の構築と検討を試みる。その要点は、大屋祐雪「統計調査論における蜷川虎三」（1967年）[34] に示されている。

　蜷川は基本概念としての「大量」を統計調査論の基礎にすえ、その大量の観察に「理論的過程」と「技術的過程」とがあるとした。また、この大量観察が一定の社会関係（調査者と被調査者）のもとで成立することを強調すると同時に、大量観察の両過程が統計の「信頼性」と「正確性」に関わるものとされる。

　大量観察の「理論的過程」は大量の四要素（時、場所、単位、標識）が大量観察の四要素として規定される過程で、統計の信頼性の検討はここで行われる。大量観察の理論的過程に続く技術的過程の考察は、調査票自体の問題と調査票の運用の問題として取り上げられる。特徴的なのは、蜷川にあっては以上の問題意識から調査票の考察が実体論と形式論に分けて考察されていることである。実体論は調査票の構成に関わる問題であり、形式論は調査者関係事項と被調査者関係事項との峻別という問題である。

　大屋による蜷川統計学の評価は、次のようである。蜷川統計調査論では、目標定立の過程が歴史的側面からのみ特徴づけられ、もう一つの側面、すなわち統計調査における抽象的一般的方法行程としての特徴づけがなされていない。すなわち、蜷川理論では統計が必然的におびる事物認識の経験批判論的性格が統計の一般的な論理として定式化されていない。また、蜷川理論では大量観察の理論

---

34) 大屋祐雪「統計調査論における蜷川虎三」『経済学研究』（九州大学）　第32巻5・6号、1967年。

的過程では、部分集団の構成に関係する「群」および「統計の表示形態」に関する「決定」がその過程の基本要素として論じられていない。実際の作業行程を考えれば明らかなように、「群の確定」は「分類」と「集計」のための論理的決定であり、その組織的・技術的決定とともに「整理計画」の骨子なので、統計調査論における「理論的過程」の問題として定式化されてしかるべき性質をもつ要素であるにもかかわらず、それがない。「統計の表示形態」にも同様のことが言える。そうなってしまったのは、蜷川理論が統計から大量を追及するという統計利用者の立場にたっているからで、「群」は部分集団として、「統計の表示形態」は統計値として統計表そのもののなかに具現し、それらは吟味・批判の素材となりうるものの、四要素に加えられる性質のものとならないからである。そうではなく、「……『群の確定と単位の総括』および『統計形態の確定とその計算』は、……、それなくしては個別データが統計数字に転化することができないところの、統計数字の獲得過程にとっては、いわば不可欠の要素行程である」[35]。

　蜷川理論は調査手続きとしての過程が、反映・模写の世界観（認識論）にもとづいて理論構成されている。大屋は蜷川の大量観察法が統計的反映・模写論であると特徴づけるが[36]、それは蜷川が世界観としての反映・模写論を統計方法そのもののなかにもちこんで統計調査法を構想したからである。大屋はこのような一面的な反映・模写論の統計学への適用に疑問を呈している。要するに蜷川にあっては、統計の吟味・批判の見地に対応する側面、すなわち統計調査の歴史的社会的側面の少なからぬ部分の考察が理論化されているが、一般的方法行程論の側面の考察は軽視されている。両者が統一され、相互に補完されてこそ、正しい統計調査論になる。

　ところで先の論点である標本調査論の理解で、大屋は技術派の見解をとる（大屋祐雪「標本調査法の技術性について」1957年[37]、「標本調査の論理」1964年[38]）。船木勝也も同じ立場で標本調査論を擁護する[39]。大屋によれば、標本調査法は応用数学であり、その数理の組み立ては「出現の確からしさ」という確率

---

35) 大屋祐雪「F. チチェックの統計調査論」『九大40周年記念経済論集』1967年、363頁。
36) 大屋祐雪「統計調査論における蜷川虎三」『経済学研究』第32巻第5・6号、1967年、178頁。
37) 大屋祐雪「標本調査法の技術性について」『熊本商大論集』第4号、1957年。
38) 大屋祐雪「標本調査の論理」『統計学』第12号、1964年。
39) 船木勝也「標本調査技術論の立場から」『経済論究』第2号、1957年、参照。

の判断形式がそこに含まれていることを容認するならば、問題となる論点は全くない。問題は標本調査法の適用をめぐる理解の仕方である。この点での検討課題が三点示されている。第一は、標本調査法の論理は社会調査に適用できるか、である。第二は、それが適用された場合、統計活動の過程でいかなる役割を果たすか、である。第三は、その役割が自然科学的に合理的なものか、それとも社会的適合性か、である。第一の設問に関する大屋の回答は、標本調査の論理は抽出集計の論理と原理的に同じだが、標本設計の実際には固有の制約がある。第二の設問に関して、技術派は標本調査法をもって社会調査の技術と規定している。第三の設問に関しては二つの解釈があり、一つは標本調査法の役割を物質的生産における労働手段の役割に擬して理解する数理統計学者の間に一般的に見られる見解であり、他の一つは津村善郎に代表される指導的地位にある統計の専門家の考え方である。

　大屋の以上の議論は方法論の提示に留まらず、自身による戦後日本の統計制度の確立過程のあとづけに関わる実証研究と並行して行われたところに特徴がある。また、大屋の指導のもとでその「研究室」は、1978年に統計調査環境悪化の実態調査を実施した。理論にもとづく実践的研究活動の一環である[40]。濱砂敬郎の一連の研究、すなわち調査員問題（濱砂敬郎「統計調査の現状」、1980年[41]）、統計環境の悪化に関する研究（濱砂敬郎「統計環境の地域分析」、1979・81年[42]）、プライバシー問題（濱砂敬郎「統計調査におけるプライバシー問題の新局面」、1984年[43]）は、大屋理論による理論的な後押しがあって手掛けられ、成果を生んだものと評価できる。

---

40) 大屋祐雪『統計環境の実態にかんする調査報告書——文部科学研究費・総合研究（A）報告書——』九州大学経済学部統計学研究室、1979年；大屋祐雪・坂田幸繁「統計環境の現状」『九州経済統計月報』第34巻第1号、1980年。

41) 濱砂敬郎「統計調査の現状」『統計調査環境の実証的研究』産業統計研究社、1990年（『研究所報』[法政大学日本統計研究所] 第5号、1980年）。

42) 濱砂敬郎「統計環境の地域分析」『統計調査環境の実証的研究』産業統計研究社、1990年（『研究所報』[法政大学日本統計研究所] 第4号、1979年；『経済学研究』[九州大学] 第46巻第1・2号、1981年）。同「統計学における統計環境論の意義」同書（「統計学の今後の課題」『統計学』第49・50合併号、1986年）。

43) 濱砂敬郎「統計調査におけるプライバシー問題の新局面——西ドイツの1983年国勢調査中止問題について——」『統計学』第47号、1984年。

5. むすび

　標本調査法は、集団の一部のみをとりあげるので、社会集団の全体の規模やその内部構成を直接に全体としてとらえることはできない。しかもこの調査方法では母集団を観念的に想定しなければならないのが普通で、全体としての社会集団の大きさや集団としてのその性質について一切がわからないときには、抽出すべき母体が確定できないので、仮説的観念母集団を想定する不合理をあえて行わないかぎり、一部分を無作為に抽出してもその結果がいかなる全体を代表するのかは確定しようがない。もっとも、無作為抽出標本法は一部調査の一形態であるので、あらゆる一部調査がもつ利点（時間、労力、費用の節約、抽出された一部についての詳しい実査）が認められるのは確かである。

　「基礎概念である母集団の観念的想定と、統計の「誤差」＝「偶然誤差」という前提に立った確率数理の展開が数学的に高度に抽象的であるということを、こうした想定や数理の適用される範囲がひろいことだと誤認してはならない。この想定や数理の適用されている合理的な説明が行われるのは、確率論を適用できる母集団が客観的に存在する場合か、あるいは……諸条件を管理していわば実験室……において『純粋な条件のもとで』同一または同種の対象のくりかえし観測ができる場合にかぎられる」[44]。「以上によって、……意識調査その他の社会・経済統計調査の方法として、無作為抽出標本調査が唯一の『科学的な』……方法とみることはできないと結論せざるをえない」[45]。

　戦後の標本調査論争におけるこの調査方法の批判的見地をふりかえる場合、論争の相手側である標本調査を推奨した推計学論者の見解をふまえて、議論を整理する必要がある。そうでないと、議論がからまわりしているように一見、見えるからである。標本調査論批判は、推計学者による初期の途方もない議論に対する真摯な理論的対応である。標本調査が一世を風靡した時代状況との理解とあわせて、論争はトータルに評価されなければならない。

---

44) 是永純弘「世論統計――標本調査法の論理とその問題点――」内海庫一郎編『社会科学のための統計学』評論社、1973年、112頁。
45) 是永、同論文、114頁。

第3部

数理的方法の意義と限界

第 7 章
ソ連統計学論争とその後

1．論点と関連論文

　ソ連では戦後、数度、統計学の学問的性格をめぐって論争が繰り広げられた。この論争の内容とその結論は、日本の統計学界に少なからぬ影響を及ぼした。日本の社会統計学者は、一連の論争に参加した論者の見解を即座に訳出し、議論の中身を検討し、自らの理論と方法の発展の素材とした。

　革命後、ソ連の統計界では、統計学は自然と社会の大量現象を研究し、確率論を理論的基礎にすえ大量的諸現象（事象）に大数法則をもとめることを課題とする数理統計学であるとの認識が支配的であった[1]。しかし1930年代に入ると、数理統計学の社会的実践への貢献が疑問視され、批判の対象になる。この時期には「統計学＝数理統計学」が一般的認識であったため、批判の矛先は統計学の存在そのものに向かう。計画経済が自然発生的＝偶然的諸過程の支配的な資本主義経済（生産の無政府性）にとってかわった社会では、後者を研究課題とする統計学は不要になる、との観念が横行する。統計学は死滅し、それは国民経済計算に解消されるという統計学死滅論がまことしやかに唱えられた。こうした事情のもとで、新しい社会にふさわしい統計学をもとめる声が次第に生まれた。

　とはいえ、出版された実際の統計学関係の著作は、社会経済統計学と数理統計学との雑多な寄せ集め的内容のものであった。例えば中央統計局公認の統計学教科書（Г.С. クレイニン［Г.С. Крейнин］の『統計学教程概説（Курс статистики в кратком

---

[1] 内海庫一郎「ソヴェト統計理論の現段階」統計研究会訳編『ソヴエトの統計理論』農林統計協会、1952年、219-20頁。

изложений)』[1946年][2])は、依然として数理統計学的色彩の強いものであった。後に統計学論争のなかでその内容が批判される B.C. ネムチーノフ（B.C. Немчинов）の『農業統計とその一般理論的基礎』は、1945年に刊行されている。こうした状況を背景に、1940年代後半から50年代前半かけて統計学論争が起こる。この時期の論争は2期に分かれる。論争の内容を知るうえでの基本的文献として、統計研究会訳編『ソヴェトの統計理論（Ⅰ、Ⅱ）』（1952、53年）がある[3]、論文では内海庫一郎「ソヴェト統計理論の現段階」（1952年）[4]、山田耕之介「標本調査とソヴェト統計論争──最近の統計学書紹介──」（1952年）[5]、内海庫一郎「統計学の対象と方法に関するソヴェート学界の論争について」（1953年）[6]、山田耕之介「ソ同盟統計学論争」（1956年）[7]が重要である。広田純は、『統計学辞典［増補版］』（1957年）の「ソビエトにおける統計学論争」の項を執筆している[8]。

第一期の論争は1948-49年である。切掛けとなったのは国家計画委員会機関誌『計画経済（Плановое Хозяйство）』（1948年第3号）に掲載された無署名論文「統計の分野における理論活動を高めよ」であった。この論文は、『計画経済』1948年第2号に掲載されたコズロフ論文「統計理論の社会主義建設の実践からの遊離に反対して」の影響のもとに書かれたものである。コズロフ論文の内容は、クレイニンによって執筆された上記の統計学教科書の数理形式主義的傾向を批判したものである。

上記の無署名論文が公表された後、三つの学術会議が開催された[9]。すなわち、科学アカデミー経済学研究所で開催された「統計の分野における理論活動の不足とその改善策」（1949年5月）、農業科学アカデミーでの B.C. ネムチーノフと T. ル

2）この教科書の構成と総論部分は、統計研究会訳編『ソヴェトの統計理論』農林統計協会、1952年、に翻訳がある。
3）統計研究会訳編『ソヴェトの統計理論（Ⅰ、Ⅱ）』農林統計協会、1952、53年。
4）内海庫一郎「ソヴェト統計理論の現段階」統計研究会訳編『ソヴェトの統計理論（Ⅰ）』農林統計協会、1952年。
5）山田耕之介「標本調査とソヴェト統計論争──最近の統計学書紹介──」『金融経済』第14号、1952年。
6）内海庫一郎「統計学の対象と方法に関するソヴェート学界の論争について」『経済評論』1953年、7月号。
7）山田耕之介「ソ同盟統計学論争」『現代社会主義講座』第4巻、東洋経済新報社、1956年。
8）広田純「ソビエトにおける統計学論争」中山一郎編『統計学辞典［増補版］』東洋経済新報社、1957年。
9）会議の内容については、広田、前掲稿、952-54頁に詳しい。

イセンコ（T. Лысенко）との論争（同年8月）[10]、科学アカデミー経済学研究所で開かれた「経済学の分野における科学＝研究活動の欠陥と任務」に関する拡大学術会議（同年10月）である。一連の討論で、統計学を普遍的科学とする立場とその形式主義的・数理的偏向に批判的な立場との間で見解の相違が明確になり、統計学の社会的実践活動からの立ち遅れが指摘された。T. コズロフ（Т. Козлов）の論文「統計学におけるブルジョア的客観主義と形式主義に反対して」（『経済学の諸問題（Вопросы экономики）』1949年4号）[11] はこれらの議論の結論を示す内容のもので、当時のソ連統計学界の主流を代表する見解である。そこではロシアの伝統的統計学の擁護、統計学における形式主義的・数理的偏向に対する批判、社会統計学の「数学化」に対する批判、形式主義的な統計的分析の誤謬が批判された。

第二期の論争は1950-54年に行われた。中央統計局機関誌『統計通報（Вестник статистики）』に掲載された諸論文による議論の応酬がその内容である。議論の対象は、統計学の対象と方法をめぐる諸問題であった。舞台は中央統計局で開催された統計学の理論的基礎に関する討論会（1950年2月20、21日）となる。この討論会の議事資料は、『統計通報』創刊号（1950年）掲載の「中央統計局における統計学の理論的基礎に関する討論会の摘要」で知ることができる[12]。

討論では統計学を普遍的科学とする立場からの主張も少なくなかったが、多くの論者は統計学が社会科学であり、普遍的科学ではないとするB. ソーボリ（В. Соболь）の見解に集約される立場をとった。ソーボリは統計学の定義を次のように与えた。「統計学は社会科学である。統計学は社会経済現象および過程、その型および形式を研究して、それを適切に編成し、かつ社会経済諸関係の周到な分析を基礎に加工された数字資料の助けをかりて表現する」と[13]。この討

---

10) ルイセンコの学説（環境因子が形質の変化を引き起こし、その獲得形質が遺伝するという説）をめぐる論争で、メンデルの遺伝学を非科学的と批判した。この論争で、ネムチーノフは実質科学（生物学）に対する統計学の優位を主張したが、後にネムチーノフが自己批判した。内海庫一郎はルイセンコの「科学は偶然性の敵」とする見解に同意していない。同時にネムチーノフの自己批判が不徹底であったことも指摘した。（内海庫一郎「統計学の学問的性格」『社会統計学の基本問題』北海道大学図書刊行会、1975年）。

11) コズロフの論文「統計学におけるブルジョア的客観主義と形式主義に反対して」『ソヴエトの統計理論（Ⅰ）』農林統計協会、1952年、所収。

12) 内海庫一郎、前掲論文。

13) 統計研究会訳編『ソヴエトの統計理論（Ⅱ）』農林統計協会、1953年、163頁。

論会では統計学の対象と方法とは何かが主要な論点であったが、関連して統計学と数学、数理統計学、経済学、他の社会諸科学との関係、大数法則の理解と位置付け、確率論の評価、統計学の教科書の構成、など多岐にわたった。注目されたのは、大数法則を統計学の理論的基礎とみなしていた И. ピサレフ（И. Писарев）の自己批判であった。席上、数理派弁護の支持者は少なかった。全体として数理派の退潮が目立った。

以上を受けて、『経済学の諸問題』『統計通報』は1952-3年にわたり、「統計学の対象と方法をめぐる論争」を組織した。この論争をとおして、統計学の理解は「実質科学説」「社会科学方法論説」「普遍科学方法論説」に分化した。実質科学説は、統計学が社会現象の数量的規則、法則を解明することを任務とする科学であるとする立場である。「実質科学説」に属したのは、Т. コズロフ、В.Д. チェルメンスキー（В.Д. Черменский）、Б. プロシコ（Б. Плошко）、В.Е. オブシェンコ（В.Е. Овшеннко）、ソーボリなどである。「社会科学方法論説」は、統計学が社会現象の量的側面の究明をその研究対象とする科学であるとする説である。社会科学方法論説を代表したのは Н. ドルジーニン（Н. Дружинин）である。普遍科学方法論説は、統計学が自然現象、社会現象を問わず対象の量的側面を研究する方法を開発し、豊富化する科学であるとする学説である。この説を唱えたのは、ネムチーノフ、ピサレフ、А.Я. ボヤルスキー（А.Я. Боярский）などである。

実質科学説の代表格はコズロフである。彼の見解は経済学と統計学のそれぞれの対象に社会現象の質と量とを割り当てる。しかし、この説では経済学と統計学との関係が曖昧である。他方、社会科学方法論説のドルジーニンにあっては、「統計学は社会科学的方法学」とされたが、方法科学としての統計学の内容について語られていない。このことは彼の言説の前提に数理統計学が存在することを予想させた。普遍科学方法論説はマイノリティであった。この論争以降、数理派は確率論の諸命題を掲げて論陣をはることをやめ、一方で現実具体的問題に取り組み、他方で古典の引用で自説を権威づけるようになった。

以下では、統計学論争の内容と結論（1940年代後半から50年代前半そして50年代後半）、これらの統計学論争が日本の社会統計学に与えた影響、そして1970年代後半に再燃した統計学の体系構成とその対象についての討論を紹介する。

2．論争の内容と結論

(1) 54年会議の帰結

　1940年の終わり頃から50年代初頭に展開された論争を集約する目的で開催されたのが、「統計学の諸問題に関する科学会議」（ソ連科学アカデミー、中央統計局、高等教育省共同主催）である。この会議は1954年３月16日から26日まで11日間にわたって開かれた。760人におよぶ研究者（統計学、経済学、数学、哲学、医学などの諸分野）、統計実務家が参加した。報告は文書によるもの20件を含め80件に及んだ。会議の内容を理解するには、有澤広巳編『統計学の対象と方法――ソヴェト統計学論争の紹介と検討――』（1956年）[14]とこの書に収められている山田耕之介「『統計学の諸問題に関する科学会議』の検討――その１ 議事録を中心に――」（1956年）[15]、広田純「『統計学の諸問題に関する科学会議』の検討――その２ 決議を中心に――」[16]が適当である。上掲の山田耕之介「ソ同盟統計学論争」にはこの会議の様子が詳しく書かれている。

　1954年会議は、科学としての統計学の定義に諸説があることをふまえつつ、あるべき統計学の発展の方向性を実質科学説の立場（コズロフ的見地）から次のように示した。それは K.B. オストロヴィチャノフ（К.В. Островичанов）による会議の次の総括として知られる[17]。

　「統計学は、独立の社会科学である。統計学は、社会的大量現象の量的側面を、その質的側面と不可分の関係において研究し、時間と場所の具体的条件のもとで、社会発展の法則性が量的にどのようにあらわれるかを研究する。統計学は、社会的生産の量的側面を、生産力と生産関係の統一において研究し、社会の文

---

14) 有澤広巳編『統計学の対象と方法――ソヴェト統計学論争の紹介と検討――』評論社、1956年。
15) 山田耕之介「『統計学の諸問題に関する科学会議』の検討――その１ 議事録を中心に――」有澤編、前掲書。
16) 広田純「『統計学の諸問題に関する科学会議』の検討――その２ 決議を中心に――」有澤編、前掲書。
17) 有澤編、前掲書、227-28頁。

化生活や政治生活の現象を研究する。さらに統計学は、自然的要因や技術的要因の影響と社会生活の自然的条件におよぼす社会的生産の発展とが、社会生活の量的な変化におよぼす影響を研究する。統計学の理論的基礎は、史的唯物論とマルクス・レーニン主義経済学である。これらの科学の原理と法則をよりどころにして、統計学は、社会の具体的な大量現象の量的な変化を明るみにだし、その法則性を明らかにする」と。

1954年会議では、以上の結論とともに数理形式主義的偏向が厳しく批判され、普遍科学方法論説は後景に退いた。論点は、普遍科学方法論説にたつ論客が統計学の対象として社会現象の数量的把握と解析を自然現象のそれらとを同一視する方法論(統計的方法が社会現象にも自然現象にも等しく適用可能とする考え方)に依拠することに対する批判であり、統計学が社会現象を数量的側面から観察し、分析する独自の課題を担うことへの無理解に対する批判である。普遍科学方法論説はまた、大数法則が社会現象にも自然現象にも同じように作用すると理解したが、その過大な期待にも批判の矛先が向けられた。

他方、少なくない統計家は大数法則の過小評価、サンプリング理論を無視する討論の空気に納得しなかったのは事実である。オストロヴィチャノフ自身も次のように述べている、「統計学は場合によっては、確率論をふくめて数理統計学の方法を首尾よく利用する。数理統計学は、社会経済関係の研究領域においては、応用範囲が限定されている。すなわち、技術的計算法、抽出法、大数法則、確率論といったものだけである」と[18]。サンプリングの理論の評価を含め、数理統計学の位置付けが明確でないことへの不満を背景に、数理的手法の評価をめぐって諸見解の対立がくすぶっていた。会議の要請にしたがって、科学アカデミー、中央統計局、高等教育省委員会は、1954年5月28日の合同会議で、「統計学の諸問題に関する科学会議資料」を審議し、会議の結論に対して全面支持の意向を示した。ソ連統計学論争はこの会議をもって、終止符が打たれた。その後は、上記の結論にそって統計学関係の出版が続いた[19]。

---

18) オストロヴィチャノフ/木原正雄訳「統計学に関する論争の結果によせて」『統計学』第2号、1955年、65頁。
19) 野村良樹「ソヴェト統計学会議以後の統計学著作について」『経営研究』第29号、1957年、参照。

現時点から振り返ると、討論の主流となった論者の議論の仕方には、哲学的命題にもとづいて大上段からなされ、政治色が前面に出ている部分がないわけではない。数理派を批判する側には、内在的にその理論を検討する姿勢に欠けていた。このため、議論の過程で統計学という科学の学問的性格づけに甘さがあり、その認識論的深化に乏しかった。このことがあって、後日、数理統計学に対する肯定的評価が再度、浮上する。

(2)　57年会議の内容

　54年会議は統計学に関する上記の決議を与えて閉幕したが、この決議にはいくつかの難点があった。山田耕之介の整理によれば、それらは第一に統計学の理論的基礎が史的唯物論と経済学としたが、これは独立の科学である統計学が他の独立の科学を基礎におくという奇妙な関係の承認になること、第二に統計学が独自の対象を大量的社会現象の量的側面とすると消極的に規定し、経済学との境界が曖昧であること、第三に決議が数理形式主義の論駁に性急なあまり、他の独創的な諸見解を十分考慮していないこと、であった。遠からず、新たな論争が生まれてくる可能性があったが、それは現実となった。以下、山田耕之介「ソヴェト経済学における最近の数理形式主義について」(1960年)[20]によりながら、この57年会議の内容を紹介する。

　全ソ統計学者会議は、1957年6月4日から8日までモスクワで開催された。この会議は、ソ連で初めて投入産出表(部門連関バランスのこと)が登場したことで知られる。会議には中央および地方の統計・計画機関などから650名以上が参加した。議題は三本あり、第一議題は工業と建設業の管理組織改善に対する統計学の実践的・科学的任務に関する問題、第二議題は1959年1月の国勢調査計画に関する問題、第三議題は国民経済報告バランスの基本的方法論に関する問題、であった。山田論文はこれらのうち第一と第三の議題に関する議論を、とくに後者に重きをおいて、取り上げている。

　第一議題に関しては、計算と統計の中央集権化、統計活動の機械化、政府の統計機関における経済研究の改善、統計学の方法論的研究の改善、統計活動に

---

20) 山田耕之介「ソヴェト経済学における最近の数理形式主義について」『立教経済学研究』第13巻第4号、1960年。

おける人材の養成の5部からなる決議が紹介されている。「統計学の方法論的研究の改善」には、54年会議が統計学の創造的発展に寄与した意義を強調し、なお多くの欠陥があるとして、具体的研究方向の指示が示された。それらは(1)産業部門の分類、(2)地域指数の作成問題、(3)工業および資本形成の発展指標の地域間比較のための方法論的基礎、(4)地域間および共和国間の関係研究に関連した工業および建設業における専門化と協力関係の統計的研究、(5)投資効率の計算に関連した価格形成、収益性、蓄積水準の研究、(6)企業の生産能力決定の方法論、(7)物材報告バランス構成の統一的方法論、(8)サンプリングおよびグループ分けの利用問題、などである。

　第三議題をめぐる討論は、国民経済計画化の新しい力点の所在をめぐってなされた。ここではソーボリ（中央統計局国民経済バランス部長）の報告が紹介されている。ソーボリは報告のなかで、国民経済バランス総括表を含めた11の付表をもつ7個のバランスを討議案として提出した。重要なのは、この討論で投入産出表（分析）の評価、位置付けが議論の俎上にのったことである。ソーボリはその報告で投入産出表（部門連関バランス）を国民経済バランス体系のなかの「社会的生産物の生産、消費、蓄積のバランス」の付表として示した。このバランスに関して、А. ペトロフ（А. Петров）（ゴスプラン科学＝研究経済研究所）は部門連関バランスでこれを補完することを審議すべきと発言した。ソーボリ自身の投入産出分析に対する態度は全面的支持ではなく、条件付きであった。これらの見解に対して、わずかに М. エイデリマン（М. Эйдельман）（中央統計局）が次のような異議を示した。「国民経済バランスにおいては物材的・技術的補給の金属、燃料等々の系統にしたがって部門連関バランスを反映しなければならないということには賛成することができない。これらの関係は経済地区間の現物バランスの体系で反映されなくてはならない」と[21]。ネムチーノフは、投入産出分析の積極的利用を主張した。

　会議での議論を契機に、数理派は投入産出分析（部門連関バランス分析のこと）に関心をよせ、その利用を推奨した。数理派の意図は、経済分析に数学利用が不可欠であることをあらためて、提起することにあった。山田はネムチーノフ

21）山田、前掲論文、274頁、に紹介がある。

第 7 章　ソ連統計学論争とその後　139

の論文（「ソビエト経済科学の現代的課題」[22]）、П. マスロフの論文（「経済計算における数学の適用について」[23]）に代表させて、数理派の主張を吟味している。

　ネムチーノフは経済学者が社会についての技師であるとし、生産の技術および工業技術の研究と接触を失って科学的研究をすすめてはならない、と述べた[24]。この点を前置きに、数学利用の有効性が主張された。社会主義社会では多数のさまざまな計画や経済計算にもとづいて国民経済が運営されるので、数学的方法の意義が格段にたかまるというわけである。そこにはいくつかの課題がある。第一の課題は、あらゆる消費対象、労働対象および労働手段の社会的価値の決定である。これは国民経済を科学的に管理する環である。第二の課題は、個々の標準量（たとえば物材補給ノルマ）の決定である。ここでは、現代数学の方法（例えばマトリクス代数）と利用が考えられると言う。他方、マスロフは、数学利用と経済モデルの利用に関する二つの論点を明示して議論展開を行った。マスロフはまず、マルクスが科学の完成条件を数学の利用度にみていたと述べ、次いで経済学における数学利用が経済モデルの構成によって果たされる、と主張した。

　山田はネムチーノフ、マスロフのこのような主張が誤っていること（経済成長の経済法則を一つの定差法方程式であらわすことにみられる計量経済学に対する過大評価）を逐一指摘し、最後に次のように結論づける。「……ソ連邦において経済学が指導的役割をはたすためには、量的研究についても強化されなければならないことは言うまでもない。その場合、これまでの質的研究がさらにいちだん深められることがなによりも大切である。なぜなら、方法は対象の性格によって第一義的に規定されるからである」と[25]。

　投入産出分析が議論の対象となった1957年のソ連統計学者会議は、数理統計学

---

22) В.С. Немчинов, Современные проблемы советской экономической науки,《Вопросы экономики》No.4, 1959.
23) П. Маслов, О применени математики в экономических расчетх,《Вопросы экономики》No.5, 1959.
24) ネムチーノフの学説については森博美が行き届いた検討を行っている。森博美「経済サイバネティクスに関する一考察——ネムチノフの経済管理論について——」『経済論究』（九大大学院）第32号、1974年；同「統計数理派の一原型——В.С. ネムチノフの統計学——」『経済研究』（九州大学）第41巻第 2 号、1975年。
25) 山田、前掲論文、290頁。

が再評価される分岐点であった[26]。これ以降、1959年から1961年までに、引き続き幾つかの学術会議がもたれ、数理派の主張が具体的形をととのえるようになる[27]。すなわち、1959年7月の「経済学における数学の利用と計量経済学」(『統計通報』編集部主催)、1960年4月の「経済学における数学的方法」(科学アカデミー主催)がそれである。1960年5月には科学アカデミー経済学・哲学・法律学部会の下に「経済学研究における数学的方法の利用に関する学術協議会」が設けられた。また1966年5月から6月にかけ、キエフでソ連における統計学教科書の出版とその改善ための会議でも、数理統計学的諸方法を受容し、それらをソ連経済の指導に役立てていこうとする志向が強かったようである[28]。また、科学アカデミー中央数理経済研究所(1963年創設)ではН.П. フェドレンコ (Н.П. Федоренко) を中心としたグループが最適経済機能システム論を提唱するに及び、数理的手法に対する評価は経済学の分野を巻き込んで、再び強まる[29]。数理派と目される研究者が数理モデルを使った計画論を展開し、数理統計学が跋扈する状況はソ連解体(1991年12月)にいたるまで続き、「数学革命」(A. Zauberman) の様相さえ呈した[30]。

統計学の分野に限定すれば、この科学の学問的性格、その内容と構成に関する討論は、その後、1974-77年にかけて、規模は小さかったものの『統計通報』誌上で討論された。

---

26) 次の論文も同様の観点から、1957年の全ソ統計学者会議第三部会の様子を解説している。長屋政勝「ソヴェト統計学における初期国民経済バランス作成の試み——所謂1923/24年バランスの方法論的基礎——(その1)」『経済学論集』(龍谷大学)第8巻第4号、1969年、28-33頁。
27) この頃に出版され、邦訳された数理派の著作に、ネムチーノフ編『経済学の研究における数学の利用』(邦訳：ネムチーノフ編／岡稔訳『マルクス経済学の数学的方法(上)(下)』青木書店、1960年)がある。
28) 近昭夫「最近のソヴェト統計学についての覚え書」『統計学』第19号、1968年。岩井浩はソ連統計学界による大数法則の受容の経緯について、批判的に論じている。岩井浩「経済法則と大数法則」『関西大学経済論集』第19巻第1号、1969年。
29) 岩崎俊夫「ソヴェト数理的計画論における社会主義経済構造把握の特徴について」『経済学研究』(北海道大学)第28巻第3号、1978年；同「ソヴェト最適計画論の特徴と問題点」『土地制度史学』(土地制度史学会)第80号、1978年。これらの論文は、次の著作に収められている。岩崎俊夫『経済計算のための統計学——バランス論と最適計画論』日本経済評論社、2012年。
30) A. Zauberman, *The Mathematical Revolution in Soviet Economics*, The Royal Institute of International Affairs by Oxford University Press, London, New York, Toronto, 1975.

3　日本の社会統計学への影響

(1)　社会科学方法論説の擁護

　日本の社会統計学者は、「統計学の諸問題に関する科学会議」の実質科学説的結論をどのように受けとめたのであろうか。端的に言えば、大橋隆憲など多くの社会統計学者は会議の結論に懐疑的であり、社会科学方法論説を支持した。疑問視されたのは実質科学説が経済学の内容と統計学のそれとの関係の捉え方が曖昧であること、社会現象を質的側面と量的側面とにわけ前者を研究の対象とするのが経済学、後者の分析を担うのが統計学とする主張が形式的であること、などである。

　ソ連統計学論争の内容を紹介しながら、それが日本の社会統計学にどのように受け入れられたかを簡潔明瞭に解説した論稿に伊藤「統計学の学問的性格」（1976年）がある[31]。伊藤はこの中で戦後の社会統計学の成果として、推計学の過大評価の批判、ソ連統計学論争の紹介・検討、政府統計の批判があったと述べ、とくにソ連統計学論争が与えた影響の大きさを指摘している。伊藤によれば、論争を経て統計学の学問的性格に関わる議論の到達点としてあげられるものは、推計学批判を含めた普遍科学方法論説批判にあること、ソ連統計学論争の帰結であった「統計学＝実質科学説」に批判的姿勢が示されたこと、社会科学方法論説の立場から構築された自立的社会科学としての統計学が受け入れられたこと、である。

　普遍科学方法論説は、数理統計学をもって統計学の全内容とする立場である。数理統計学は確率標本にもとづいて母集団を推論する数理的方法を骨子とした推計学であり、その成果が経済学へ適用され、とくに計量経済学に顕著である。しかし、伊藤によれば、数理的手法は諸科学の多くの分野で、当該科学の分析手法の補助的役割を果たすにとどまる。質的多様性を特徴とする社会現象の研究では、数理的手法の有効性は限定的である。社会科学に即した統計学を否定し過小評価する見解、統計学を数理統計学で代替する見解が、批判の対象に

---

31)　伊藤陽一「統計学の学問的性格」『統計学』第30号、1976年。

なるのは自明である。

　日本の社会統計学は、この限りで、ソ連統計学論争における普遍科学方法論説批判を支持した。他方、統計学の対象が社会的大量現象の量的側面の検討、社会発展の量的法則性の解明であるとする実質科学説の主張に対しては、統計学の課題に対して、質と量との区別にもとづいて科学の対象を規定できない、対象の量的側面だけを扱う独立の実質科学はない、また統計学と経済学との区別が曖昧であるとして、批判をくわえた。以上の普遍科学方法論説批判、実質科学説批判は、対極で社会科学方法論説の基盤を強め、その帰結として社会統計学の遺産となった。

(2)　ドルジーニン統計学のその後

　一連の統計学論争で、社会科学方法論説の旗幟を鮮明にした数少ない統計学者は、ドルジーニンである。しかし、既述のように、ドルジーニンの統計学が社会の諸現象と諸過程に関する社会科学方法論であると規定したものの、そこでの方法科学としての統計学の内実についての展開が乏しく、曖昧であった。大橋隆憲はドルジーニンの見解の基調（統計学論争とその直後）、すなわち社会科学方法論説を支持しながらも、対象規定に弱点があることを指摘した。大橋の要約によると、ドルジーニン説は次のようにまとめられる[32]。(1) 統計学は社会科学である。(2) 統計学の基礎は史的唯物論と経済学にある。（ここまでは実質科学説と同じである）。両者の違いは、対象の質と量との関係の見方である。ドルジーニンは、理論的・経済学的一般化と具体的統計資料研究の有機的結合＝統一を主張する。質と量とを区分することはできない。また、他の科学によって確定された法則の「描写」＝記述だけを目的とする独立の科学の存在は認められない。統計学は独立の実質科学ではなく、方法科学である[33]。

　大橋はこのドルジーニンの見解を紹介した後、それに対する批判、そしてドルジーニンの反批判を詳細に検討している。ドルジーニン見解（＝社会科学方法論説）を批判する者の論点は、(1) 統計学＝社会科学方法論説が普遍科学方法論説

---

32) 大橋隆憲「統計学＝社会科学方法論説の擁護——ドルジーニン批判の吟味——」『経済学研究』（北海道大学）第12号、1957年。
33) 大橋、同論文、31頁。

の変形にすぎない（ミハイロフ）、(2) 統計学＝社会科学方法論説は具体的な社会経済的内容を抹消している（ストルミリン）、(3) 統計学＝社会科学方法論説は統計方法を唯物弁証法に置きかえている（コズロフ）というものである。これらに対し、ドルジーニンは次のように回答している。(1) に対しては、統計学を方法論と認めることが普遍科学方法論説（＝数理統計学）の考え方と結びつくわけではない。(2) に対しては、経済現象が「数字的表現」を与えられたとしても、それは経済学の対象にとどまり、統計学の資産（内容のこと—引用者）にならない。歴史的事情からみても、理論本質からみても統計学は統計方法過程の分析論にとどまるべきである。(3) に対しては、唯物弁証法はすべての科学に共通の認識方法であるが、それぞれの科学は唯物弁証法にもとづくそれぞれに固有の方法を有する。統計もこうした方法の一つである[34]。

　大橋はさらに、チェルメンスキーによるドルジーニン見解への批判（社会科学方法論説の問題点の指摘）に耳を傾ける。チェルメンスキーによれば、ドルジーニン説には統計資料の位置付けの過小評価がある。統計結果である統計資料が統計学の中核に据えられるべきである。統計学は、統計資料によって社会現象を研究する学問である。チェルメンスキーは、次のように統計学の特質を列挙している。事実分析への関与、現象の標識の決定と研究、経済的諸現象の型への表現付与などである。大橋はチェルメンスキーのこれらの指摘を評価し、統計学＝社会科学方法論説が受け入れなければならない問題提起と指摘している。しかし、そうだからと言って、方法の成立基盤＝適用対象（社会集団）を重視することは、統計学を実質社会科学に昇格させることを意味しない。

　ドルジーニンは、社会科学方法論説の立場から統計的合法則性をどのように理解していたのであろうか。また、大数法則についてどのような理解をもっていたのであろうか。これらの点に関しては、是永純弘「統計的合法則性についての一考察——N.K. ドゥルジーニンの見解について——」（1962年）が詳しく分析している[35]。要約すると、ドルジーニンは統計的合法則性を現象的規則性として、経験的性格のものととらえ、社会科学的研究における認識の一段階と

---

34) 大橋、同論文、33-34頁。
35) 是永純弘「統計的合法則性についての一考察——N.K. ドゥルジーニンの見解について——」『経済志林』第30巻4号、1962年。

位置付けた。統計的合法則性は現象の表面にみられる規則性にすぎず、それだけで単独にその本質・因果性を明らかにしうるものではない。この範囲で、ドルジーニンは当時多数派だった統計学の対象を社会現象とみる実質科学説と一線を画し、そうした理解に批判的姿勢をとった。この限りで、ドルジーニンの所説は正当だったといえる。

　しかし、問題はそこから始まる。ドルジーニンの難点は、統計的合法則性の客観性について、自然科学的な統計法則（たとえば物理的統計法則）と社会科学的なそれとの区別を見失い、両者を大数法則にもとづいて位置付け、結局は、社会科学的法則認識における統計的材料加工の意義（本質的現象の摘出）を見出しえなかったことにある。物理的統計法則の発現の仕方は、社会科学における大量観察の結果としての統計的法則のそれとは異なる。物理学的実験では観察する回数が多数回であるかどうかは、そこで把握された法則が統計的法則であるかどうかとはかかわりがない。回数の多寡よりもその一回的な確実度が重要である。認識された法則が客観的統計法則であるのは、そこに適用された方法が統計的方法だったからではない。ドルジーニンにあっては「統計的法則という場合の統計的とは、実はこの研究方法が統計的だということ（集団観察法だということ）を指す」ことになっている[36]。「十分に多数回の観測を行う」ことと「偶然性を大量においてとらえる」ことを混同してはならない[37]。

　以上を要約して、統計的合法則性の実質的意味を問うことの重要性を指摘する是永はドルジーニンが「統計的方法の原理を大数法則のうちに見出す限りにおいて、統計的認識の結果が社会科学における法則的認識の材料たりうるために、この認識の結果が社会科学における法則的認識の材料たりうるために、この認識がとるべき方法構造の現実を積極的に与えることができなかった」[38]とし、さらそこから導き出された教訓として「……統計解析（加工）の終点に統計的法則を設定し、それから先の理論的分析＝本質的因果関係の発見への道を閉ざす如き統計加工論に反対する」[39]と結論づけている。

---

36) 是永、前掲論文、74-5頁。
37) 是永、前掲論文、76頁。
38) 是永、前掲論文、79頁。
39) 是永、前掲論文、83頁。

濱砂敬郎「現代ソビエト数理統計方法論の一形態——Н.К.ドゥルジーニンの統計的方法論について——」(1978年)[40]も、1955年時点のドルジーニンが表向きには、統計学＝社会科学方法論説の立場を踏襲するかのように主張しながら、しかし実態はそれと異なる統計的方法理解あるいは統計学観があったことに着目している。濱砂はドルジーニンが普遍科学方法論説に、すなわち数理統計学の受容に傾斜していった過程を、1955年、1966年、1971年にそれぞれ発表した論文、著作をたどり、確認している。

1966年時点で、ドルジーニンは統計理論の方法論的基礎として統計的法則論と大数法則論を展開した。濱砂はこのことをとらえて、ドルジーニンの数理的方法論の骨格が出来上がったと見ている。この理論では大数観察の原理としての大数法則の普遍的性格が指摘され、社会主義計画経済における大数法則適用の意義が述べられ、数理統計学の意義が強調された。濱砂の整理によれば、大数法則はドルジーニンにあっては、統計指標を獲得する統計的方法の観点から、計画経済の均衡的性格を捉えなおした操作概念であり、それによって統計法則に「兆候」する原因機構の発現が擬制化された形態である。大数法則は計画指標と統計指標とに操作技術的な結合原理を与えるものに他ならない、さらにドルジーニンは自らの統計法則論に大数法則を位置付けることを試み、統計学の二つの課題（記述—比較的課題と分析的課題）をあげ[41]、分析的課題を追求する。統計学は客観的現実の合法則性を理論的に把握し、経験的合法則性を確認する統計的方法論であり、その対象は事実・要因の総体＝大量的諸現象であるとした[42]。

1971年時点になると、ドルジーニンは自らの統計方法論を数理統計方法論として一層鮮明にする。濱砂はこの点をドルジーニンの統計学教科書『経済における数理統計学』(1971年) で確認している。この教科書でドルジーニンは、統計的方法の対象は偶然的な変動を運動様式とする同質的な集団現象であるこ

---

[40] 濱砂敬郎「現代ソビエト数理統計方法論の一形態——Н.К.ドゥルジーニンの統計的方法論について——」『統計学』第34号、1978年。ドルジーニンの1966年時点の見解として、以下の論文が参照されている。Н. К. Дружинин, Некоторые философские вопросы статистики 《Вопросы философии》Но.1, 1966.（近昭夫訳「統計学の若干の哲学的諸問題『北大経済学』第 9 号、1966年）。

[41] 濱砂、前掲論文、8 頁。

[42] 濱砂、前掲論文、9 頁。

と、大数法則については1966年の見解をとりつつ、計画経済の条件下でのその作用が現象の恒常的な均衡と交互作用すると考え、生産性指標などの安定性を種々のデータによって示すことができると主張している。

濱砂はドルジーニンの統計的方法論の眼目が、経済計画や経済管理の実践に適用される数理統計方法論の展開にあるとおさえ（社会科学のための統計方法論ではない、）、そのことに含まれるいくつかの問題点（大数法則の社会主義社会における適用可能性、統計および統計利用の歴史的規定性が後景に退くこと）を指摘しようとしたことにあったと結論づけている[43]。

4．むすび

1940年代末から50年代にかけてのソ連統計学論争は、推計学や計量経済学の万能論に対する批判的研究で成果をあげた日本の社会統計学分野の研究者の問題意識を刺激した。議論の内容と経緯、日本でのその受け止め方については、本章で紹介したとおりである。現在ではその存在も忘れかけられている論争であるが、社会統計学の展開を語るさいの重要な道標である。この論争が数理形式主義をめぐって展開されただけでなく、統計学の学問的性格を問う契機を含んでいたことを想起すれば、それは当然の事柄である。

これらの統計学論争とは別であるが、筆者はかつて『統計通報』誌上で1970年代の半ばから後半にかけて行われた統計学に関する討論の検討を行ったことがある[44]。討論参加論文については、1985-86年にかけて『北海学園大学経済論集』に訳出した。これらの訳稿を大幅に改稿し、一部新たに訳稿を加え2015年に上梓した『ロシア統計論史序説——社会統計学・数理統計学・人口調査［女性就業分析］——』に収めた[45]。

---

43) 濱砂敬郎、同論文、13頁。
44) 岩崎俊夫「統計学の対象と構成——『統計通報』誌（1975-78）上の審議内容によせて——」『統計学』第40号、1981年。
45) 岩崎俊夫『ロシア統計論史序説——社会統計学・数理統計学・人口調査［女性就業分析］——』晃洋書房、2015年。メレステ「統計科学の構造と他の諸科学の中での統計学の地位」『統計通報』1975年第4号；ミフニェンコ「科学としての統計学の対象と内容について」；プロシコ「社会経済統計学と数理統計学」『統計通報』1975年第7号；スタラドゥブスキー「社

「討論」の詳細は、統計学の体系構成、その対象であり、社会的認識の方法としてのその役割である。「討論」参加者の多くは、統計学の対象が社会的認識の集団であることを承認している。また、統計学の体系をどのように構想するのか、この統計学体系に一般統計理論を、あるいは数理統計学をどのように位置付けるのか、両者を社会統計学といかに関連付けるのか、見解はここで分かれる。一般統計理論を社会統計学と同じ次元でとらえる論者もいれば、前者を体系の核と考え、社会統計学と数理統計学をその核から分岐する分野ととらえる論者もいる。こうした見解を主張する論者には、当然ながら、一般統計理論の内容と構成が問われることになる。数理統計学は数学の一分野であるとして、それを統計学体系に存在場所を認めない論者もいる。

「討論」を閉じるにあたって『統計通報』編集部は「大多数の論文では、統計理論と統計業務の実践との相互連関の問題は、統計科学の課題、その対象と構造を審議するさいの関心の中心におかれなかった。明らかに、このことは理論が生活の要請から、経済活動の実践からかなりの程度、立ち遅れていることを表わしている。国民経済の計画化と管理の改善という課題、また経済統計的分析という課題から離れて、統計理論の具体的諸問題を解決することは、不当である」と総括した[46]。

論争の日本への紹介は、上記のことはまた別の財産を生み出した。社会統計学分野に、ロシア語文献を読みこなせる研究者を輩出したことである。このことによって、ロシア、ソ連統計（学）の紹介、検討が論争紹介後もやむことなく続いた。代表的な仕事は、永井博『経済体制と指数・指数算式——エリ・エス・カジネッツの指数理論と現在——』（2006年）[47]である。この著作には永井による

会経済研究における量と質との相互連関の特性」『統計通報』1975年第8号；ドルジーニン「科学としての統計学とは一体何なのか」『統計通報』1976年第1号；アダモフ「統計科学の分類と対象について」『統計通報』1976年第11号；スースロフ「統計科学の内容と教程の構成について」『統計通報』1976年第2号；カズロフ「統計理論の若干の論争問題について」『統計通報』1976年第3号；ミフニェンコ「科学としての統計学の対象と内容について」『統計通報』1977年第4号；マールィ「統計学は一体何を研究するのか」『統計通報』1977年第4号；カジネッツ「それでは、一体、統計学は何を研究するのか」『統計通報』1977年第5号；『統計通報』編集部「現代的諸条件における統計学の対象と課題に関する諸問題の審議結果によせて」『統計通報』1978年第3号。

46）岩崎、前掲書、230頁。
47）永井博『経済体制と指数・指数算式——エリ・エス・カジネッツの指数理論と現在——』梓出版社、2006年。

次の成果が収められている[48]。1990年までと限定すると、「指標の総合性と通約性——Л.С.カジネッツの指数論を中心に——」(1969年)、「指数の相対的不一致と絶対的不一致——Л.С.カジネッツの指数論を中心に——」(1969年)、「連鎖指数——Л.С.カジネッツの指数論を中心に——」(1970年)、「地域指数論に関するノート——Л.С.カジネッツの指数論を中心に——」(1974年)である。

他に、山本正「社会主義経済における数理的方法の利用——ソヴェト数理学派の動向、最適機能社会主義経済論——」(1984年)[49]もあげておきたい。

---

[48] 永井博「指標の総合性と通約性——Л.С.カジネッツの指数論を中心に——」『熊本商大論集』第28号、1969年；同「指数の相対的不一致と絶対的不一致——Л.С.カジネッツの指数論を中心に——」『熊本商大論集』第29号、1969年；同「連鎖指数——Л.С.カジネッツの指数論を中心に——」『熊本商大論集』第30号、1970年；同「地域指数論に関するノート——Л.С.カジネッツの指数論を中心に——」『熊本短大論集』第48号、1974年。

[49] 山本正「社会主義経済における数理的方法の利用——ソヴェト数理学派の動向、最適機能社会主義経済論——」『数理的経済分析の基本問題』産業統計研究社、1984年。

第 8 章
計量経済学批判と数学利用

1．論点と関連論文

　推計学の導入と展開の後、数理統計学の流れは、一方で推計学内部の「技術派」によって、他方で計量経済学と統計的決定理論（判断の確からしさを確率で表現する理論）を支持する研究者によって受け継がれた。本章では、これらのうち、計量経済学を批判的に研究した成果をとりあげる。

　計量経済学は、1920年代に生まれたアメリカの統計的経済学（H.L.ムーア［H.L. Moore 1869-1958］、W.M. パーソンズ［W.M. Persons 1878-1937］）の系譜を継承している。その後、方法論や統計処理の面で数学的意匠をととのえ1930年代に確立した。その直接的契機は、R. フリッシュ（R. Frisch［1898-1973］）、I. フィッシャー（I. Fisher［1867-1947］）の提唱、呼びかけによる計量経済学会の設立である（1930年12月）。アメリカ仕込みのこの経済学は、数理統計的手法に絶大な信頼をおく。具体的には経済変数を方程式体系によって構成する独特の数理モデルを作成し、モデルに実際の統計を充填し、政策に必要な数値の導出を目標に掲げる。しかし、この経済学は立脚する理論、モデル構築の手法、統計の使い方の諸点において多くの恣意的（非現実的）仮定を前提とし、当初からその存立基盤の脆弱さが問われる（実用主義に偏した）理論であった。社会統計学の研究者はそれらの問題点を指摘し、理論と方法の両面から批判を加えた。批判の先鞭をつけたのは、広田純・山田耕之介「計量経済学批判」（1957年）[1]である。

1）広田純・山田耕之介「計量経済学批判」『講座 近代経済学批判Ⅲ』東洋経済新報社、1957年。

計量経済学批判に関する社会統計学者の業績は、二とおりに分けて整理することができる。一つはその経済学の理論としての評価である。この場合、計量経済学は理論というよりは方法であるとする見解があり、それも含めた科学としての計量経済学の性格づけがここでの焦点である。もう一つは計量経済学的手法が政府による実際の経済計画に組み込まれた経緯に鑑みて、そのことの妥当性を検討した業績である。前者と後者とが密接に関連することは言うまでもないが、論点整理としてこの区分は有効であろう。

計量経済学批判をめぐる論争の紹介とそのあり方を整理した論文に吉田忠「計量経済学批判の方法」(1976年)[2]、山田耕之介「吉田忠『計量経済学批判』に対するコメント」(1976年)[3]がある。前者で吉田は計量経済学に対する批判の系譜を要約し、方法論的批判、弁護論的批判、具体的経済計画への適用形態批判のそれぞれに対して見解を述べ、計量経済学批判という理論的営為の対象と方法を論じている。山田耕之介 (1930-2009) は前者の吉田論文に対するコメントで、計量経済学が「方法」であるとの明確な認識に立ち、特有の科学方法論に立脚した計量経済学が現実の経済分析でどのような破綻をきたしたかという事実を対置しながら批判すれば、大きな説得力をもつであろうと述べている。

吉田によれば、方法論的批判では、その嚆矢となった広田純・山田耕之介「計量経済学批判」(1957年)をとりあげ、この論文が計量経済学の導入後、それほどの日をおかずに発表され、しかも計量経済学を内在的に把握した理論的、方法論的批判の先駆的業績であると、高い評価を与えている。この広田・山田論文を契機に、方法論的批判はその後、北海道大学経済学部の内海「研究室」に受け継がれ、計量経済学の基本性格(不可知論＝確率主義、数学至上主義、機械的唯物論[力学的還元主義、均衡論、外因論])に対する批判のパターンを確立した。

この方法論的批判に対し、計量経済学の体制(資本主義体制)弁護的性格を見落としていると主張したのは、関恒義などの弁護論的批判論者である。関のこの反批判は、一方で計量経済学の適用過程にまで批判の対象をひろげ、より体系的な批判を意図したものであったが、他方で計量経済学の一定の有効性を

---

2) 吉田忠「計量経済学批判の方法」『統計学』第30号、1976年(『数理統計の方法——批判的検討』農林統計協会、1981年、所収)。
3) 山田耕之介「吉田忠『計量経済学批判』に対するコメント」『統計学』第30号、1976年。

第8章　計量経済学批判と数学利用　151

容認することに、ひいては当時の社会主義計画経済への適用可能性の主張と平仄をあわせる面をもっていた。

　吉田は上記の論文で、方法論的批判の対象が「計量経済学者の目標・意識と結びついた計量経済学の方法と、それを規定した計量経済者の世界観・科学方法論（社会的イデオロギー）とであった。これを史的唯物論に依拠した正しい社会科学の方法との対比において批判したが……（それは経済計画の作成等ではたしている弁護論的役割［ないし粉飾効果］）の方法的基盤に対する批判へと展開されねばならなかったのではないだろうか」[4]と批判のありかたの方向を示唆している。

　次いで登場したのが、日本の経済計画への計量経済学的手法の導入にたいする批判的考察である。この系譜では、山田耕之介や大橋隆憲が中期経済計画、経済社会発展計画、新経済社会発展計画をとりあげ、批判の最前線を担った。吉田の要約では、こうした批判のスタンスは「科学方法論としての誤謬という方法論的批判の延長線上になされた、という特色をもっており、経済計画における機能と役割に関しても基本的には宣伝─粉飾効果以上のものを認めない、という帰結をともなうものであった。それは弁護論的イデオロギー批判の立場にたつ一部の論者の見解、すなわち計量経済学は国独資的政策体系の企画・推進過程において一定の方法論的有効性をもつはずだ、という見解を実証的に反論するものであった」[5]。

　計量経済学批判の系譜を概略以上のようにおさえたうえで、吉田はこの分野の研究が担うべき役割を最後に提示している。そのためには、計量経済学批判が対象とする標的を正確に定めなければならない。吉田によれば、それは計量経済学が適用されている現実的過程の総体である[6]。吉田はその図式のなかに、過去の批判的業績の成果を位置付けるとともに、今後の課題を、「すなわち実証的な近代経済学による国家と総資本の本質的意図の具体化の過程をとりあげ、そのなかに計量経済学の粉飾的効果が利用される契機を見出さなくてはならないこと」[7]と確認している。

　この吉田の論文には、山田耕之介「吉田忠『計量経済学批判』」に対するコ

4）吉田、前掲論文、237頁。
5）吉田、前掲論文、235頁。
6）吉田、前掲論文、237頁。
7）吉田、前掲論文、239-40頁。

メント」がある。山田は最初に、吉田の「計量経済学批判」における批判の系譜の総括の仕方（「方法論的批判」→「弁護論的批判」→「経済計画批判」）が、トレンドの延長による将来予測にも似ていると印象を述べた後、総括は内容の正確な理解と整理によらなければならないと指摘している[8]。

まず「方法論的批判」について。計量経済学は方法以外の何物でもない。くわえて計量経済学は、経済理論を数値的に検証し、検証された経済理論を基礎に現実を数値的に実証するが、その方法の適用にあたっては客観的な理論的基準がなく、技術的基準によった恣意的な方法である。したがって、山田によれば、そのことを明らかにしたのが「方法論的批判」であるから、しばしば見受けられる「方法論的批判」が計量経済学の理論批判をなおざりにしたかのようにいう見解は見当違いである[9]。

次に「弁護論的批判」について。従来の「弁護論的批判」は正確には、「政治的批判」と言うべきである、上記の「理論的批判」と対立するものではない。ましてや、吉田のいわゆる「方法論的批判」の欠陥を部分的に克服し、より体系的に批判したというものでもない。両者は別々の役割を果たすが、科学的問題に関するかぎり、「政治的批判」は「理論的批判」に正しく立脚しなければならない[10]。

中期経済計画以降、経済計画の具体的作成の段階で、計量経済学が重要な役割を果たすようになったので、計量経済学批判が「経済計画批判」とかかわるのは当然であるが、その場合にも理論的批判が基本であり、「経済計画批判」はその展開、応用である。後者の批判は理論的批判をさらに深め、豊かにするものでなければならない。計量経済学批判は経済計画の総括的批判の役割を担うことはできず、吉田の提案する計画批判の構想は批判的経済学全体の仕事である。

以下では、計量経済学批判の先鞭をつけた広田純・山田耕之介「計量経済学批判」（1957年）の内容を要約し、次いで是永純弘による計量経済モデル批判、経済計画へそれが適用された場合の問題点の点検を紹介する。さらに計量経済学（モデル）の限界を踏まえながら、これを批判的に摂取し、有効活用する試みが1970年代に登場したことに言及する。

---

8) 山田、前掲稿、322-23頁。
9) 山田、前掲稿、323頁。
10) 山田、前掲稿、324-25頁。

2. 計量経済学批判の嚆矢

広田純、山田耕之介「計量経済学批判」(1957年) は四節構成で、第一節では「計量経済学の歴史」(山田) が論じられ、焦点はその発展の原動力が何であったのかを示すことであり、この経済学の特殊な性格を浮き彫りにしている。第二節は「計量経済学の理論」(山田) と題しているが、内容はこの経済学が当初には理論に相当する体系をつくる可能性があったにもかかわらず、それを育てることができなかった (必要もなかった) ことが明らかにされている。第三節「計量経済学の方法」(広田) では、初期の量的分析の段階から方法定立の段階に入った計量経済学の批判にあてられている。理論と方法とが一つになって計量経済学が構成されるのではなく、それらは歴史的な対応 (理論から方法へ) である、というのがポイントである。以下で、節ごとにパラフレーズするが、長い論文なのでポイントを示すにとどめる。

「計量経済学の歴史」ではまず、この科学の定義あるいは目的の力点が、スタート時点から時間の経過とともに変化していったことが述べられている。すなわち、計量経済学はその揺籃期には量的科学であるとの認識が一般的だったが (R. フリッシュ [R. Frish 1895-1973]、シュンペーター [J.A. Schumpeter 1883-1950] の引用がある)、次第に測定の科学であるとの認識に移行した。さらに、それは統計的側面 (統計的方法) を重視する傾向をもつにいたった。この点に関して重要なのは、計量経済学が経済理論、数学、統計学の単なる統一物ではなく、その統一には時間的順位 (変数間の量的定式化 [モデルの構成] →方程式の構成と係数の数値決定→仮説の検定) があること、計量経済学は科学ではなく、経済問題の処理過程ないしはその過程における処理方法全体の総称である、ということである。

計量経済学の源は、数理経済学 (ローザンヌ学派に代表される) と市場予測 (景気予測のための経済時系列の統計分析) である。具体的経済統計の経験的・統計的研究の普及には、1917年、ハーヴァード大学に創設された経済調査委員会の果たした役割が大きく、その予測方法は経済理論を予定せず、分析をすべて技術的に統計方法によって行うことが最大の特徴であった。計量経済学のそ

後の発展は、フリッシュの呼びかけで創設された計量経済学会の誕生、機関誌「エコノメトリカ *Econometrica*」の発刊（コールズの財政的援助のもと）によって現実のものとなった。学会は計量経済学のイデオロギー的中立性、自然科学の進歩によって培われた科学としての客観性を標榜した。この中立性と客観性はふたつながら、計量経済学の将来を技術化の方向に固定化することになった。

　1933年は計量経済学者による景気循環の解明が最初になされた年である。この年、ポーランドの計量経済学者M.カレツキー（M. Kalecki 1899-1970）は景気循環で周期性をつくりだすシステムを一つのモデルに構成する成果を発表、その数か月後、フリッシュは経済システムが一定の初期条件から出発していかなる時間的変動過程をたどるか（波及の問題）、経済システムの本来の減衰運動がいかにして非減衰運動となり、現実の周期を示すか（衝撃の問題）を明らかにした。カレツキー理論では、周期的循環が経済システムの内部から生み出されるとしたのに対し、フリッシュ理論ではそれが外からの衝撃によるものとし、経済システムは本質的に安定的で、均衡状態に限りなく近づくとされた。両者の理論では、経済システムの理解が決定的に異なっていた。この場合、想定された経済システムの成否を判定する基準は、経済システムの理論値が現実の循環によって得られる観察値にどの程度近似するかによる。フリッシュは、不規則な衝撃の累積が規則的な循環運動をおこすことの数学的証明に成功したE.スルツキー（E. Slutsky 1880-1948）の研究成果をとりいれ（G.U. ユール ［G.U. Yule 1871-1951］も独立で数学的証明に成功）、理論値と観測値との一致を判定基準とする技術的形式性ですぐれたモデルを構築した。

　対極にあったカレツキー理論は経済理論としては優位にたっていたが、モデルの技術的構成で不合理が指摘された。この指摘は、計量経済学を構成する数学と数理統計学の2つの要素に着目してなされたものである。以後、計量経済学の発展は理論と現実との乖離をうめることではなく、カレツキー理論とフリッシュ理論とのやりとりのなかで課題として認識された微分定差混合方程式の解法問題に向かう。

　1939年、J.ティンバーゲン（J. Tinbergen 1903-94）は『景気循環理論の統計的検証（第一部「方法と投資活動へのその適用；第二部「1919-32年の合衆国の景気循環」）でフリッシュによってなされた経済理論の巨視的動態化の成果

を受け継ぎ、これに当時ようやく系統的に経済学に適用され始めた多元相関分析をくわえ、景気循環の統計的研究と数学的に定式化された巨視的動態理論の総合としての計量経済学研究を定式化した。山田は計量経済学の方法論における現代的形態といわれるティンバーゲンの研究の特徴が、経済理論との結合関係において、かつて主役を担っていた数学に数理統計学がとってかわったことにある、と書いている[11]。

ティンバーゲン以降の計量経済学の展開は、近代経済学内部の一方での方法の開発と、他方での経済科学の解消の過程である。山田は1940年代のこの過程を、G. ティントナー（G. Tintner 1907-83）、H.T. デーヴィス（H. Davis）、J. マルシャック（J. Marschak 1898-1977）、T. ホーヴェルモ（T. Haavelmo 1911-99）、T.C. クープマンス（T.C. Koopmans 1910-85）、L. クライン（L. Klein 1920-2013）、F. モディリアニ（F. Modigliani 1918-2003）など、主としてコールズ委員会を活動の舞台とした論者の業績にみている。これらの研究成果が、戦後の計量経済学の展開を準備した。

次いで第二節「計量経済学の理論」で、山田は計量経済学の大きなテーマであった周期的な経済循環の研究が、その必然的な結果として生み出した巨視的分析と動態理論の歴史的性格に触れている。巨視的動態理論の説明では、カレツキーが論文「景気循環の巨視的動態理論」で展開したものが取り上げられている。カレツキー理論は巨視的動態理論として数学的に定式化された最初の自己完結的体系である。そこから知りうるのは、計量経済学の研究では理論モデルをごく少数の変数で構成し、未知数の変数の数に等しくなるようにそれらの関係を示す方程式を作ることが最初のステップということである。計量モデルのこの規定は、モデルに一定化、類型化をもたらす。その際、変数の選択は比較的少数の、微分または定差方程式を構成するのが可能なものにかぎられる。しかも、この条件を満たすものとしてモデルが依拠するのは、ケインズ経済学の既存の命題である。モデルの構成は、その命題に従って対象領域が定められ、変数間の諸関係が定式化されるにすぎず、そこに独自の経済学的問題意識があるわけではない。

経験的常数の決定では、問題は常識的に処理されている。使われる経済統計

---

11) 広田・山田、前掲書、146頁。

の信頼性は根拠がなく、いきおい「高級な」統計方法が用いられても、それから導出される数値的結果の妥当性は保証されない。以上を要約して、山田は次のように述べる、「現実の経済を理論模型に組み立てることを前提として出発し、そのうえにあるいは確率論に基づく諸方法をうちたて、あるいは非線形微分方程式論を展開した以上、計量経済学は理論としてではなく、単に方法として発展の自己運動をつづけざるをえない段階に入ってしまった。計量経済学が経済諸現象や諸過程の本質に対する深く鋭い洞察に基づかず、経済諸現象を単なる変数としてのみ規定し、その間の函数関係としてのみ経済諸現象をながめるという認識につらぬかれるかぎり、計量経済学の発展は結局のところ応用数学の一部門への転化に帰着せざるをえなくなる」と[12]。

　第三節「計量経済学の方法」では、計量経済学における方法の展開が述べられている。ここでは、数理統計学の方法を適用して、需要曲線を統計的に測定する試み、あるいは景気循環に関する諸理論を統計的に検証するといった試みが、その都度、方法の当否をめぐる疑問を生みだし、根強い不信が醸し出されてきた事情が指摘されている。経済時系列解析への相関分析適用の結果への不信などは、その好例である。続いて、戦後期の計量経済学の確率論的定式化では上記の疑問や不信を背景に、統計方法の一層の精密化が追及されたが、この定式化によって問題がどのように形式的に解決されたのかが解説されている。しかし、計量経済学における統計的方法の展開をみると、計量経済学がよってたつ前提（数理統計学の方法の適用）と、とらえようとする対象（経済現象）の本質との間に根深いギャップのあることがますます明るみになる。

3．計量経済学批判その後

　計量経済学はその後、是永純弘「計量経済学的模型分析の基本性格」（1965年）[13]、伊藤陽一「計量経済学におけるパラメータの確率的推定法」（1965年）[14] に

---

12) 広田・山田、前掲書、177頁。
13) 是永純弘「計量経済学的模型分析の基本性格」『経済評論』1965年1月号。
14) 伊藤陽一「計量経済学におけるパラメータの確率的推定法」『経済評論』、1965年6月号。

よって行われた。菊地進も、独自の立場で計量経済学批判を展開している[15]。

是永論文の前半では、近代経済学の内部での計量経済学的模型分析の性格と特徴が（1）模型分析の構造とその基本的特質、（2）模型分析の欠陥、（3）模型分析における統計利用上の欠陥、の順序で批判的に検討されている。後半ではO. ランゲ（O. Lange 1904-65）の主張が主としてとりあげられ、旧社会主義国での計量経済学の受容の現状と動向が批判的に検討されている。伊藤論文では、計量経済学の論理手続きに確率論的な考え方がどのように取り入れられているのか、そもそも確率的な考え方がどのような方法なのかが考察され、ついで確率的方法の経済分析への道を開いた攪乱項について、攪乱項設定の個々の理由が検討されている。これらの検討をとおして、結論として与えられているのは、計量経済学におけるパラメータが対象を方程式モデルによって認識しようとする便宜のために設けられた係数であること、それをもとめる確率的推定法が経済変量に確率的分布を付与するための方法であること、経済変量が確率的に分布するとの論拠が到底容認されえないこと、確率的推定法によって得られる推定値は現実との対応がきわめて希薄であること、などである。

菊地は計量経済学批判に関する多くの成果を出している。菊地は計量経済学が何かを考えようとすると、その歴史的変遷に目を向けることが重要である、と主張する。なぜなら計量経済学がこれまで直面してきた方法上の困難、また混乱の原因を解く鍵が計量経済学の展開そのものの中に与えられているからである。計量経済学の展開は、いわば新しい方法の開発で古い手法の欠陥を一時的に糊塗し、モデルのスクラップ・アンド・ビルドを繰り返す過程であった。計量経済学の評価をめぐる意見対立は、その有効性をめぐる対立ではなく、計量経済学＝方法説を認めるか否か、である[16]。この観点から執筆された代表的論文が、菊地進「計量経済モデルの歴史的展開について――モデル・ビルディングの方法をめぐる対立とその変遷――」（1982年）である。

---

15) 菊地進「同時方程式モデルとその計測方法の展開」『立教経済学研究』第36巻第2号、1982年。同「計量経済モデルの歴史的展開について――モデル・ビルディングの方法をめぐる対立とその変遷――」『統計学』第43号、1982年。同「構造パラメータの推定に関する考察（一）（二）」『立教経済学研究』第37巻第2号、1983年；第37巻第3号、1984年。同「計量経済モデル分析における時系列解析の復位」『立教経済学研究』第48巻第3号、1995年。

16) 菊地進「計量経済学批判の方法と課題」『統計学』49・50合併号、1986年、159-161頁。

菊地は計量経済学の歴史はモデル・ビルディングの方法の歴史であり、そこに認められるのはどのような方法が採用されるべきかをめぐる対立と混乱の歴史であるとみる。方法の採択と確立の判断基準がなかったことが計量経済学の方法的破綻の原因であった。上記論文ではこの問題意識のもとに、1940年代後半から50年代にかけて論争となった同時方程式モデルと逐次近似モデルとの対立が描かれている。

全体は2つの節に分かれている。一つは「『疾風怒濤の時代』のモデル・ビルディング」との見出しを冠し、(1) 二変数回帰法の適用をめぐるムーアとシュルツとの相違、(2) W. レオンチェフによる需給モデルの同時計測とフリッシュの批判、(3) フリッシュの「合流分析」とホーヴェルモの批判、の順序で議論が展開される。もう一つは「『方法論的反省期』のモデル・ビルディング」で、ここでは (1) ホーヴェルモによる同時方程式モデルの開発、(2) コールズ委員会のメンバーによる同時方程式モデルの精緻化、(3) A. ワルト (A. Wald 1902-50) による同時方程式モデルと逐次方程式モデルの提唱という叙述の運びになっている。

次に、経済計画分野へのその適用の問題点、および限界を論じた成果の紹介に移りたい。大橋隆憲『日本の統計学』の末尾に掲げられた「日本の統計学の課題」(1965年)[17] の「結びにかえて」で大橋は社会統計学の課題、すなわち計量経済学批判(「中期経済計画」批判)を特にとりあげている。この当時、数理形式主義批判という課題がいかに重要であったか、がわかる。大橋は数理形式主義の横行を批判することは社会の発展にとって有益であるが、それは社会進歩の歯車を逆転させようとする反動理論を阻止しなければならないから、と述べる。しかし、批判だけでは歴史の歯車それ自体を前進させることはできない。大橋は批判のための統計学は現状分析のための統計学へ進まなければならない、と述べる[18]。また、こうも書いている、「統計方法はより広い実証方法の一部分にすぎない。もし、この限局性を忘れて、統計方法自体の狭い領域に閉じこもって自足的体系を完結せんとするならば、集団現象⇒大数法則⇒統計的法則というような、現実と理論のいずれからも絶縁された袋小路へ迷い込ん

---

17) 大橋隆憲『日本の統計学』法律文化社、1965年。
18) 大橋、前掲書、269頁。

でしまうだろう。このようなひとりよがりの弊に落ちいることを防ぐためには、常に、統計方法を、理論と現実、それを媒介する実証方法、の一部分としてとらえることである。統計方法の役割を過大視することは、それを無視することと同じく、危険であり有害である。まず統計方法および実証方法の領域をはっきり意識することが共同研究体制へ加わる第一歩である。……最後に、数理的方法や統計方法を、その前提する諸規定の限界内で使用し、限界外の使用までも科学的であるかのような肥大症的誇大宣伝をつつしむことを提案し、本書の結びとする」と[19]。警鐘とすべき指摘である。

　他に吉田忠「経済計画と計量経済モデル」(1975年)[20]、山田貢「日本の経済計画と計量経済学」(1982年)[21]が重要である[22]。これらのうち吉田論文は、経済計画の作成方法とその内容としての政策体系との関連を歴史的に追跡、分析し、日本の経済計画が経済自立五か年計画のコルム方式以降、経済計画の作成方法と国民所得勘定との連携を意識的にはかり、所得倍増計画を経て中期経済計画の中期マクロモデルに至って両者の結びつきは成熟したこと、しかしそこには計画の形式性の確保（国民所得勘定を基礎とする計画作成）と計画内容である経済政策とのズレも萌芽的にあらわれ、その後の計画策定ではこのほころび、すなわち計画の形式と内容とのずれが拡大していったこと、1973年の経済社会基本計画でその破綻が明確になったことを明らかにした。吉田の計量経済学批判のスタンスは「科学方法論としての誤謬という方法論的批判の延長線上になされた、という特色をもっており、経済計画における機能と役割に関しても基本的には宣伝—粉飾効果以上のものを認めない、という帰結をともなうものであった。それは弁護論的イデオロギー批判の立場にたつ一部の論者の見解、すなわち計量経済学は国独資的政策体系の企画・推進過程において、一定の方法論的有効性をもつはずだ、という見解を実証的に反論するものであった」と

---

19) 大橋、前掲書、269-70頁。
20) 吉田忠「経済計画と計量経済モデル」『経済論叢』第115巻4・5号、1975年（『数理統計の方法——批判的検討』農林統計協会、1981年、所収）。
21) 山田貢「日本の経済計画と計量経済学」山田貢・近昭夫編『経済分析と統計的方法（経済学と数理統計学Ⅱ）』産業統計研究社、1982年。
22) 関連して筆者には次の論文がある。岩崎俊夫「日本の経済計画と産業連関モデル——モデルの斉合性をめぐって——」『北海学園大学経済論集』第35巻第2号、1987年。

述べている[23]。この分野では他に、山田耕之介 "Economic Planning in Japan Critically Examined"（1965年）[24]、吉田忠「日本の経済計画と計量経済モデル」（1971年）[25] が計量経済モデルの経済計画分野への適用を、社会科学方法論の視点に立脚して批判を加えた。

他方、濱砂敬郎「マクロ経済的計画値の基本性格」（1982年）[26] は、「反映・模写論」の視座から国家の行財政過程での統計利用、とりわけ経済計画における国民所得勘定と計量経済モデルの利用実践を社会科学的に考察した。濱砂の議論は吉田の「統計利用論における『主体』をめぐって」（1985年）で取り上げられ、結果的に両者の間に計画の政策課題と計量モデルによる計画値との対応関係や統計調査論・利用論における「主体」の位置付けと評価について、見解の相違のあることが浮き彫りになった[27]。ここでは、そのことを指摘するに留める。

ところで1970年代後半から、社会統計学者のなかに計量経済モデルに一定の有効性を期待し、政策分野でそれを利用する試みが登場した（産業連関分析についても同様）[28]。そうした試みに理論的基礎を与えたのが、野澤正徳「数量モデル分析と統計学・蜷川理論（1）」（1976年）[29] である。野澤はこの論文で、社会統計学の分野にみられた経済分析への数量的方法の適用への否定的見解を覆すことを試みた。具体的には代替的経済計画の作成、分析のために、計量経済モデルあるいは産業連関分析を積極的に活用することの推奨である。ここで言う代替的経済計画とは、政府が作成する経済計画を念頭に、しかし基本的前提を

---

23) 吉田忠「経済計画と計量経済モデル」『経済論叢』第115巻第4・5号、1975年（『数理統計の方法――批判的検討』農林統計協会、1981年、所収、235頁）。
24) Konosuke Yamada "Economic Planning in Japan Critically Examined", *Keio Economic Studies*, 1965.
25) 吉田忠「日本の経済計画と計量経済モデル」『経済』第92号、1971年。
26) 濱砂敬郎「マクロ経済的計画値の基本性格――統計利用論の展開のために――」（『経済学研究』第47巻第2・3号、1982年）（「統計利用論の基本視角」大屋祐雪編『現代統計学の諸問題』産業統計研究社、1990年、所収）。
27) 吉田忠「統計利用論における『主体』をめぐって――濱砂会員へのお答えを兼ねて――」『統計学』第48号、1985年。
28) 1970年代後半から80年代半ばまでの計量経済学の動向については、菊地進「計量経済学批判の方法と課題」『統計学』49・50合併号、1986年、参照。
29) 野澤正徳「数量モデル分析と統計学・蜷川理論（1）」『経済論叢』第138巻第2号、1976年。

異にする別の代替可能な計画のことである。代替的経済計画の作成、分析のためには、そこに含まれる政策の測定と比較とが不可欠である。その際、重要な前提となるのは、現行の経済システムの構造と機能に関する知識である。また代替的経済計画の作成には、数量的方法が必要である。なぜなら(1)経済現象は数量的性格を帯びており、経済現象の諸要因の多くは経済量・経済変数として数量的規定をともなうからであり、(2)経済現象の諸要因間の個別の連関は、他の個別の連関と結びついているので、それらの相互連関の数量的関係を把握するには、その総体を反映した数量的方法が必要であるからであり、(3)政策手段の効果を分析するには、それにふさわしい数量的方法が不可欠であるからである。これらの必要性に応える数量的方法は、諸経済量の数量的相互依存関係を表現する数量(数理)経済モデル＝連立方程式体系の作成である[30]。

その具体的な数量モデルとして、野澤は企業規模別産業連関分析、社会階層別計量モデルをあげている。小川雅弘「日本経済の社会階層別計量モデルの作成」(1982年)[31]、「社会階層別計量モデルのシミュレーション――階層別政策の効果分析――」(1983年)[32]、「階層別計量モデルの意義と限界」(1983年)[33]は、その具体的試みである。

4．経済学における数学利用

経済学者はもともと数学利用に積極的でなく、経済学への数学利用に対して批判的見解を有していた。K. マルクス (K. Marx 1818-83)、J.M. ケインズ (J.M. Keynes 1883-1946) しかり、A. マーシャル (A. Marshall 1842-1924)、J.S. ミル (J.S. Mill 1806-73)、T.R. マルサス (T.R. Malthus 1766-1834) も懐疑的であった。しか

---

30) その一つの集約的成果は、次の著作である。置塩信雄・野澤正徳編『日本経済の数量分析――危機的現状と民主的計画――』大月書店、1983年。「日本経済の民主的改革と社会主義の展望」(『講座 今日の日本資本主義』第10巻、大月書店、1983年) は、この書の前段の成果である。
31) 小川雅弘「日本経済の社会階層別計量モデルの作成」『経済論叢』第130巻第5・6号、1982年。
32) 小川雅弘「社会階層別計量モデルのシミュレーション――階層別政策の効果分析――」『経済論叢』第131巻第1・2号、1983年。
33) 小川雅弘「階層別計量モデルの意義と限界」『統計学』第44号、1983年。

し、19世紀以降の自然科学や技術の目覚ましい発達と近年のコンピュータを中心とした情報基盤の拡充は、それを担った数学への評価を高め、いわば「外圧」として経済学者も数学利用に対する誘惑にかられた。しかし、その成り行きは悲惨な結末をむかえた。すなわち、経済学はそこに数学が使われれば使われるほど現実から遊離し、現実的有効性を示した例は何一つ現れなかった。このように書いたのは、山田耕之介である（「経済学における数学利用と経済学の数学化」）[34]。

　経済学における数学利用の意義と限界についての議論は、戦後における社会統計学の展開の早い時期から開始された。それは斯界の統計学が取り組んだ数理統計学の批判的検討と無関係でない。経済学における数学利用にしても数理統計学の活用にしても、それらに共通しているのは、そこに数量なり数値が多用されるだけでなく、数学的論理に、経済学の対象認識を深めるとの期待がよせられ、つまるところ数学にその役割が託されたということである。

　以下では、主要な研究成果を示すが、論点整理を予め与えておくと、概略、以下のとおりである。まず自明のこととして、経済学に数学が利用される根拠が問われなければならない。次に数学利用という場合、数学とは何かが正確に定義されなければならない[35]。よく知られているのは、数学は量と空間の諸形式に関する科学（論理学の一形態）であるという定義であるが、それらの定義はどのような根拠で経済学の論理と整合するのかが問題にされなければならない。また数学が社会科学とりわけ経済学に適用される場合、それが経済学の対象のどの側面の分析にいかされるのか、という問題がある。対象の量的側面（量的依存関係）とするのが通常の言い方があるが、それでは社会現象の質的側面と量的側面とは何か、両者の関連はどうであるのか、経済学でいう量（経済量）と数学でいう量とは類似したものなのか、異なるものなのか、などが論点となる。

　経済学における数学利用の意義と限界という議論に取り組んだのは、是永純弘、山田耕之介、杉森滉一である。是永純弘は、とくにこのテーマで系統的に論文を執筆した。是永には、上記論文の他に、数学利用に積極的だったF. オッテ

---

[34] 山田耕之介「経済学における数学利用と経済学の数学化」『金融経済』（金融経済研究所）第200号、1983年。

[35] G.I. ルザビン／山崎三郎・柴岡泰光訳『数学論——数学的認識の本性——』岩波書店、1977年。（Г.И. Рузавин. О Природе Математического Знания ［Очерки по методологии математики］, 1968）

ル（F. Ottel）、F. カウフマン（F. Kaufman）、G. カーデ（G. Kade）などの論者の見解を仔細に検討した研究、また計量経済学、公理論的経済学に対する多くの批判論文がある。以下に、その是永による先駆的業績を掲げる。「經濟學に於ける數學的方法の意義について」(1953年)[36]、「経済学における数学利用の意義について——西ドイツにおける最近の論争——」(1958年)[37]、「経済学における数学的方法の利用について」(1959年)[38]、「経済理論の公理論化について」(1962年)[39]、「経済学研究における数学利用の基礎的諸条件に関する研究」(1962年)[40]、「経済研究における数学の適用条件」(1964年)[41]、「計量経済学的模型分析とは何か」(1965年)[42]、「数学的方法の意義と限界」(1969年)[43]などである。

　これらのうち是永純弘「経済学における数学的方法の利用について」を紹介したい。その主張のポイントは、諸科学の研究に数学的方法を有効に適用するさいには譲ることのできない原則（諸科学において個々の経験資料ないし認識材料から一般的関係を導出する研究方法［広義］は、諸科学の方法の統一的原理としての研究様式［一定の「叙述様式」］である）があり、数学的方法はこれに従属し、これを補足する科学的研究操作（解析操作）の一つにすぎないので、数学的解析操作は、他の研究手段としての概念操作、実験、統計などと統一されて初めて「研究様式」の資格を部分的に獲得する、という言明に示される[44]。研究操作の一つとしての数学的方法は、概念分析操作の特殊な形態である。そのため、数学以外の諸科学への適用範囲は狭い。なぜなら、数学の固有の対象は現実の諸科学の質的規定性を捨象した量的諸関係と空間的諸形式であり、事物のより複雑な運動形態の研究に果たすその役割は制約されているから

---

36) 是永純弘「經濟學に於ける數學的方法の意義について」『經濟學研究』第5号、1953年。
37) 是永純弘「経済学における数学利用の意義について——西ドイツにおける最近の論争——」『経済学研究』第13号、1958年。
38) 是永純弘「経済学における数学的方法の利用について」『思想』418号、1959年。
39) 是永純弘「経済理論の公理論化について」『経済研究』13巻1号、1962年。
40) 是永純弘「経済学研究における数学利用の基礎的諸条件に関する研究」1962年（『経済学と統計的方法』八朔社、2000年、所収）。
41) 是永純弘「経済研究における数学の適用条件」『経済志林』第32巻2号、1964年。
42) 是永純弘「計量経済学的模型分析とは何か」『統計学』第15号、1965年。
43) 是永純弘「数学的方法の意義と限界」『講座 マルクス主義哲学3（現代科学と唯物論）』青木書店、1969年。(『経済学と統計的方法』八朔社、2000年、所収)。
44) 是永純弘「経済学における数学的方法の利用について」『思想』第418号、1959年、479頁。

である。諸科学における数学的方法利用の一般的な意義とその限界に関する以上の指摘は、経済学研究の場合にも当てはまる。経済学の究極の課題は、歴史的存在としての社会における人間関係であり、その社会の運動法則の解明である。経済学の研究方法＝「研究様式」は、この対象の複雑な運動形態によって規定されている。数学的方法は、この規定のもとで補助的に利用される。関連して、統計数字（統計操作）の活用も同様に位置付けられるが、数学的方法とはまた別個の固有の問題を含んでいる。すなわち、統計数字は、社会的経済的な諸量と同じように、数学があつかう超時間的、超空間的次元に属さず、歴史的現象を反映する。是永は社会的集団のもつこの特有の性格ゆえに、確率論や大数法則の適用が困難な事情を、物理学の事情と対比して、詳しく述べている。

この論文の後半では、数学的経済学で数学的方法がどのような論拠で可能とされているかが批判的に考察されている。とりあげられているのは、均衡論基調の数学的経済学（L. ワルラス［L. Walras 1834-1910］、V. パレート［V. Pareto 1848-1923］）、確率論基調の計量経済学（L. クライン［L. Klein 1920-2013］）、公理主義的経済学（O. モルゲンシュテルン［O. Morgenstern 1902-76］）である。

杉森滉一は論文「現代経済学と数学的方法」（1975年）で[45]、経済学の数学利用を正当化する見解について、その論拠を四つに分類し、それらを逐一批判的に検討している。四つの論拠は、(1) 経済現象は量的であるがゆえに経済現象の科学的研究である経済学は数学的でなければならないとする見解（「数量的、ゆえに数学的」説）、(2) 経済理論は経済諸量間の相互依存関係を研究するべきであり、これらは関数関係でもっとも精密に表現されるので経済学は関数を通して数学化せざるをえないとする見解（関数関係説）、(3) 経済理論の論理構造を厳密化すればそれは数学で示されているものと同じになる、ゆえに経済学は厳密な科学であろうとすれば数学的にならざるをえないとする見解（公理主義的利用論）、(4) 数学利用の根拠を、数学が理論を厳密に進めうることに求める見解（「数学＝論理」説）である。

---

45) 杉森滉一「現代経済学と数学的方法」是永純弘編『現代経済学の方法と特質（講座・現代経済学批判Ⅰ）』日本評論社、1975年。

5．むすび

　本章では、1950年代後半から90年までの計量経済学批判の一連の業績、また経済学における数理的方法の適用に関する議論を紹介した。ここでは、計量経済学批判の方法論について、吉田と山田の微妙に相違する見解に触れ、次いで広田・山田論文を計量経済学そのものの展開を念頭に要約し、この延長線上で是永などの仕事をフォローした。こうした一連の計量経済学批判は、時期的には推計学批判、標本調査論批判に継続して行われた産業連関論批判とほぼ時期を同じく展開された。

　計量経済学あるいは経済学における数学利用を批判した論者は、しばしば数学利用を全面否定しているかのように誤解されることがある。この見解は正確でない。例えば、是永は数学的方法、統計数字の利用価値の限界に言及しているが、それらが経済研究における対象の量的側面の把握と分析に一定の意義をもつことまで否定しているのではなく、「数学的方法は……理論または方法の認識、とくに量的側面の分析の補助手段として、直接に使用される一方、理論・法則の定式化とその検証の過程における、研究材料としての統計数字の数理的分析として、間接的に、つまり、統計的研究操作との相互関係においても正しく利用されなければならない」と述べている[46]。この点を、本章の最後に確認しておく。

　ところで、経済学における数学利用は計量経済学プロパーの本領であったが1970年代に入って、京都、東京、大阪、名古屋などの地方自治レベルで革新自治体が住民の多くに支持されるなかで、民主的政策を打ち出し構築する目的で、一部の社会統計学者は、経済学への数学の適用、また数理的方法の積極的活用を唱え始めた。野澤正徳、木下滋などである。池永輝之はこれらの論者の見解を紹介しながら、この動向を批判する論文を公にした。サーヴェイ論文「経済学における数学利用」である[47]。池永はこの論稿に先立ち、マルクス経済学内部での数学利用を積極的に主張した論者の見解を批判する論文を書いている。池永輝之「経

---

46) 是永、前掲論文、56ページ。
47) 池永輝之「経済学における数学利用」『統計学』第49・50合併号、1986年。

済学と数学利用――関恒義教授の所説の検討――」(1983年) がそれである[48]。

また筆者は「民主的計画化のマクロ計量モデルに関する一考察――検討：モデル・政策・理論の「整合性」――」(1992年) で、この民主的計画化のマクロ計量モデルにたいする評価を行った[49]。

[48) 池永輝之「経済学と数学利用――関恒義教授の所説の検討――」『岐阜経済大学論集』第17巻第2号、1983年。
[49) 岩崎俊夫「民主的計画化のマクロ計量モデルに関する一考察――検討：モデル・政策・理論の「整合性」――」『立教経済学研究』第45巻第4号、1992年(『統計的経済分析と経済計算の方法と課題』八朔社、2003年、所収)。

第 9 章
産業連関論とその応用

1．論点と関連論文

　戦後，計量経済学を基礎としたモデル分析とともに注目された経済学的手法として産業連関分析がある。この分析手法は，産業連関表という特殊な総合加工統計をベースに計算された投入係数あるいは逆行列係数を利用し，所与の最終需要に対応する産業部門別均衡産出量を導出する方法である。

　産業連関表とその分析手法は，ロシア生まれのアメリカの経済学者 W. レオンチェフ（W. Leontief 1906-99）によって開発された（W. レオンチェフ『アメリカ経済の構造』[1941年][1]）。この分析手法は第 2 次大戦後，アメリカで経済予測に用いられ，その「有用性」が認められてから急速に各国に普及した。

　連関表は主要国で定期的に作成され，制度化された統計の一つである。日本では1955年（昭和30年）7 月に公表された昭和26年表（通商産業省・経済企画庁）が最初で，以来，全国表が 5 年周期で作成されている。現在，同表の作成は全ての都道府県で，また複数の主要都市で実施され定着している。

　産業連関分析の適用はさまざまで，個別的な波及効果分析に多用される他，経済計画での利用の原型は中期経済モデル（1965年［昭和40年］1 月策定，計画期間［昭和39年〜43年］）で示された。すなわち，このモデルは計量経済モデルと産業連関（モデル）分析とが連動するシステムの中で作動し，前者のモデルで与えら

---

[1] W. Leontief, *The Structure of American Economy, 1919-1929.* Cambridge: Harvard University Press, 1941.（山田勇・家本秀太郎訳『アメリカ経済の構造——産業連関分析の理論と実際』東洋経済新報社，1969年）。

れた最終需要の予測値から産業部門別にブレイクダウンした均衡産出量がもとめられる仕組みになっている。種々の経済効果分析は大方、このような産業連関分析の利用方法に準じている。

産業連関分析の推奨は当初、均衡論的近代経済学者とそれに追随する官庁エコノミストによって行われた。この分析手法の信奉者の対極で、社会統計学の担い手の側から、その問題点を体系的に明らかにしたのは山田喜志夫である。山田（喜）は「産業連関分析の基本性格」(1958年)[2]で、産業連関分析の理論的基礎を解明し、その分析手法の理論的方法論的限界を指摘した。主要論点は硬直的生産関数の一種である投入係数の問題点（この生産関数の一次性、同次性、固定性）とこの手法の物量的均衡論的性格のそれである。産業連関分析批判の原型を示した古典的論文である。産業連関分析批判の論文は、野澤正徳「静学的産業連関論と再生産表式(1)(2)」(1967-67年)[3]、伊藤陽一「産業連関論と地域産業連関論」(1967年)[4]、長屋政勝「産業連関論」(1974年)[5]、岩崎俊夫「産業連関分析の有効性について」(1979年)[6]、「産業連関分析と経済予測」(1980年)[7]、「産業連関論的価格論の批判」(1982年)[8]、「産業連関分析の有効性に関する一考察」

---

2) 山田喜志夫「産業連関分析の基本性格」『統計学』第7号、1958年（『再生産と国民所得の理論』評論社、1968年、所収）。
3) 野澤正徳「静学的産業連関論と再生産表式(1)(2)」『経済論叢』第98巻第6号、1966年；第99巻第4号、1967年。
4) 伊藤陽一「産業連関論と地域産業連関論」『開発論集』（北海学園大学開発研究所）第1巻第3号、1967年。
5) 長屋政勝「産業連関論」山田喜志夫編著『現代経済学と現代（講座・現代経済学批判Ⅲ)』日本評論社、1974年。
6) 岩崎俊夫「産業連関分析の有効性について」『経済学研究』（北海道大学）第29巻第3号、1979年。
7) 岩崎俊夫「産業連関分析と経済予測——RAS方式による投入係数修正の妥当性について——」『経済学研究』（北海道大学）第30巻第1号、1980年。
8) 岩崎俊夫「産業連関論的価格論の批判」『経済分析と統計的方法』産業統計研究社、1982年。筆者はこの内容を「第3回投入—産出技法ハンガリー会議」（ヘーヴィス、1981年）で報告した。Toshio Iwasaki, Reconsideration of Input-Output Analysis Applied to Problems of Price Movements in Japan, *Proceedings of the Third Hungarian Conferences on Input-Output Techniques*, Statistical Publishing House, Budapest, 1982. Toshio Iwasaki, "A Note on the Usefulness of Price Stabilization Analysis Applied to Researches of Price Movements in Japan—Reconsideration from a Methodological Viewpoint—" *Hokudai Economic Papers*, Faculty of Economics and Business Administration, Hokkaido University, vol.XI, Sep. 1982、

(1982年)⁹⁾、「産業連関表の対象反映性」(1983年)¹⁰⁾、「日本の経済計画と産業連関モデル」(1987年)¹¹⁾、Toshio Iwasaki, "A Note on the Usefulness of Price Stabilization Analysis Applied to Reserches of Price Movements in Japan—Reconsideration from a Methodological Viewpoint—" (1982) がある。それらの多くは山田論文を敷衍、継承、展開したもの、あるいは視点を異にして批判的検討を行ったものである。これらとは別に、各国の連関表を活用し、経済構造の変化の実証分析を試みた例があるので、注意を喚起したい。良永康平「EC 諸国の産業連関構造 (1)(2)」(1987年)¹²⁾、「産業連関表による西ドイツ経済の構造変化分析──80年代を中心に──」(1990年)¹³⁾、「日欧産業連関構造比較」(1991年)¹⁴⁾ などである。良永康平『ドイツ産業連関分析論』(2001年)¹⁵⁾ に集約される成果である。

以下ではまず、上記の山田論文の内容を振り返り、次いで野澤正徳による連関論批判を確認する。後半では、産業連関分析の手法をマルクス経済学の観点から剰余価値率計算に取り込んだ泉弘志の業績(泉方式)、また民主的革新陣営の立場に立脚した生活基盤整備型公共投資への連関分析の活用を試みた木下滋、土居英二の研究成果に言及する。なお、泉方式に対しては、山田貢および筆者からの疑問点を整理し、くわえて泉による筆者の見解に対する指摘へのコメントを付す。

2　産業連関論の基本性格

(1)　産業連関論の批判的検討(山田喜志夫)

山田喜志夫は上記論文の第一節で「産業連関分析の理論構造」を解説し、第

　　も参照。
9)　岩崎俊夫「産業連関分析の有効性に関する一考察──その具体的適用における問題点──」『研究所報』(法政大学・日本統計研究所)第 7 号、1982年。
10)　岩崎俊夫「産業連関表の対象反映性」『北海学園大学経済論集』第30巻第 4 号、1983年。
11)　岩崎俊夫「日本の経済計画と産業連関モデル」『北海学園大学経済論集』第35巻第 2 号、1987年。
12)　良永康平「EC 諸国の産業連関構造 (1)(2)」『統計研究参考資料』第27号、28号、1987年。
13)　良永康平「産業連関表による西ドイツ経済の構造変化分析──80年代を中心に──」『関西大学経済論集』第40巻第 3 号、1990年。
14)　良永康平「日欧産業連関構造比較」『統計学』第60号、1991年。
15)　良永康平『ドイツ産業連関分析論』関西大学出版部、2001年。

二節で「産業連関分析批判」を行っている。前者の理論構造の解説では、クローズド・モデルで、続いてオープン・モデルで、静学的レオンチェフ体系の構造が解き明かされている。ここでは、各部門の産出量が投入係数（ある種の技術係数）を使った恒等式で表現され、投入係数を用いて計算されるレオンチェフ逆行列の利用によって、所与の最終重要に対応する各部門均衡産出量が導出されるプロセスが示されている。連関分析は物量分析にも、価格分析にも適用可能だが、基本は前者である。

次に問題の連関分析であるが、最初に連関分析が他の計量モデルと同様に過去の経済構造を不変とし（原則的に）、これが将来に延長される手だてであることが確認される。この点を押さえたうえで、次に投入係数に関する問題点、連関分析の物量均衡論的性格と需要偏重的性格が論じられる。

連関分析では投入係数を一定として計算が行われるところに、ポイントがある。しかし、現実には投入係数は技術の変化、新技術の採用、代替によって変化する。技術の変化にともなって投入係数がただちに修正されればよいが、モデルはそれを許容しない。技術変化がないとしても、投入係数は実際には価格を媒介に算出される。しかし投入係数一定の仮定は部門生産物の価格の比率が一定であることを仮定とする。資本主義的商品生産社会では、各部門生産物の商品の価格はたえず変化するのが常態であるから、一般に相対価格の変化は免れない。それにもかかわらず、投入係数一定の仮定は連関分析の絶対的条件なので、連関分析は非現実的な仮定のもとでの試算となる。

投入係数は硬直的な生産関数の一種で、3つの仮定のもとに成立する。生産関数の一次性の仮定、生産関数の同次性の仮定、固定的投入関係の仮定である。生産関数の一次性の仮定とは、投入量が産出量に比例する一関数の型をもつという意味で、これは生産の最適規模の否定、収穫逓減あるいは収穫逓増の法則の否定である。生産関数の同次性の仮定は、経常投入における固定費用部分を無視することにつながり、現実的でない。固定的投入関係の仮定は、個々の投入額が増加してもそれに対応して総産出量が増加しないという仮定で、当該部門の他のすべての投入される生産物も一定の比率で比例的に増加しなければ、産出量が増加しないという、これも非現実的な想定である。これらの前提はいずれも、連関分析の現実性を担保せず、それが近似的形式的計算にすぎない決

定的要因である。

　山田（喜）は産業連関分析が物量的均衡論にたつことを問題視している。連関分析では、各部門生産物の総供給（＝総産出量）がすべて他部門への投入すなわち中間需要および最終需要と均衡している。生産過剰による滞貨、在庫の存在は反映されない。また、レオンチェフ体系では、価格は物量の均衡配分の機能を果たさず、いかにして物量的均衡が成立するかは示されない。レオンチェフ体系は価格の機能しない実物の世界における実物分析である。山田（喜）は、このことをレオンチェフ体系における価格論の検討をとおして再確認している。レオンチェフ自身、自らの理論が「一般均衡論」を一国民経済の部門連関の研究に適用したもの、と述べている。レオンチェフ体系は、ワルラス流の一般均衡論の系譜上にあるその特殊理論である。

　最後に山田（喜）は連関分析が最終需要を所与として、それに対応する各部門産出量をもとめることについて、最終需要が産出量と独立に外生的に与えられるとする計算メカニズムが現実の生産と需要の関係を転倒させていること（セイ法則の裏返し）、それが有効需要の原理、注文生産の原理に依拠していること、過剰在庫や隘路の存在が無視され、需要があればこの需要量に対応して生産物量が波及的に増加する経済観にたっていること、固定資本の投資額が最終需要の構成項目とされるので固定資本の投資配分計画は連関分析の対象外にならざるをえないこと、産業連関といってもそれはただ諸部門生産物間の技術的連関、物量的連関のみがとりあげられ、部門生産物が資本制商品の形態をとり、この諸商品に対する需要供給がたえざる不均衡のもとにあるという現実的意識を欠いていること、を指摘している。山田（喜）はこれらの諸点に、産業連関分析の基本性格を読み取っている。

(2)　産業連関論の批判的検討（野澤正徳）

　山田（喜）の議論の延長線上で、野澤正徳は「静学的産業連関論と再生産表式 (1) (2)」、伊藤陽一は「産業連関論と地域産業連関論」で、この分析手法の意義と限界について論じた。

　野澤は上記論文で産業連関論に体系的な価値・価格論がないこと、その部門区分の基礎に使用価値的視点、物的・技術的視点が一貫していること、産業連

関論とワルラス一般均衡論が親和性をもつこと、ケインズ的経済循環論を拡張した側面をもっていること、社会主義諸国での評価に難点があることを指摘した。伊藤論文では地域分析の有力な数理的手法として評価された地域産業連関分析（アイザードモデルなど）の有効性が批判的に検討されている。

野澤、伊藤が当該論文を執筆した1960年代は、産業連関論が脚光を浴びた時期である。経済政策、予測へ産業連関分析を応用することで、その成果が期待された。マルクス経済学の分野でも、産業連関表を使って再生産分析を行う試みが登場した。旧社会主義諸国でも、国民経済計画と管理に、産業連関論と連関分析が適用できるという議論が起こった（マルクス経済学をベースとし、ソ連では名称は産業連関論ではなく、部門連関バランス論と呼ばれた）。

野澤論文はその産業連関論、連関分析をマルクス経済学、一般均衡論、ケインズ経済学と対比しながら批判的に検討したものである。理論的基礎の検討が重要であるとの問題意識のもとに書かれた論文である。議論の対象は、静学的産業連関論の範囲である。

最初に、産業連関論に体系的な価値・価格論がないという上記の指摘がある。このことを、総労働費用および相対価格論の検討から導き出している。連関分析では各生産物1単位を生産するために必要な直接間接の総労働費用をもとめることができるとされる。しかし、その内容を仔細に検討すると総労働費用は各産業の異質の有用労働であり、これらは本来、加算しえない。労働相互の通訳を可能にする抽象的人間労働の概念は、そこにはない。この事態を回避するために、連関論では1ドルあたりの労働量（あるいは生産量）という特殊な単位をもちだすが、この措置は便宜的措置である。また、ある生産物1単位あたりの総労働費用がその生産物を生産するための直接労働費用と中間生産物のそれとの和としてとらえられ、後者は再びその生産に要した固定資本部分と可変資本部分の和に分解され、遡及計算が繰り返される。これは「V+M」のドグマに繋がる考え方である（この指摘は、野澤より早く、山田喜志夫「産業連関分析の基本性格」『統計学』第7号、1958年、28頁、『再生産と国民所得の理論（第10章）』、1968年、299頁、にある）。さらに総労働と等置される P_i/P_0 は、賃金率の客観的経済的規定を欠いた現象的な商品交換比率の表現にすぎない。

野澤はさらに産業連関論の部門区分の基礎にある使用価値的視点、物的・技

術的視点（生産手段・消費財生産部門の区分、物的生産領域と非物的生産領域の区分の視点の欠如）および完全競争にもとづく長期的均衡の前提にみられる非現実性を、この経済理論の本質的難点として挙げる。

　それでは静学的産業連関論は、現実の経済現象・過程の何を反映しているのだろうか。野澤はそれが物量的技術的生産体系の分析であることを指摘して、この問いに対する回答としている。需給均等方程式および産出量決定は、物量的視点からとらえられたものであることは自明であり、価値的需給均等式も価値的均衡産出量も物量的なそれらに還元されうる。この論点を契機に、野澤は産業連関論とワルラス一般均衡論との関係についての考察に入る。

　産業連関論とワルラス一般均衡論は、諸産業および諸生産要素の全般的相互依存関係を、完全競争と静態的均衡を前提としている点で共通している。両者は広義の一般均衡論に属する。しかし、一般均衡論では需給量、生産係数が価格の関数であり、市場均衡論が限界効用説および限界生産力説と結合している。これに対し、産業連関論では産出量決定機構と価格決定機構とが分離し、利潤率と効用の「極大化原理」が表に出てこない。産業連関論の産出量決定では、企業の利潤動機にもとづく生産活動を調整する価格変動・価格メカニズムや生産量と価格の相互依存関係が捨象されている。価格次元の視点はあるとしても、それは「貨幣ベール」に過ぎない。また、一般均衡論では各産業間の中間需要が捨象されているのに対し、産業連関論ではこれを明示的に取り込んでいる。

　レオンチェフ均衡概念の基本性格は、ワルラスと同様、完全競争下の静態的定常的均衡である。野澤はここで一歩ふみこんで、産業連関論における静態的定常的均衡と均衡値の安定条件・正値条件の両者を批判する。前者では、均衡の同時的瞬間的成立が想定されていること、同じことであるが均衡の成立過程の分析が欠けていることが問題とされる。後者では、均衡値の安定条件・正値条件が単なる技術的条件にすぎず、それも均衡の一面である素材的均衡条件のみを安定（均衡）条件として絶対化する轍をふんでいる。

　次に、野澤は産業連関論とケインズ理論との関連を検討している。結論として、ケインズ的な循環の把握の仕方は産業連関論的循環把握の「短絡的理論」であるが、産業連関論は各産業部門の多部門分割の要素を導入した点で（国民経済の超巨視的理論にとどまらず）、再投資需要の分析、したがって生産構造

の分析を含んでいる点で（ケインズには欠けていた）ケインズ理論を拡張した理論であること、両理論の核心である産出量波及効果分析と所得乗数効果との間には波及構造の点で共通性があること、ケインズ理論の基礎をなす有効需要の論理が産業連関論の基礎にも貫かれていることが指摘されている。

以上の個々の指摘を補うために、野澤はポイントとなる連関分析のプロセス、均衡値の正値条件・安定条件であるホーキンス・サイモンの定理、ケインズの国民所得循環、産出量波及効果と所得乗数効果を詳細に解説している。

（3）　東欧諸国における産業連関論

産業連関分析は旧社会主義国でも評価を受け、経済の計画化に適用する可能性が検討された[16]。ただし、産業連関表は部門連関バランスと名称を変え、基礎におかれた経済理論はマルクス再生産論（再生産表式）であった。本稿で野澤は部門連関バランス（分析）のマルクス再生論的基礎づけに携わった代表的論客、O. ランゲ（O. Lange）、В.С. ネムチーノフ（В.С. Немчинов）、H. マイスナー（H. Meiβner）の議論を検証し、その問題点を摘出している。論旨は以下のとおりである。

ランゲは次のような議論を展開した。再生産にはどの社会構成体にも共通する物質的技術的性格（生産手段と労働力の結合の仕方）をもった一定の関係が存在する。この物質的技術的関係は、バランス的依存関係をもつ。ランゲはこうした関係を生産の技術的バランス的法則と呼び、それが生産力に依存するとした。技術的バランス的法則を定式化した後に、ランゲは資本主義経済における社会的総生産物の再生産過程を反映した再生産表式をとりあげ、再生産の均衡条件の解明を試みる。ランゲの解釈では、再生産の条件はとりもなおさず均衡条件と理解された。さらに投入産出分析（産業連関論）がマルクス再生産表式の発展であることの論証にとりかかり、再生産表式の数学的展開と部門連関バランスの体系構築を図った。

野澤は、以上のランゲの再生産論の問題点を批判的に検討して、次のように結論づける。ランゲの再生産理解（再生産の物質的技術的理解）は、その歴史

16）野澤正徳「静学的産業連関論と再生産表式（2）」『経済論叢』第99巻第4号、1967年

的規定性を捨象した超歴史的な視点にたったものである。再生産の一般的条件＝法則は、一定の技術的条件（社会的生産物の二部門分割・三価値構成）を前提とし、生産諸要素の再生産と補塡の関係、社会的分業の編成をとおして社会的関係が再生産される過程として貫かれる。ランゲの再生産理解には、こうした観点がない。再生産表式分析の課題は、再生産の均衡条件を明らかにすることが目的なのではなく、その条件が不断の諸動揺を通じて終局的に貫徹することを示すこと、再生産過程にあらわれる内的矛盾とその激化の不可避性を解明することである。投入産出分析を再生産分析の発展とみなす見地は、ランゲの再生産論理解の延長線上に出てくる結論であるが、形式的な数学的操作だけで両者の原理的同一性と発展継承関係を説くのは誤りである。

　ネムチーノフは、上記のランゲの再生産論理解に対し、その産業連関論と再生産表式論の同一視を批判するものの、ランゲ自身の再生産表式の数学的分析を再生産表式の多部門化と動学モデルの構成に関する功績と評価する。すなわち、ネムチーノフは産業連関論にみられる社会的生産物の二部門分割・三価値構成視点の欠如、社会的生産物の諸要素の諸関係の一面的歪曲に対して批判的姿勢をとるが、連関論の数学的手法についてはこれを高く評価し、経済理論から切り離してその応用的実用的発展をはかった。再生産表式の数学化と称するその試みの内容は、要約して言えば、再生産の数理経済モデルの構築と二部門モデルの多部門モデルへの拡張である。

　ネムチーノフはこの議論をベースに、当時の国民経済計画化の方式に大胆な変更を迫る提唱を行った。総生産物を増大させても最終生産物の必要な増大がともなわず中間生産物の不合理な肥大が生じる計画化方式を改め、最終生産物の構成と量をまず計画し、部門連関バランスの適用によって総生産物の計算を行うべき、というのがその提唱の核心である。

　野澤はネムチーノフの問題提起に慎重な検討が必要として、以下の４点を問題点として掲げている。第一に、最終生産物概念（消費、蓄積および償却フォンドの合計）のもつ問題点である。この概念は社会的生産物および国民所得の概念によって表現される諸過程、諸現象と異なる。第二に、消費、蓄積および償却フォンドを与件、独立変数とすることの不当性である。野澤は総生産物と諸フォンドの複雑な関係を切り離すことは、現実の質的諸関係を量的関係に一面化する

おそれがある、と懸念している。第三に、最終生産物から逆行列によって総生産物を決定する数学的手続きは非現実的である。第四に、ネムチーノフが提唱する計画化方式で国民経済の持続的長期的発展テンポを維持できるか、第一部門の優先的発展の法則を保証しうるのかは疑問である。

最後に、野澤はマイスナーの見解を検討している。マイスナーの産業連関論に対する評価、再生産論と産業連関論との関係の理解はおおむね、野澤と同じである。ただし、野澤はマイスナーの産業連関論批判が労働価値説＝基礎範疇にとどまっていることに不満をもち、その再生産論的把握の必要性を強調している。また数学利用に関して、マイスナーは質的分析と量的分析との密接な関係、前者を後者に先行させることを指摘しているが具体的な提唱がない点に、この問題の捉え方の未成熟さがあるとしている。「必要なことは、社会主義経済の再生産過程の理論と計画化の実践的課題にこたえうる分析方法を積極的に展開しつつ、そのことにおける数学的方法の適用条件、適用の意義と限界を具体的に明らかにすること」である[17]。この言明はこの論文が執筆された当時の野澤自身の課題でもあった。

なお、1960年前後から登場した産業連関分析にその形式と内容と類似した部門連関バランス分析についての批判的研究がいくつかある。野澤正徳「部門連関バランスと社会的生産物」（1967年）[18]、野澤正徳「部門連関バランスの諸形態と固定フォンド（1）（2）（3）」（1968年）[19]、芳賀寛「部門連関バランス研究に関する一考察」（1986年）[20]、岩崎俊夫「国民経済バランス体系と部門連関バランス――歴史的位置と理論的基礎――」（2011年）[21]、などである。

---

17) 野澤、前掲論文、56頁
18) 野澤正徳「部門連関バランスと社会的生産物」『経済論叢』第100巻第4号、1967年。
19) 野澤正徳「部門連関バランスの諸形態と固定フォンド（1）（2）（3）」（1968年）『経済論叢』第101巻第2、3、4号、1968年。
20) 芳賀寛「部門連関バランス研究に関する一考察」『経済学年誌』第23号、1986年（「国民経済バランス論における部門連関バランス研究」として『経済分析と統計利用――産業連関論および所得分布論とその適用をめぐって――』梓出版社、1995年、所収）。
21) 岩崎俊夫「国民経済バランス体系と部門連関バランス――歴史的位置と理論的基礎――」『立教経済学研究』第65巻第2号、2011年。（「国民経済バランス体系の確立と部門連関バランス――歴史的位置と理論的基礎――」として『経済計算のための統計――バランス論と最適計画論』日本経済評論社、2012年、所収）。

3　産業連関分析の批判と応用

(1) 連関分析批判の具体的展開

　社会統計学の内部ではその後も、より論点を絞ってこの分析手法の問題点の解明が持続的に進められた。なかでも長屋政勝「産業連関表における投入係数について」(1973年)[22]は、投入係数の背景にある理論問題を紹介、検討した注目すべき論文である。長屋はこの成果を踏まえ、後に「産業連関論」(1974年)[23]を執筆している。この論稿は産業連関論の理論的脆弱性を明らかにする課題意識のもとに、連関論の骨子を批判的に吟味し、この理論がどのような経過をたどって再生産されたのか、連関論を応用した経済計画がいかに脆弱であるかを検討している。

　前者の長屋論文について、以下に紹介したい。投入係数 a は、生産物量 X に対する投入量 x の比、すなわち $a=x/X$ として定義される。この限りで、投入係数は産業連関表から導き出された連関分析に必要な数量的要約数字にすぎないが、実はこの係数のもつ意味は奥深く、様々な問題を有している。長屋はこの論文で、投入係数の背景にある理論問題に言及している。

　投入係数は、生産関数の一種である。一般均衡論の創案者であったワルラスはこの係数を「製造係数」と呼んだ。製造係数は、生産物量に対する投下用役量の比で、交換に続く生産および分配の均衡を説明する基礎概念である（限界生産力理論）。この製造係数は、現実の市場における価格変動とともに絶えず変化し、均衡成立の時点で固定する。したがってこの係数は不断に変動し、先験的に一定不変でない。しかし、連関分析では投入係数は一定であり、不変であることを前提条件とする。産業連関論が一般均衡論の特殊理論であるといわれる理由は、ここにある。すなわち産業連関論では、ワルラスの製造係数がその効用理論と限界理論から分離され、均衡概念が実用化、簡略化されている。

---

[22] 長屋政勝「産業連関表における投入係数について」内海庫一郎編『社会科学のための統計学』評論社、1973年。同「投入係数の学説史的展開」『統計学』第18号、1968年、も参照。

[23] 長屋政勝「産業連関論」山田喜志夫編『現代経済学と現代（講座 現代経済学批判Ⅲ）』日本評論社、1974年。

この実用化、簡略化には、連関表作成のための統計資料の整備、拡充が果たした役割が大きかった。換言すれば、この措置は G. カッセル（G. Cassel 1866-1945）によるワルラス均衡概念の修正と1920年代のアメリカ農業経済学における投入・産出概念を用いた実用的な生産論の展開であった。ワルラスからレオンチェフに至る係数の変化は、「用役概念に基づく可変的係数」から「素材概念に基づく不変的係数」への転化として要約することができると長屋は述べているが、この転化は一般均衡論が必ずしも均衡と限界概念との結合を必要としないとしたカッセルが製造係数を技術係数に置き換えたことによってもたらされた。

　理論とは別に、生産過程における生産要素とそれによる生産物との量的関係を事実資料にもとづいて検証する試みは、レオンチェフの連関分析が登場する以前からあった（J.D. Black, A.G. Black, "Production Organization" あるいはアメリカ農務省の年報など）。「産出単位あたり投入」という固有のタームは、製造係数、投入係数が意味するものを既に先取りしていた。そこでは全ての生産要素が素材の観点から検討され、「産出単位あたり投入」の固定している投入物が主要材料と補助材料のみで、その他のものは不比例的・不規則的な関係を示すことが生産要素と生産物の「投入—産出関係」として語られている。

　投入係数がその可変性から解放されたことは、限界生産力理論との理論的断絶を意味する。レオンチェフ体系では均衡成立の規定が不問に付され、計算結果として与えられた係数が均衡を保証するものかどうかは不明である。そこにあるのは「虚偽の均衡」である。この仮定のゆえに連関分析による推算は、現実とのさまざまな齟齬をきたす。齟齬の誘因は部門分割がアクティビティベースで行われていること、利用される統計が価額表示でありながら、価格変動を無視した分析手法であること、などである。結局、投入係数一定の仮定は、客観的事実＝現実の労働過程における投入物と産出物の量的関係によって導出されたものではなく、連関分析のために余儀なくされたものである（パラメータの安定性と計算方法の容易性）。

　最後に長屋は、近代経済学における生産の問題が生産関数と生産係数をベースに展開され、経済問題が専ら関数関係で論じられてきた（効用関数、需要関数、供給関数）ことを捉え、関数が対象の客観的事物の多様な質的規定性の捨象、社会的歴史的に規定される生産過程の物理的素材的過程への還元であるが

ゆえに、連関分析といえども趨勢計算にすぎないと断じている。

　筆者は上記の山田、長屋の議論を理論的土台として、この分野で一連の研究を行った。「産業連関分析の有効性について」(1979年)、「産業連関分析の現在とその展開」(2000年)では、この分析の基本性格を理論的、方法論的観点から論じ、さらに連関表の拡充、その今日的展開を跡づけ、これらを批判的に考察した。また「産業連関表の対象反映性」(1983年)では、産業連関分析のもとになる連関表の統計としての脆弱性を究明し、同時にマルクス再生産表式に準拠してこの表を再構成する試みを行った。さらに、「産業連関分析の有効性に関する一考察——その具体的適用における問題点——」(1982年)、「産業連関論的価格論の批判」(1982年)、「日本の経済計画と産業連関モデル——モデルの整合性をめぐって——」(1987年)を公にし、前者2者では連関分析の公害問題や価格論への適用における難点について、後者では日本の経済計画への連関モデルの問題点について論じた。これらの研究の目的は、連関分析ないし連関モデルを、ある適用領域に応用すると、そこに経済理論上の破綻が生じていることを具体的に指摘することにあった。他に「投入係数の予測」(1980年)[24]があり、この論稿は産業連関分析の要である投入係数の予測の形式性を、RAS方式にポイントを絞って考察したものである。

(2)　剰余価値率計算（泉方式）とその批判

　産業連関分析の限界の指摘だけに議論を停留させることに飽き足らず、その有効性を実証しようとする試みが1970年代に入って登場した。一つは産業連関分析を利用して剰余価値率を測定した泉弘志の試みである（「剰余価値率の推計方法と現代日本の剰余価値率」[1976年])[25]。もう一つは産業連関分析を民主的政治陣営の生活基盤整備の公共投資政策に利用する木下滋(1943-1997)、土居英二の試みである。

　前者から説明したい。泉は剰余価値率を価値レベルで行うとし、その推計を試

---

[24]　岩崎俊夫「投入係数の予測」『統計的経済分析・経済計算の方法と課題』八朔社、2003年。初出は「産業連関分析と経済予測——RAS方式による投入係数修正の妥当性について——」『経済学研究』（北海道大学）第30巻第1号、1980年。

[25]　泉弘志「剰余価値率の推計方法と現代日本の剰余価値率」『剰余価値率の実証研究』法律文化社、1992年。初出は『大阪経大論集』109/110号、1976年。

みた。その方法は一方で労働力の価値を、平均年間賃金（T）×平均労働者家計消費構成比（K）×各商品の単位価値額当りの労働量（W）でもとめ、他方で剰余価値の大きさを、労働者の平均年間労働時間（Z）から上記の労働力価値の大きさを控除してもとめ、それらを剰余価値率の推計式（「剰余価値（不払い労働）÷労働力価値（支払労働）」）に上記の値を代入して計算するというものである。ここで必要となる手続きは、物的財貨生産分野の労働力再生産のために使われた物的財貨の価値の労働時間への還元である。物的生産部門の財貨への投下労働にはこれらの財貨に直接投下された生きた労働の他に、生産手段や原材料に投下された過去労働の支出も含まれる。両者を含めた投下労働量は、産業連関分析の手法の応用によって計算可能である。従来の剰余価値率の推計は、価格レベルで行われていたのに対し、泉の方法は価値レベルのそれであるとされた。泉によれば、剰余価値率の計算では価値レベルで行う方法のほうが概念の内容（物的財貨生産部門の直接的生産過程からの搾取）に適合的であるというわけである。

泉の試算に対する批判を行ったのは、山田喜志夫（1930-2013）、山田貢（1929-2004）、そして筆者である。山田喜志夫は論文「産業連関論の検討」（1958年）[26]で、レオンチェフ体系が労働価値説を前提としている B. キャメロン（B. Cameron）の見解をただした箇所で産業連関表の投入係数を使って連立方程式を解いた結果の経済学的意味がスミスの「V＋Mのドグマ」におちいっていると批判している。この指摘は泉方式の価値計算にも当てはまると言う。上記で指摘したが、野澤正徳も同じことを述べている。

山田（貢）は「剰余価値率・利潤率［コメント］」（1976年）[27]で「『価値レベルでの剰余価値率』という概念は存在しない」、また「労働力の価値を労働時間で測りうるか」（1983年）[28]で「不変資本に投下されている労働量は計算できない」として、泉の価値レベルの剰余価値率計算について批判的に論じている。

山田（貢）の主張は、どのような労働も同等な人間労働として同じ時間には同じ価値を生み出すのが大前提なので、労働力の価値が同じであれば、剰余価

---

[26] 山田喜志夫「産業連関論の検討」『統計学』第7号、1958年。
[27] 山田貢「剰余価値率・利潤率［コメント］」『統計学』第30号、1976年。
[28] 山田貢「労働力の価値を労働時間で測りうるか──泉氏への回答──」『統計学』第34号、1983年。山田貢には他に、「労働時間による剰余価値率の推計についての若干の問題」『統計学』第44号、1986年がある。

値率は社会的平均労働に関してどの産業部門でも、どの企業規模でも同等である、すなわち生産された剰余価値率は同じであり、その意味で産業部門別や企業規模別の生産された剰余価値率を比較することは意味がない、というものである。さらに国民的剰余価値率について、山田（貢）は労働力の価格と区別した意味で労働力の価値そのものを測定することはできないので、価値レベルの剰余価値率という概念は存在しない、と主張する。

　山田（貢）見解に対して泉は、(1) 現実には産業部門別にかなりの労働時間の差があり、この労働時間に応じて価値が生産されているので、労働力価値が等しいと仮定すると、産業部門別、企業規模別で剰余価値率に差が出てくる、(2) 現実には労働力価値（労働力の再生産のために使われている生活手段の価値）には産業部門間、企業規模間で大きな差がある、(3) 現実に産業部門間、企業規模間で労働時間と労働力価値との間に比例関係はなく、かえって労働時間が長い部門に低賃金が見られる、と反駁している。また、「不変資本に投下されている労働量は計算できない」という山田（貢）の見解について、泉は第一に、自身の方式でのこの部分の労働価値計算は現在の平均的条件で再生産するためにどれだけの労働時間が必要なのかということなので問題にならない、と一蹴している。第二に、労働時間と交換価値がイコールなのかという理論問題で、泉は商品の価値は社会的必要労働で決定される、山田（貢）のこの問題提起は生産価格や市場価格が価値からどのように乖離するかということで、価値そのものが変化するということではない、と反論している。第三に、一円当り直接、間接労働時間を計算する方法が貨幣の本質からいって可能なのかどうか、「結局、一円当り価値（労働時間）の変化というのは金の価値の変化をしめすことになる」のではないかと問うているが、泉によればそうではなく単位当たりの直接、間接労働時間を計算したのであると、言明している。

　筆者は以下の論文でこの剰余価値率計算の泉方式が価値レベルの計算ではなく、労働時間に還元した計算であることを中心にその問題点を指摘した。「産業連関表にもとづく剰余価値率計算と社会的必要労働による価値量規定命題」(1989年)[29]、「剰余価値率の統計計算と市場価値論次元の社会的必要労働——

---

29) 岩崎俊夫「産業連関表にもとづく剰余価値率計算と社会的必要労働による価値量規定命題」『北海学園大学経済論集』第36巻第4号、1989年。

泉方式の意義と限界——」(1990年)[30]、「価値レベル剰余価値率計算の泉方式について」(1990年)[31]。(泉は「労働価値計算にもとづく剰余価値率推計について——岩崎俊夫の批判に答える——」(1992年)[32]で、筆者の見解に反論している。)

泉は近似計算としての価値計算にこだわり、この価値計算を現存の平均的な生産諸条件のもとで決定される社会的必要労働量の測定として行うが、この測定が産業連関表を使うことで可能になるとする。これに対し、筆者は剰余価値率計算の泉方式が労働時間還元法であり、それだけでこの方式の意義が十分に確定できるが、それを価値（レベル）の計算とする経済学的根拠が無いと指摘した。

なお泉は、筆者が泉方式批判の一部で、連関表を利用して統計の平均計算を積み重ねて剰余価値率計算に取り組むのは、現代資本主義のもとでも長期的にみれば均衡状態を想定できるとの判断にたってのことであると指摘したことに関連して、『資本論』の価値とか社会的必要労働という概念が需給一致の理想的平均を前提するとは考えておらず、筆者のそのような理解こそ『資本論』の均衡論的解釈である、と述べている[33]。この議論を始めると、統計学そのものから次第に離れていくので、ここでは簡単に触れるにとどめる。

資本主義経済が全面的商品交換社会を前提としている限り、そこに価値法則が作用していることは自明である。価値あるいは社会的必要労働といった概念が意味をもつことも当然である。『資本論』の主要課題は資本制生産の一般法則の解明にあり、「資本主義的生産様式の内的編成を、いわばその理想的平均において示す」ことに限定されているが[34]、現代資本主義経済にも資本制生産の一般法則が働いているかぎりで、その理論的解明には「理想的平均」の論理次元での分析が意味をもつ。しかし、その論理次元にとどまっていては、現代資本主義論を理論的組み立て、実際に分析を行うのは無理である。そこで経済が現実の不均衡にさらされ、動態化の局面での分析が必要になる。現代資本主

---

30) 岩崎俊夫「剰余価値率の統計計算と市場価値論次元の社会的必要労働——泉方式の意義と限界——」『北海学園大学経済論集』第37巻第4号、1990年。
31) 岩崎俊夫「価値レベル剰余価値率計算の泉方式について」『統計学』第59号、1990年。
32) 泉弘志「労働価値計算にもとづく剰余価値率推計について——岩崎俊夫の批判に答える——」『剰余価値率の実証研究』法律文化社、1992年。
33) 泉、同書、163頁。
34) マルクス『資本論』第Ⅲ巻（第2分冊）、大月書店、1064頁。

義経済においては、こうした不均衡が常態化していることにその構造的特徴がある。連関表はそれが統計であるかぎり、現実経済を表象で捉えるものである。したがって、そこには資本制生産の一般法則が「理想的平均」のもとで示された法則や概念はそのまま反映されず（上記のようにそれらが無くなったわけではない）、むしろ偏倚をともない歪んだ形で表出している。それゆえ、資本主義経済の基本概念の扱いには、この論理次元に相応しい注意が肝要である。『資本論』の市場価値論、市場価格論では、そうした接近に必要な方法論的示唆が与えられている。マルクスはまた次のようにも書いている。「このような一般的剰余価値率——すべての経済法則がそうであるように傾向から見ての——をわれわれは理論的簡単化として前提している。……理論では、資本主義的生産様式の諸法則が純粋に展開されるということが前提されるのである。現実にあるものは、いつでもただ近似だけである」[35]。筆者は理想的平均という用語を以上の意味で使ったのである。このことをもって筆者が『資本論』の均衡論的解釈におちいっているという批判は誤解である。

また、剰余価値率が近似計算であることに関連して、わたしが泉による試算を価値レベルの近似計算としたことについて疑問を呈したことをとらえ、それでは上杉正一郎、山田喜志夫、広田純の剰余価値・剰余価値率計算に関してもわたしが同じレベルで疑問をもっているかをただしている[36]。結論だけ示すと、これら三者の試算は統計資料によって「現実にあって、いつでもただ近似的にしか現れえない」剰余価値率をとらえる範囲での近似計算であり、本質に対する近似（「近似A」）ではなく、もともと近似としてしかあらわれない現象（現象としての剰余価値率）に対する近似（「近似B」）である。泉は「近似」というタームだけをとらえて上記の指摘を行っているが、「近似A」と「近似B」とでは意味が異なる。「近似B」は統計資料の改善、その加工方法の精緻化によって近似の幅を縮めることができるが、「近似A」は経済現象に固有の論理構造に由来するため、近似計算の統計的技術的改善では解消できない。「労働時間還元法」である泉方式は、上記三者の剰余価値率計算同様、「近似B」の意味での「近似」計算である。

---

[35] マルクス『資本論』第Ⅲ巻（第1分冊）、大月書店、221頁。
[36] 泉、同書、153頁。

184　第3部　数理的方法の意義と限界

4　産業連関分析の政策的利用

(1)　生活基盤整備型公共投資の波及効果分析

　剰余価値率計算への産業連関表（分析）の利用とは別に、1970年代後半に、この分析手法を用いて、大阪都市圏の再生を関西空港中心の大型プロジェクトで牽引すべきか、それとも生活環境・防災型で行うべきかを分析し、両パターンの比較から後者を推奨する研究が登場した。発端となった論文は、宮本憲一・木下滋・土居英二・保母武彦「公共投資はこれでよいのか」（1979年）[37]である。この研究は1979年に行われた大阪府知事選挙で保守陣営が政策目標として掲げた産業基盤整備型公共投資と比較して、革新陣営の生活基盤整備型公共投資政策が景気浮揚効果や雇用効果などの諸点で劣るとされた議論に対する反証である。同じ趣旨でさらに展開して、木下は「地域における公共投資の波及効果──地域産業連関表による──」（1980年）[38]、「実証的経済分析と産業連関論」（1982年）[39]、「産業連関分析による公共投資の効果測定の意義と限界」（1984年）[40]を、土居は「公共投資の二類型と波及効果の比較──産業連関表の利用をつうじて──」（1981年）[41]を公にした。

　以下で、木下と土居の議論を紹介する。

　木下の「実証的経済分析と産業連関論」は、実証的経済分析における産業連関分析の有用性の主張に対する社会統計学内部からの批判に応えたものである。「産業連関分析による公共投資の効果測定の意義と限界」は上記の宮本論文に

---

[37]　宮本憲一・木下滋・土居英二・保母武彦「公共投資はこれでよいのか」『エコノミスト』1979年1月30日号。
[38]　木下滋「地域における公共投資の波及効果──地域産業連関表による──」『岐阜経済大学論集』第14巻第3号、1980年。
[39]　木下滋「実証的経済分析と産業連関論」『研究所報』（法政大学日本統計研究所）第7号、1982年。
[40]　木下滋「産業連関分析による公共投資の効果測定の意義と限界」『現代の階級構成と所得分配』（大橋隆憲先生追悼論文集）有斐閣、1984年。
[41]　土居英二「公共投資の二類型と波及効果の比較──産業連関表の利用をつうじて──」『統計学』第40号、1981年。

対する批判（この計算が公共投資を有効需要創出という狭い視点からのみ評価している、この計算の限定的前提を容認してもなお用地費を考慮していない点で欠陥がある、さらにこの計算を産業の生産額の配分や雇用について検討するのは良いが、全産業を括って生産誘発効果を云々するのは意味がないとの批判）への回答である。土居の論稿は、「公共投資の有効性というとき、用地費が欠落していることは致命的」という神戸市都市問題研究所の指摘を受け、これを真摯に受け止めて反論したもので、「生活基盤整備型公共投資は、産業基盤整備型のそれに比べ、優るとも劣らない効果をもつ」という主張が、用地費を考慮した全国対象の分析の結果から現実妥当性をもつと実証できると結論づけている。

これら一連の研究は、公共投資の波及効果を産業基盤型と生活基盤型で産業連関分析を利用して推計し、公共投資の方向を産業基盤整備型投資から生活基盤整備型投資への切り替えを主張するものであった。いずれも産業連関分析の意義と限界をある程度、承認しながら、その有効性を積極的に引き出し、活用する試みであった。

(2) 生活基盤整備型公共投資（波及効果分析）の地域別比較

上掲の共同論文「公共投資はこれでよいのか」（1979年1月）で執筆者は大阪府における当時の公共投資の在り方を、産業基盤型（『近畿ビジョン』、関西新空港建設が目玉）ではなく、生活基盤型に変更すべきこと、この施策を講じると生産誘発や雇用効果が高くなることを示した。木下はどうしてそのような結果になったのか、その計算プロセスを「地域における公共投資の波及効果」（1980年）[42]で明らかにするとともに、上記の結論が大阪以外の県でも妥当するのかを検討している。

木下は計算プロセスをフロー・チャートで説明している。これを見ると、統計資料として建設部門分析用産業連関表（60×46、1970年）が使われていること、規模別産業連関表の推計が行われていること、「近畿ビジョン型投資」と「生活基盤重視型」との二類型の比較がなされていること、大阪府の各産業の自給

---

42) 木下滋「地域における公共投資の波及効果——地域産業関連表よる——」『岐阜経済大学論集』第14巻第3号、1980年、3頁。

率によって大阪府内産業発注分をもとめて域内生産誘発効果を測定し、この指標で比較を行っていることがわかる。

　推計結果の主要点は、次のとおりである。「(1) 絶対額では当然「ビジョン型」が生産・雇用の誘発効果は大きいが、(投資総額の差による。[生活基盤型1.9兆円、ビジョン型2.4億円—引用者])、1単位当たりで比較すると「生活型」は「ビジョン型」より上まわる。(2) 防災と空港の比較でも防災が上まわる。(3)「生活型」と「防災型」のほうがそれぞれ軽工業、中小企業への波及がより高く、「ビジョン型」は大企業、重化学工業への波及がより高い。したがって、不況克服のための有効需要創出という限られた観点からみても、大規模産業プロジェクト投資を絶対化するのは誤りであり、さらに、雇用問題、中小企業対策、また行きすぎた重化学工業化の是正という産業構造上の問題を考えれば、なおさら、大規模プロジェクトより国民の福祉や生活基盤充実の公共投資を考えるべきである……)」[43]。

　なぜ産業基盤優先の「近畿ビジョン型公共投資」より、生活基盤優先の「生活環境防災型投資」のほうが、生産誘発および雇用誘発の効果が大きいのだろうか。そうなった事情は、二つの公共投資の第一次間接効果［(投資額×中間投入率×自給率)／総投資額］と間接生産誘発額 (投資額×第一間接効果×逆行列) の値がほとんど変わらないからである。具体的には、建設業が投入する原料の割合 (中間投入率) とその自給率が公共投資の生産誘発効果に決定的影響を与えるからである。「生活環境防災型公共投資」は「近畿ビジョン型公共投資」より、建設部門で原料構成の府内自給率が高くなるような工事を発注した。この傾向は、防災事業と空港建設事業の単独比較でも同様である。

　それでは大阪府の分析で明らかになった結論が、他県でも妥当するのだろうか。木下はこの問いを設定し、まず移輸入、中間投入の大きさがこの結論にどの程度の影響を及ぼすかを大分県、秋田県、宮城県、岩手県、熊本県、島根県、広島県、山形県、青森県、北海道、静岡県について一覧し、分析している。次いで、大阪府における生活基盤型と産業基盤型の公共投資を他県の産業連関モデルにインプットし、その結果を分析している。他県とは、宮城県、秋田県、熊

---

43) 木下滋、前掲論文、8頁。

本県である。

　自給率は全国レベルでは90％以上であるが、地域によっては60-70％、低い地域では50％台である。中間投入率は、静岡県、大阪府、北海道を除くと全て50％以下で、全国レベルより低い。また最終需要に対する生産誘発係数は、全国レベルに比べて地域で低い。最終需要が与えられても間接効果が10％に満たないケースが多い。公共投資の生産誘発係数はどうであろうか。建設部門の投入係数で公共投資のそれに代位させた数字が、府県別に一覧されている（公共投資の対象という場合、その中身は建設部門と土木部門とに大別されるので、この代位は便宜的な手段である。木下はこの代位が適切でないことに、後段で言及している）。投入係数の大きい部門の自給率の大小は、生産誘発の大小に大きな影響を与える。秋田県、宮城県では、1970年（昭和45年）から1975年（昭和50年）にかけ、生産誘発効果の低下が見られる。秋田県の生産誘発効果の低下は、「製材・家具」「窯業・土石」「非鉄金属・金属製品」の自給率低下の影響が大きい。宮城県では部門ごとの自給率の変化はないが、中間投入率が落ち込んでおり、この影響が大きい。

　木下は最後に、大阪府における生活基盤型と産業基盤型の公共投資を宮城県、秋田県、熊本県の産業連関モデルにインプットし、効果を検証している。この設定自体がかなり強引な試みであるが、推計の結果は熊本県以外で、生活基盤型で自給率、生産誘発効果が産業基盤型のそれを上回っている。熊本県でこの関係が逆になったのは、大阪府の産業基盤型公共投資が原材料の発注を「鉱業」「石炭・石油」という自給率の低い産業により多く、生活基盤型公共投資が「金属」という自給率の高い産業により多く発注があるのに対し、熊本県の産業基盤型公共投資が自給率の高い「鉱業・運輸」の投入が多く、生活基盤型公共投資が自給率の低い「製材・家具」「窯業・土石」「非鉄金属・金属製品」などの投入が低いからである。この結果、熊本県では大阪府と同じ投資を行うと産業基盤型公共投資のほうが自給率の高い産業からより多く、自給率の低い産業からより少なく投入し、それゆえに生産誘発効果が産業基盤整備型で高くなる。

　木下の結論は、次のようである。「公共投資の効果は産業活動、特に工業や第三次産業の盛んなところでは効果が高いが、そうでない所では、低くなり、かえって移入を通じて他府県、特に工業、第三次産業の発達した府県への波及を

活発にする。また、生産基盤投資は概して建築の比重が高く、したがって鉄鋼、非鉄金属、金属製品、機械、セメント、製材・家具への発注が高くなり、産業基盤型投資は、概して、土木の比率が高く、鉱業、運輸、石炭・石油などへの発注が高くなり、鉄を除けば生活基盤型投資の方が都市型、高加工型産業によく波及するが、波及効果全体の大きさは、その県でどの産業が盛んであるかによって違い、一概にいえない」と[44]。

(3) 用地費を加味した波及効果分析

生活基盤整備型公共投資（以下、生活基盤型と略）は一般に、生産・雇用効果が小さいと考えられているが、この理解が正しいかどうかを検証する目的で執筆されたのが、土居英二「公共投資の二類型と波及効果の比較——産業連関表の利用をつうじて——」(1981年) である。

土居はまず、上記の理解の根拠になっている諸点を列挙している。(1) 生活基盤型は、生産・雇用の効果につながりにくい用地費・補償費の割合（用地費率）が高い。(2) 生活基盤型は工事の段階で労務費の占める割合（労務費率）が高く、建設土木資材必要量が少ない。(3) 工事規模が小さく、かつ細切れ発注になるために効果が小さい。(4) 生活基盤型は、効果の小さい中小企業への発注が中心となる。(5) 生活基盤型は、投資地域が地方へと分散化する。この見解に反論したのが、宮本憲一他「公共投資はこれでよいのか」(1979年1月) であったことは既に触れた。この論文は大阪府に限定し、生活基盤型は産業基盤型に対し、波及効果において優るとも劣らない効果を持つこと、換言すれば同額の投資が行われた場合、生産・雇用の効果の面で生活基盤型は、産業基盤型に劣らないことを示した。この主張に対して、その試算が公共投資の中に含まれる用地費を考慮していないとの批判がなされた。すなわち、神戸市都市問題研究所『公共投資の効果による実証的分析』(1980年) は、「政府をはじめほとんどの乗数効果分析が資本形成という観点からのみ数値を算出しているが、現実の公共投資の有効性というとき、用地費が欠落していることは致命的ともいえる欠陥であろう」と指摘した。

---

44) 木下滋、前掲論文、65頁。

土居はこの指摘を受け、用地費を考慮した次の試みを行った。公共投資に占める用地費の割合の推計資料として建設省『建設業務統計調査』、自治省『地方財政統計年報』がある。しかし、この資料には、全国の数値のみが掲載されている。そこで、土居は二類型の波及効果分析を全国に拡大して行った。すなわち、これらの資料から用地費率を推計し、1978年の全国の公共投資額のうち用地費をもとめ、「Ⅰ　産業基盤型」「Ⅱ　生活基盤型」「Ⅲ　国土保全型」のそれぞれの工事費が最終的にどれだけの生産を誘発したかを計算し、用地費を考慮した産業基盤型公共投資と生活基盤型のそれの波及効果の測定比較である。分析は2つの場合で示されている。すなわち、用地費波及がない場合と用地費波及を考慮した場合（神戸市都市問題研究所の試算に準拠）とである。

　結論は次の3点である。(1) 1978年度公共投資額でみる限り、産業基盤型の用地費率は11.5％、生活基盤型のそれは20％と、後者が高い。産業基盤型の公共投資の約9割が工事費にまわるが、生活基盤型のそれは約8割と低い。(2)工事費1単位あたりでみると、生活基盤型は2.11倍の生産を誘発し、産業基盤型は1.93倍の誘発である。生活基盤型は工事金額が同額の場合、産業基盤型に比べて約10％多く生産を誘発する。中小企業を主な担い手として発注される小型工事（生活基盤型）でも、波及のすそ野は約1割、産業基盤型に比べて低い。(3)以上から、用地費に支払われた金額が住宅新築や消費・投資にまわらない場合には、産業基盤型は最初の公共投資1単位の1.71倍の生産を誘発し、生活基盤型は1.70倍誘発する。ただし、この結果は用地費からの波及が一切なく、波及は通例のように生産誘発係数を用いた原材料部分のみであること、波及の中断が生じないことなどの諸前提があって言えることである。用地費の波及を足し込むと、結果は同額の投資を行った場合、生活基盤型は最初の公共投資1単位の1.88倍の生産を誘発し、産業基盤型は1.81倍誘発し、前者が優位である。以上から土居が参加した大阪府における波及効果の比較分析の結論、すなわち「生活基盤型公共投資は、産業基盤型のそれに比べ、優るとも劣らない効果をもつ」という分析結果は、用地費を考慮した全国対象の分析結果などを参考にすると現実妥当性をもつと実証できる、と。

　木下、土居の研究に共通しているのは、利用された産業連関分析がその初発（レオンチェフ段階）で有した理論的基礎を問わず、分析手法の意義を技術的

にとらえ、民主的計画論でそれを基礎づければ有効な政策提言ができるというものである。連関論がもともと前提としていた理論に代わる別の階級的視点にたった経済理論でこの分析手法を基礎づけるならば、成果が期待されるというのが主張の根底にある。

5. むすび

　本章では産業連関（分析）論批判の社会統計学内部での成果を中心に紹介、検討した。その主たる内容は、連関表とそれを用いた経済分析の基本性格に関する原理的批判的研究、それらの意義と限界をおさえたうえでの実証分析への展開である。

　連関論、連関分析に対してはつとに理論的批判が示されてきたが、連関表そのものは、そこに充塡されている推計値の問題点を了解したうえで、現実経済をある程度、反映しているとの認識のもと、これを積極的に活用する試みが1970年代に入って生まれた。連関表の加工と組替えによるその実践的活用であり、剰余価値率の推計などである。

　その後、社会統計学の分野では「民主的計画化」の波及効果分析を、産業連関分析を用いて計算する研究が登場してきたことは本章で紹介したとおりである。こうした傾向にとって特徴的な点は連関論、連関分析が拠ってたつ経済学の理論と手法との切断が可能であり、研究者の姿勢、立場に手法の評価をもとめることができるとする考え方である。換言すれば、技術的手法そのものは中立であるする主張である。

　連関論、連関分析がもともと立脚していて経済理論と切り離して活用可能というならば、それらの理論的、方法論的批判への関心が遠ざかり、分析作業の焦点は専らデータ処理の計算とそのテクニカルな検討と改善に絞られる。現に、連関表の利用論は、そういった方向で展開されている。

　問題なのは、産業連関論、産業連関分析の評価が背後にある理論の検討を含むトータルなそれでなく、技術的な統計計算ですませる実証的研究が増えていることである。「理論なき計測」という状況が、産業連関論、産業連関分析の分野に浸透してきている、と考えるのは杞憂であろうか。

産業連関分析の発展の契機は、実証的な経済分析、経済予測の可能性をもっていたことにあった。問題は計算量の大きさである。具体的に言えば、連立方程式はそれを構成する方程式の数が増えれば、計算手続きは極めて煩雑で、労力がかかる。したがって、初期には、産業連関表を構成する産業部門の数は限定的であり、連関分析の評価もその範囲のものであった。それが、計算機の性能の飛躍的な向上がこの分析手法の価値をバックアップし、かつては大型計算機でのみ可能であった均衡産出量の計算が今では手許のパソコンで十分に可能となる水準になった。

　他方、データの充実は顕著である。連関表の全国版データは総務省のホームページからダウンロード可能であるだけでなく、地域産業連関表（大分類、中分類、小分類の部門分類）のデータが投入係数表、逆行列係数表とともに各都道府県のホームページから入手できる。分析ツールの提供を行っている県もある。

　こうした事情は、連関論、連関分析の評価を大きく変える背景になっている。しかし、計算機の処理と記憶能力の飛躍的に向上していること、膨大なデータが蓄積されていることと、連関論、連関表、連関分析がどのような経済理論とも結びつくと考えること、あるいは経済理論がなくてもシミュレーションを行うことができると考えることは別次元の問題である。

第4部

経済統計論の諸論点

第10章
統計分類・国際比較・人権

1．論点と関連論文

　利用者のための統計学という観点から、統計学体系を構想したのが蜷川虎三であった。そのポイントは、統計が客観的社会現象を反映しているかどうかの検討である。蜷川統計学の調査論は、この視点から立論される。統計調査は大量観察と規定され、その対象は大量（社会集団）である。大量観察は理論的過程と技術的過程とに区分して考察され、前者に対応する統計の真実性の問題は信頼性のそれとして、後者に対応する統計の真実性の問題は正確性のそれとして示される。統計の信頼性、正確性の検討は、統計利用の要諦であり、統計が客観的現実を正確に反映しているかどうかの基準に他ならない。

　社会統計学による政府統計の批判的研究の系譜は、統計利用者としての統計学、すなわち以上の蜷川統計学の調査論、利用論の継承と展開の過程である。

　政府統計批判に関しては、その階級性、社会性を議論の俎上にとりあげることが重要であるが、原理的考察の次元で確認されたことが個々の部門統計にどのように具体的に表れるかの検討を怠ってはならない。また、統計批判の成果をふまえ、これを批判的に加工し、一定の制約のもとで可能な限りで活用しなければならない。

　前者の観点から執筆されたものとして、上杉正一郎『マルクス主義と統計』（1951年）がある[1]。上杉は国家（政府）の統計の批判的検討を掲げ、その展開に取り

1）上杉正一郎『マルクス主義と統計』青木書店、1951年。

組んだ。この著作では国家（政府）の統計の階級性に焦点が絞りこまれ、そのことがもたらす統計の客観的現実の隠蔽性が指摘されている。他に広田純による同様の観点からの国民所得統計の批判的研究がある[2]。

後者に該当する例として、統計指標研究会『統計 日本経済分析』[3]をあげることができる。国勢調査を組み替え・加工して作成された大橋隆憲の階級構成表[4]、山田喜志夫による産業連関表（分析）の組み替え・加工による日本の再生産分析[5]なども同列の研究成果である。泉弘志による産業連関表を用いた剰余価値率の推計に関する一連の論文[6]、野澤正徳「不況下の失業と不安定雇用の増大——政府の失業・就業統計の批判的利用——」（1975年）[7]、岩井浩「地域階級構成研究の課題と方法——社会諸階級の地域別配置、構成、対抗状況の分析——」（1977年）[8]、光藤昇「『経済福祉』指標の理論的背景と問題点」（1977年）[9]、豊田尚「『高度成長』以後の就業・雇用の動向——相対的過剰人口累積条件の成熟」（1980年）[10]、「同一年齢集団別を中心にした就業構造変動の考察」（1980

---

[2] 広田純「国民所得の概念」『経済評論』1954年2月号。
[3] 統計指標研究会『統計 日本経済分析（上）（下）』新日本出版社、1977-78年。2冊本のこの書は、『経済』誌に1973年5月号から1974年9月号にかけて15回にわたって連載されたシリーズ「日本経済の統計指標」がもとになっている。日本経済の全分野を、統計の批判的、積極的利用によって分析することを、目的の第一に掲げている。
[4] 大橋隆憲「現代日本の階級構成——その統計による研究のために——」『経済論叢』第93巻第3号、1964年3月。同編者『日本の階級構成』岩波書店、1971年。
[5] 山田喜志夫「再生産と産業連関表——戦後日本資本主義の再生産構造把握のための試論——」『土地制度史学』第24号（山田喜志夫『再生産と国民所得の理論』評論社、1968年、所収）。次の書評がある。広田純「山田喜志夫著『再生産と国民所得の理論』」『統計学』第19号、1968年。
[6] 関連論文は以下の2冊の著作に収められている。泉弘志『剰余価値率の実証研究』法律文化社、1992年。同『投下労働量計算と基本統計指標——新しい経済統計学の探求——』大月書店、2014年。
[7] 野澤正徳「不況下の失業と不安定雇用の増大——政府の失業・就業統計の批判的利用——」『経済』1975年12月。
[8] 岩井浩「地域階級構成研究の課題と方法——社会諸階級の地域別配置、構成、対抗状況の分析——」『関西大學經濟論集』第26巻第4・5合併号（高木秀玄博士還暦記念特輯）、1977年。
[9] 光藤昇「『経済福祉』指標の理論的背景と問題点」『統計学』第32号、1977年。
[10] 豊田尚「『高度成長』以後の就業・雇用の動向——相対的過剰人口累積条件の成熟」『経済』1979年8月

年)[11]、藤岡光夫「階層変動・人口移動と移動統計」(1989年)[12]、福島利夫「『豊かさ』と福祉指標」(1979年)[13]、「『階級論』と階級構成論」(1985年)[14]など、枚挙に暇がない。木下滋・土居英二・森博美編『統計ガイドブック〈社会・経済〉』(初版：1992年、第2版：1998年)も、1990年以前からの研究の蓄積に基づいたガイドブックとして見逃せない[15]。

経済統計を利用した経済分析に関する業績は多いので、それらを一人でくまなく読み込み整理することは困難である。以下では、わたしの関心で、主要な論点を三つに絞り、それぞれの論点で意義のある問題提起を行った論文を取り上げ、紹介する。三つの論点とは、統計分類、国際比較、人権である。

2. 統計分類

「分類」は統計の単位が有する種々の標識を、調査目的にしたがって選択し、これを集計の段階で要約する概念装置である。分類の本格的規定は統計調査に先立って行われなければならない。分類の規定が曖昧で不正確であると、統計調査がスムースに進まない。いきおい、統計利用でも欠陥が露呈する。分類に関する議論はかなりある[16]。しかし、近年、議論は低調である。

ここでは分類の問題を具体的に論じた日本の論文、すなわち三潴信邦「社会的分業としての職業と産業」(1973年)[17]と喜多克己「経済統計における分類の課題――農家分類について――」(1964年)[18]を順に紹介する。両論文から

---

11) 豊田尚「同一年齢集団別を中心にした就業構造変動の考察」『経済学論叢』(中央大学) 第21巻第1・2号、1980年。
12) 藤岡光夫「階層変動・人口移動と移動統計」『統計学』第57号、1989年9月。
13) 福島利夫「『豊かさ』と福祉指標」『大阪経済法科大学 経済論集』第4巻第1号、1979年10月。
14) 福島利夫「『階級論』と階級構成論」横越英一編『現代国家の諸相』昭和堂、1985年。
15) 『統計ガイドブック〈社会・経済〉』初版、1992年；第2版：1998年。
16) 従来の議論のサーヴィは、三潴信邦「統計分類」『統計学』第30号、1976年；田中尚美「統計分類」『統計学』第49・50合併号、1986年；長澤克重「産業・職業分類の変容」『統計学』第90号、2006年。成果物として次の論文がある。杉森滉一『社会職業分類』研究序説」『統計学』第57号、1989年。
17) 三潴信邦「社会的分業としての職業と産業」『経済統計分類論』有斐閣、1973年。
18) 喜多克己「経済統計における分類の課題――農家分類について――」『農村研究』(東京農大) 1964年。

読みとることができるのは、統計分類という一見形式的な手続きに、経済理論的考察が重要であるということである。

(1) 職業と産業の分類

三潴信邦（1919-2010）は、社会統計の体系に統計分類論を、具体的には職業分類と産業分類の研究を位置付けるには経済学的基礎づけが必要と主張する。論文の冒頭で次のように簡明な説明がある。「経済統計分類の基本は、商品生産社会における社会的分業を表章する職業と産業の分類である。すなわち、人間存在の基底をなすものはまずもって消費財貨の生産であるが、労働の生産性が高まり、労働力の商品化が進むにつれて、他人のための使用価値の生産、商品としての消費財貨の生産が拡大し、社会的分業が発展しそこに『職業』が形成されてきた。したがって、経済統計における統計分類は、まず、社会的分業にたずさわる人々の『職業』の類型化、すなわち『職業』の分類からはじまり、やがて『産業』の分類へと進む」と[19]。

「職業」「産業」の概念の形成は、社会的分業の発展と密接にかかわる。商品生産の発展の初期には「職業」「産業」の概念は未分化であり、混沌とした状態にあった（と言っても、「職業」概念の確立は「産業」概念のそれに先行する）。両概念は商品経済の発展、社会的分業の進化とともに分化する。社会的分業はまず農工間の分離から始まり、続いて作業場内分業における分業により「職業」分化へと発展し、さらにこの作業内分業が本格的な社会的分業へと進化する（相互に独立する多数の資本家の手に生産手段が分散して所有されることが前提）。「産業」はここに至って、社会的分業発展の実態を反映した概念として登場する。

三潴は以上の経緯を、経済の歴史的発展過程にそくして捉える。すなわち、社会的分業は当初、属人的な標識である「職業の分化」からはじまり、やがてマニュファクチュアの時代を経て賃金労働者による商品生産が発展するにつれ、作業所単位での社会的分業による商品生産が支配的となり、産業の分化となる。こうした一般的傾向が「問屋制家内工業」における「職業の分化」については、

---

19) 三潴、前掲論文、19頁。

イギリスの資本主義（羊毛工業）の発展に、あるいは日本の問屋制家内工業（綿業、絹業、絹織物業、製紙業）の発展に、また、「マニュファクチュア」における「職業の分化」については、17-18世紀のイギリス羊毛工業のマニュファクチュア（多数の労働者が同一の作業場で生産工程を分担し、労働の専業化が発生し、職業が確立）の発展に貫かれている。日本ではマニュファクチュアの実体は脆弱であったが、絹業、晒布業、藩営の諸工業で形成され、生産工程の分化があって、「職業」が誕生した。

「産業」概念の登場は、産業資本（企業や事業所）の蓄積が軌道にのるまで待たなければならなかった。賃金労働者は、部分労働者としての「職業」をもち、事業所に組み込まれて「産業」に所属し、社会的分業にいわば間接的に参加することになる。

「要約すれば、『職業』も『産業』もともに商品生産を前提とする社会的分業にもとづき、これを表章する社会的形態である。そして、前者は常に属人的標識であるのに対し、後者は歴史的にみれば当初は属人的標識であったが、賃金労働者とともに次第に人為的機構の属性（標識となる）となったということである」[20]。

(2) 農家の分類

喜多克己の論文は今から半世紀も前に書かれたので、その時代背景を念頭に読まなければならない。日本の農家は高度に発達した資本主義経済のもとでも、前資本主義的な小生産農家の膨大な集団として存在している。これらの農家分類の課題は、農家を属性にしたがって同種的農家群に区分し、それぞれの農家群が全体集団においてしめる地位、さらに農家群相互間の質量的諸関連をとらえることであり、現段階の農民層の構成と変化の方向を、すなわち農民層の分化、分解の方向、深度、テンポ及び形態を解明することである。

農業統計における農家分類は、農業集団の多面的な性質を明らかにするために欠かせない[21]。農家分類で重要なのは（農家集団の多面的な性質をとらえるために）、農家集団が形態や性格を異にする多種多様な単位（農家）で構成され

---

20) 三潴、前掲論文、19頁。
21) 関連論文に次のものがある。豊田尚「農業統計における"農家"の定義をめぐって」『中大90周年記念論文集』1975年。

ているので、一つの分類標識で足りず、複数の標識が必要であり、しかもそれらを連繋的に結合した組み合わせ分類で接近しなければならないことである。その際、農家分類は一方では、農家集団の部分集団（亜集団）への分解過程であるが、他方では農家集団内における同種要素の統合過程であり、集団を構成している単位（農家）についてみれば相互間の同種性の度合いが強められる過程でもあるとの認識が大切である。

　統計上の農家の定義は、農家概念の社会経済的内容を統計的範疇に転化させるところに成立する。統計的範疇へ転化させるということは、社会現象を数量として把握しうるものに置き換えることである。農業統計における農家の定義は、量的標識によって農家を規定することによって成立する。

　農家分類のためにはまず、分類の対象となる統計的農家集団、すなわち農家という上位概念で構成される農家集団の把握が不可欠である。そのための農家の規定は、農業生産が行われる場所という意味での生産単位の規定ではなく、社会的・経済的な観点からの質的意味づけをもつ生産単位の規定でなければならない。換言すれば、それは農家集団の同種性の基礎となる農家という上位概念に、社会的内容をもりこむことである。喜多は問う、それはいかにして可能なのかと。

　喜多によれば、農業生産単位としての社会的内容をもつ農家とは、家族労働力が生産手段としての土地と直接結びついた農業生産をつうじて、社会的総労働の加除部分として社会的意義をもつ単位である。それゆえ、単純な経営規模の量的下限を与えることで、農家を範疇規定することは困難である。喜多はそれに代わるものとして、家族労働力と生産手段としての土地との紐帯が切れる極限の経営規模を見定めることを提唱する。

　具体的にはまず、自家農業に家族就業者一人を専従の状態で留保しているか否かが尺度となる。この尺度は農家が小生産者農家であることの限界的徴表である。しかし、そのことを示しただけでは、小生産者農家の経営規模の下限を定めたことにはならない。喜多はそこで、経営耕地面積と農産物販売金額を組み合わせて農家の経営規模分類を行い、あわせて農家一戸当たりの専従者数（年間150日以上の家族従業者）およびその続柄別人数の要因を考慮した分析結果を示している。その結果、経営面積で5反以上（北海道では一町以上）、面積

がそれ以下でも年間販売額が10万円以上に達していれば、家族労働力一人を専従の状態で自家農業に留保できるので、この境目が家族の主幹的労働力が非農業部門に組み込まれるかどうかの境界線であることがわかる。小生産農家の経営規模の下限は、ここである。この規定によって把握された小生産農家集団が生産し市場に投入した商品は、農産物商品市場の全体の96％以上に相当する。上記の手続きで把握された小生産農家の統計的集団は、社会経済的内容をもつ上位概念としての農家集団である、と喜多は解釈する。

　以上の議論をふまえ、喜多は次の主要な農家分類の様式を示す。それらは、「経営耕地の所有関係による農家分類」「農業経営規模による農家分類（経営耕地の所有または、借入の優位程度による農家分類。戦後は地主的土地所有が解体され、それほど重要な分類ではない）」「農業経営形態による農家分類（生産手段と労働力の結合されたものの規模での農家分類、基本的指標は経営耕地面積）」「専業・兼業の形態による農家分類（農家の兼業化をはかる指標）」である。

　農家分類は農村の社会階級的区分と同じでない。両者の関連をおさえておくことが大切である。統計によって把握される農家の階層区分は、社会経済的タイプ区分という観点から有効な各種の質的・量的分類標識をとりあげ、資本主義的要素の農業への浸透によって形成される農家集団内部における差別化の解明という観点からこれらの農家分類を組み合わせ、集約することで実現する。その作業は農村の社会階級区分の一環としてとりあげられるのでなければ全体的展望は得られない。

3．国際比較

　統計は一国の経済社会の状態を数量的にとらえる。統計の重要な役割の一つであるが、実際には人口を数える調査ひとつとっても、それは容易でない。どの国も行政的政策的必要性から、種々の統計調査とその作成が恒常的にとりくまれている。統計は各国の社会と経済の実情を相互に比較するために利用されるが、この作業はさらに多くの困難がともなう。統計の対象となる社会経済の実態と制度が、また背景にある文化が異なるうえ、標識の取り方、概念、用語、分類基準が国別で違うからである。個々の国々が公にする経済活動人口、失業

率、労働時間を形式的に並べただけでは統計の国際比較にならない。しかし、そうは言っても、統計の国際比較を断念するわけにはいかないので、可能な限り比較に意味をもたせる努力が多くの研究者によってなされてきた。ここではその実例として佐々木せい「労働時間の国際比較」(1971年)[22]と岩井浩「失業統計の日米比較について」(1992年)[23]をとりあげ、これらの問題を考える契機としたい。

(1) 労働時間の国際比較

佐々木論文は、労働統計による労働時間の国際比較研究の先駆的論稿である[24]。1971年の執筆ということを念頭に、その論旨をたどる(したがって使われている統計、資料、概念・用語の使い方は当時のもの)。

佐々木はILOが公表している主要国週当たり労働時間(製造業)の国際比較に違和感をもったという。一見すると、日本の労働時間は先進国中でアメリカについで低い。掲載されている表によれば、1970年に、日本(43.3時間)、アメリカ(39.8時間)、イギリス(44.9時間)、西ドイツ(43.8時間)、フランス(44.8時間)であり、1965年に、日本(44.3時間)、アメリカ(41.2時間)、イギリス(46.1時間)、西ドイツ(44.1時間)、フランス(45.6時間)、イタリア(7.87時間:1日あたり)である。(1960年～70年の統計が掲載されている。)

ILOはこの統計に補足説明を行っている。まず「労働時間概念」には「実労働時間」と「支払労働時間」とがある。「実労働時間」は「通常の就労期間に働いた全労働時間＋残業時間＋手待時間＋ティーブレイク」で、ほぼ実際に職場で働いた時間であり、「支払労働時間」は「実労働時間」さらに「労働をせずに賃金の支払をうけた時間(年次有給休暇、有給の公休日、有償の病気その他の休暇))」という賃金支払いの対象となる労働時間の合計である。アメリカ、西ドイツは支払労働時間により、上掲の他の国は実労働時間によっている。

調査対象となる労働者の種類は、各国とも男女計の「労務者」(製造業でいう

---

[22] 佐々木せい「労働時間の国際比較」『労働統計調査月報』(労務行政研究所)第23巻第9号、1971年。
[23] 岩井浩「失業統計の日米比較について」『統計学』第47号、1984年(『労働力・雇用・失業統計の国際的展開』梓出版社、1992年、所収)。
[24] 田沼肇はこの「労働時間の国際比較」を労働統計分野での「とくにすぐれた労作」と評価している。田沼肇「労働統計」『統計学』第30号、1976年、182頁。

と生産労働者）を報告することになっている。日本は職員を含んだ数字を報告している。イギリスは男女別の成人労働者（男子21歳以上、女子18歳以上）をあげている。パートタイマーに関して、イギリス、西ドイツではそれが除外されている。一般的に言えば、パートタイマーを含めた時の労働時間は、短めになる。

労働時間の出所および算定方法では、フランスを除く各国は事業所の賃金台帳をもとにした事業所調査により、算定方法は延労働時間を当該調査期間に賃金の支払対象となった労働者の平均数で除している。

調査週に関して、日本では年平均月間総労働時間として調査されたものを一ケ月あたり平均週（年間週数52÷12）で除すことで週当たり労働時間に換算されている。この算定方法は、特定週の労働時間を調査している他の国々と対比すると、労働時間が短めに算定され問題がのこる。

調査対象で、日本は常用労働者30人以上雇用している事業所に限られるが、アメリカ、イギリスは全規模事業所、その他の国々は10人ないし11人以上の事業所を対象としている。日本では小規模事業所を除いているので労働時間が短く出る傾向がある。

佐々木は次に国別に問題点を指摘している。アメリカでは、実労働時間のデータが入手できない。支払い労働時間によっているので、月々の変動がほとんどない。

イギリスの労働時間は、ILOには男女別の成人労働者の数値が報告されているだけであるが、労働省月報には成人男・女、年少者男・女、および女子パートタイマー別の労働時間と労働者数が同時に掲載されているので、別途利用可能である。日本を除く各国は、7・8月に長い有給休暇があるが、イギリスの労働時間はそれらの月をはずしているので、それだけ平月の労働時間は相対的に長めに出る。さらに調査は「通常の労働週」について行われる。イギリスの労働時間を日本のそれと比較するときには、これらの点を十分に考慮しなければならない。

西ドイツの労働時間は、ILO統計では支払労働時間が示されているが（ILO向けの数値で国内出版物には公表していない）、連邦統計局の統計には四半期別の支払労働時間および実労働時間の統計がある。ただし製造業の実労働時間は、両方の労働時間とも財別に表示され、製造業計の数値がない。したがって、

製造業の実労働時間の数値をとるには、「鉱・工・建設・エネルギー産業」の実労働時間で代表させる。なお、西ドイツの数値は、パートタイマー、養成工等が除外されている。

　フランスの労働時間は、週平均労働時間として公表されている労働時間が、事業所の予定労働時間をもとにした統計から作成されるので、注意が必要である。パートタイマーが含まれることになっているが、調査の性格上、現実には彼らの労働時間は反映されない。このような調査方法のため、フランスの労働時間は長めに出る傾向がある。

　以上の分析をふまえ、日本の労働時間の問題点についての指摘が列挙される。ILOに提出されている日本の労働時間は「毎月勤労統計調査」によるが、「労働力調査」でも関連データを入手できる（過去には「労働力調査」のデータが提出された時もあった）。両者で週労働時間を対比すると、かなりの開きがある（「毎勤」によると労働時間が短めに出る）。後者には難点もあるが、全規模の労働者が対象となるという利点もある。また日本の方式は、年間休日がみな労働週に組み入れられる算式になっているので、「通常週」を基準としている他国（イギリス、フランス）とくらべると労働時間が短く表示されることになる。したがって、国際比較のためには年間の休日を除外した計算をしなければならない。

　上記で指摘したように、日本のILO報告の関連統計は、調査対象の事業所の常雇規模が30人以上となっているが、一般に30人未満の小事業所の労働時間は長いので、この規模による偏りに注意しなければならない。

　佐々木は主要国週あたり実労働時間（製造業・生産労働者）を独自に計算し、一覧している。それによると、「休日こみ1週あたり労働時間（1970年）」は日本（43.1時間）、アメリカ（37.5時間）、西ドイツ（39.1時間）、「通常労働週あたり労働時間（1970年）」は日本（45.0時間）、イギリス（41.5時間）、フランス（43.1時間）、「一日あたり労働時間（1969年）」は日本（8.39時間）、イタリア（7.83時間、1969年）となる。日本の長時間労働が際立つ結果となっている。（1960年～70年の試算が掲載されている）

(2) 失業統計の日米比較

　失業統計は国ごとに概念、作成方法が異なり、単純な国際比較はできない。比較を行うためには、概念と方法の調整が必要となる。岩井論文「失業統計の日米比較について」（1984年）は、日本とアメリカの失業統計の比較を試みたものである。日本の失業統計のベースである労働力調査は、戦後アメリカの同種の統計をモデルにスタートした経緯があり、国際比較が難しいとはいっても、その限りで相対的な容易さがある。とは言え、実際に比較を行うとなると、さまざまな問題が立ちはだかっている。岩井論文に依りながら、このことを確認したい。

　なお、留意しなければならないことがある。この論文は執筆された当時、日本では毎月実施される労働力調査とともに、年間に一度の労働力調査特別調査が別にあり、後者はとかく平板な調査になりがちであった毎月の労働力調査を補完するものであった。しかし、2002年以降、労働力調査特別調査は廃止され、そこに盛り込まれていた調査項目の一部が、通常の労働力調査に取り込まれた。この論文での議論は、労働力調査と労働力調査特別調査が二本立てであった時の調査内容を反映している。

　上記のように、日米の労働力調査は、基本的に同一の枠組みである。そのことをふまえ、岩井論文の内容は、第一に比較の素材としての日米の労働力調査の内容（調査票）と調査方式の紹介、第二に失業統計のアメリカ概念への調整方法と調査結果の考察、第三に日米の失業・不安定就業者の統計指標の検討となっている。最後に、失業統計の日米比較をめぐる論争とその後の動向、失業統計の背景にある労働市場の特性への言及がある。

　アメリカの労働力調査は、センサス局の「現在人口調査」（CPS：Current Population Survey）として実施されている。最初に、調査票の質問項目との関係で、就業・不就業、とりわけ失業者の把握の仕方、手順がわかりやすく示されている。その特徴は、失業状態が多標識（失業の理由、求職期間、失業期間、レイオフの期間、求職の種類、離職の時期と離職前の職業・産業・従業上の地位）によって構造的に明らかにする調査票になっていることである。これらによって「隠された失業」と呼ばれる潜在化した失業の把握が可能になる。これに対

し、日本の労働力調査はアメリカの労働力方式に準拠しているが、アメリカの労働力調査における調査標識の詳細さには対応できていない。わずかに年に一度実施される、労働力調査特別調査がこの難点を補完する形になっているが、後者は時々の労働政策の目的の変化に応じて、各年次の調査項目に相違があるので、時系列上の比較が必ずしも可能でない。

失業者は日米とも、(1) 就業者以外であること、(2) 就業の意志があること、(3) 就業が可能なこと、(4) 具体的な求職活動をしていることの4条件を満たす者である。しかし、日本の労働力調査の質問形式では、就業意志の条件と就業可能な条件をテストする質問事項がない。この意味で、日本の労働力調査は、失業条件の明確な諸規定を欠いている、といわざるをえない。アメリカの失業者についての調査項目は、現実に雇用されているのか否かのテストにウエイトがある。これに対し、日本の場合には求職活動をしているか否かのテストにウエイトがある。

日本の失業者、失業率のアメリカ概念への調整は、種々行われている。これらの作業には、いくつかのポイントがある。岩井はそれらを整理している。アメリカの労働力人口は16歳以上、日本のそれは15歳以上と年齢制限が異なる。またアメリカの労働力人口は施設収容人口と施設非収容人口とに分類され、後者はさらに軍隊を含めた総労働力人口とそれを含めない文民労働力人口とに分けられる。公表される労働力人口は、後者である。日本の労働力人口の規定には施設収容人口と施設非収容人口の区別はない。軍隊は労働力人口に入っている。1982年以前の日米比較では、したがって、労働力人口から自衛隊員数を除く必要がある。

従業者に関して、アメリカではILO基準にのっとって、週15時間未満家族従業者は非労働力人口に分類されているので、日米比較のためには、日本でも同様の措置を講じる必要がある。レイオフ者は、アメリカでは失業者に含まれる。日本での「休業中の一時帰休者」は、アメリカと制度上異なる部分があるものの、レイオフ者に相当するので事実上の失業の顕在化とみなしうるため失業者に分類する。問題はこの指標が1980年以降、公表されなくなったことである。

失業者の概念規定で、アメリカのその規定は上記4条件についての判定可能な設定がなされ、働く能力や意志があるのに解雇された者、新規に労働市場に

参入し、職がないために求職活動をしている者が失業者とされる。日本では就業の意志や就業能力の有無を具体的に判定する設問がなく、就業せずに求職活動をしているものが失業者とされる。そのことをふまえ、岩井は失業者の概念規定に含まれる範囲での調整を行っている。その詳細をここに再掲できないが、組み替えで議論が分かれる主な論点は、「結果待ち求職者」「就職内定者」の扱いである。

アメリカの失業概念への調整によって、日本の1979年3月と1982年3月の失業率はもともと2.5％、2.6％であったのが、4.2％、3.9％となる。公表失業率に対する調整失業率の上昇の大きな要因は、非労働力人口のうちの求職・就業可能者と就職待機者を失業者に組み入れたことによる。この傾向は、当然ながら、女性の非労働力人口に顕著である。

岩井は次に、相対的過剰人口を示す日米の失業・不安定就業者層の推計を行っている。推計には、日本に関しては労働力調査（特に同特別調査）、アメリカに関してはCPSが使われている。

調整の結果表（1979年、1982年）から言えることは、次のとおりである。(1) 従業上の地位別従業者でみると、日米とも相対的に減少している。日本での自営業者、家族従業者（大多数は女性）の比重が大きい。(2) 失業者の内訳をみると、日本の非労働力人口にしめる就業希望者、非求職・就業希望者の割合が著しく高く、とくに女性で顕著である。(3) 短時間労働者については、日本では短時間自営業者、短時間家族従業者の比重が著しく高く、アメリカでは経済的理由（非自発的理由）による短時間就業者の女性の割合が大きい。(4) 日本の失業・不安定就業者の数は2,003万人（79年）、1,972万人（82年）、その対労働力人口比である不安定就業・失業率はそれぞれ33.2％（79年）と32.0％（82年）、女性では54.6％（79年）と52.9％（82年）に達する。この数字はアメリカでは26.7％（79年）、31.6％（82年）、女性で38.7％（79年）、33.3％（82年）であった。また雇用者・不安定失業率は、日本で36.0％（79年）、29.2％（82年）［女性で61.4％（79年）、48.9％（82年）］、アメリカで27.1％（79年）、32.0％（82年）であった（アメリカの女性の数値はない）。日本のほうが、公表失業率で表示しえない大量の失業・不安定就業者が存在するということである。

日米の失業率の比較に関しては論争があり、岩井論文ではその論争を踏まえて

議論が展開されている。重要なのは、統計の形式的比較よりも、統計の背後にある日米の雇用慣行、労働市場の特殊性との関係で失業・不安定就業の構造的比較を行うことである。

4．統計と人権

(1) 精神衛生実態調査

　調査統計では、調査者（主体）と被調査者（客体）とが向かい合う。この関係は必ずしも対等ではない。被調査者が調査する側の論理によって調べられるという受け身の関係にあるのが通常である。調査者は行政目的、政策・施策の実行のために社会経済の実態を把握する必要があり、そのために統計作成に関与する。調査主体は、他計式にせよ自計式にせよ、調査票を介して情報の蒐集にあたるが、この場合、情報の提供者は被調査者である。この際、情報収集者である調査者と被調査者との関係は上記のように微妙である。調査者が被調査者の人権、利益、プライバシーを犯すことは許されない。調査はそのことの強い自覚のもとに行われなければならない。統計調査はこのルールの範囲で実施されなければならない。被調査者の側でもそのことを充分に理解せず無関心であると、調査そのものがわずらわしく、不快なものとなる。調査する側は調査に常にこのような問題がつきまとうことを自戒すべきである。それは言葉を換えて表現すれば、統計調査に関わる人権を尊重するという問題である。この問題に対する十分な理解と実践的感覚を欠くと、横本宏が論文「精神衛生実態調査が残したもの」（1987年）[25]で指摘したような重要な事態を招来することになる。以下ではこの論文の内容を紹介する[26]。

　1983年、厚生省（当時）は「精神衛生実態調査」を実施した。実施以前から反対運動があったが、厚生省はそれを無視して調査を強行した。この調査は10年

---

[25] 横本宏「精神衛生実態調査が残したもの」広田伊蘇夫・暉峻淑子『調査と人権』現代書館、1987年。
[26] 関連資料に、次のものがある。北川豊「不合理に計画・実行された統計調査——厚生省1983年度『精神衛生実態調査』の場合——」『社会科学論集』（埼玉大学）第55号、1983年。

おきに行われていたもので、83年調査以前の73年調査でも聞き込み調査という方法が人権侵害として批判され、患者3人の自殺者まで出たいわくつきの調査であった。

　83年調査の内容は、リストアップされた全国の精神神経科病院（834医療施設）に、通院、入院している全患者に一連番号を振り男女別・年齢別に記入した調査票を厚生省に提出させ、厚生省はそこから100分の1の抽出を行って、その患者に関する30項目におよぶ調査を行うというものであった。調査票に記入するのは主治医である。患者に秘密裏に記入を行い、厚生省に調査票を提出する。該当する精神疾患名は360あり、成績不良、喘息、怠学、登校拒否、同性愛、非行、未熟な人格、無断欠勤、問題行為、夜尿症などが含まれていたという。患者のカルテから事務員がその病名に当たるものをリストアップするというものであった。

　反対運動は広範に広まったが、厚生省はこれを強行実施した。しかし、10都府県では中止された。これでは調査の体を成していない。集計しても、それは意味のない数字でしかない。驚くべきことに、調査結果は1985年3月に突然公表された。翌4月1日には、この調査の担当課長が岡山県へ異動、同課の責任者も変更となる異例の人事が行われた。

　この調査が患者の人権を無視した調査であることは、一目瞭然である。横本はこの調査の不当性を、次の3点に集約して論じている。第一はこの調査の集計結果の意味である。第二はこの調査が統計史上に汚点を残すものであった理由である。第三はこの歴史にのこる不当な調査が、統計調査の在り方、あるいは統計調査に何を問うたかである。

　83年調査は、確率標本調査であることを銘打って行われた。標本調査である以上、無作為調査でなければならない。しかし、厚生省はあの手この手を使って調査票の回収にやっきになったが、回収率は極めて低かった（横本は30-40％と推定している）。厚生省は回収率が低くとも、調査票の絶対数は大きいから統計調査として意義があると強弁した。厚生省のこの説明に、時の行政管理庁も同調した。しかし、調査論の原則から言えば、回収率を高めるために作為を施した標本調査はすでに標本調査ではない。回収された調査票を集計しても、そこに多少の意味があるとすれば、それは事例調査として、である。

横本はこの調査に、調査する側の差別と無責任があるとみている。調査内容の欠陥は上記のとおりである。被調査者が「精神障害者」だから主治医が代わって調査票に、しかも患者の了解なく記入するという調査は、被調査者の意志をふみにじる差別的調査以外のなにものでもない。そのような調査が10年ごとに、反対運動を無視し「予算消化」を名目に、「あとは野となれ山となれ式」で実施されたのでは、統計の意義を国民の間に広く根づかせようと努力している人たちにとっては、不本意な話である。なぜならこの種の調査が、差別と組織的無責任のもとに行われれば、それは統計調査に対する国民の不信を募らせるだけで、結果的に統計環境の悪化を助長するからである。

この調査を契機に横本は、「被調査者のための統計学」を提唱している[27]。今日の支配的統計学である数理統計学は、確率論にもとづいた数字データの数学的に解析、処理を課題とし、統計そのものをどのように集めるか、またその信頼性、正確性の検討に関心がない。統計をいかに作るかを「統計利用者のための統計学」を再編したのが蜷川統計学である。横本はこの蜷川統計学をさらに進めて、「被調査者のための統計学」が必要ではないかと述べている。

(2) ジェンダー平等統計

政府統計に固有の問題点は、1990年代に入ってジェンダー平等視点からも指摘されるようになった。議論の対象となったのは、性別表記が存在して当然であるにもかかわらず、それが欠けている統計の問題点、また性差別の実態の把握やその改善に無関心な統計の実態である。無意識的慣行でそうなっているものもあれば、意図的に性別表記が避けられているものもある。問題なのは、ジェンダー平等統計に無関心である状況が長く続いたことにつきる。日本でこうしたことが取り沙汰されるようになった背景には、「国際女性年」(1975年)を契機に、女性に関する統計の改善に関わる国際的論議があった。この事情について触れておきたい。

今日でこそジェンダー平等統計は社会統計学のなかで確固たる市民権を得ているが、30年ほど前まではそうではなかった。ジェンダー平等統計への関心が

---

27) 横本、前掲論文、210頁。

寄せられるに至った契機は、1975年に国連が提唱した国際女性年とそれに続く「国連女性の10年─平等・開発・平和─」で展開された諸活動である。75年のメキシコ・シティにおける世界女性会議での「メキシコ宣言」と「世界行動計画」の採択以降、79年12月の第34回国連総会で採択された「女性に対するあらゆる形態の差別撤廃条約」、80年の「国連女性の10年」の中間地点で開催された世界女性会議（コペンハーゲン）、85年の世界女性会議（ナイロビ）で採択された「女性の地位向上のための将来計画」を経て、女性の地位向上、あらゆる種類の性差別撤廃を目標に掲げた国際的運動は大きなうねりとなった[28]。一連のこの問題の意味を敏感に受け止めて先駆的にとりあげたのは、伊藤陽一「統計における性差別」（1987年）である[29]。

ジェンダー平等統計に関して、上記の「世界行動計画」では、女性に関する資料および統計資料の絶対的不足、家内活動が経済活動とみなされないことによる女性の活動の統計からの脱漏、女性の存立状態についての調査が不十分なこと、「世帯主」概念の歪曲、女性に関する統計指標の国際比較の困難性の指摘がなされた。これらの事実認識のもとに、個人、世帯および家族構成に関する統計調査の結果を性別に示すべきこと、政策立案、企画への女性の参加、家内活動の経済的社会的貢献についての評価を改善すべきこと、女性の社会的地位の分析に必要な社会経済的指標の集積に努めるべきことが提言された。「世界行動計画」のこれらの提言は報告書「性的ステロタイプ、性的偏りと国家のデータシステム」に一部具体化され、「国連女性の10年の後半期計画」で再確認された。そこではまたINSTRAW（国連女性問題調査訓練所）との協力関係が織り込まれた。こうした動きはさらに、「国際女性の10年」を締めくくるナイロビ会議（1985年）で採択された「ナイロビ将来戦略」に継承される。

これらの国際的問題提起にてらすと日本の政府統計には、多くの課題があ

---

[28] 岩崎俊夫「女性労働と統計──ジェンダー統計初期の動向──」『社会統計学の可能性』法律文化社、2010年。オリジナル論文は、「女性労働に関する統計指標の国際的展開」『立教経済学研究』第46巻第1号（1992年）と「女性労働と統計──経済活動人口指標を中心に──」『賃金と社会保障』第118号（1993年）で、これら2本の論文を著作に納めるにあたって改稿の手を加え、一つにまとめた。
[29] 伊藤陽一「統計における性差別」『統計学』第52号、1987年、が詳しい。

る[30]。なかでも政府統計における「世帯主」概念の問題点は、社会統計学の研究者が積極的にとりあげた論点である。それらの中から、田中尚美「統計における『世帯主』の概念」(1990年)を紹介したい[31]。この論文は、伊藤セツ・居城舜子「総務庁〈家計調査〉勤労者世帯の収入主体の分類をめぐる問題点」(1989年)による問題提起を受けて書かれたものである[32]。以下に、田中論文の論旨を追い、問題の所在を確認する。

世帯を調査単位とする統計では、「世帯主」の属性で世帯を分類することが多い。ほとんどの場合、「世帯主」は「夫」が想定されているが、「妻」が「世帯主」の場合もあり、徐々にそのような世帯は増加している。

「世帯主」を「夫」とすると、統計上、次のような奇妙なことが起こる。勤労者世帯を収入主体で区分する場合、家計調査の世帯分類はかつて「世帯主」「妻」「他の世帯員」と三区分されていた。「世帯主」は「世帯の家計費の主たる収入を得ているもの」とされ、そこに性別の規定はないが、暗黙の裡に想定されている「世帯主」は男性である。この想定では、例えば妻が「世帯主」であった場合、妻の収入は「世帯主」の欄に計上され、夫のそれは「他の世帯員」の欄に記入される。夫は「妻」でないからである。このような妻が「世帯主」のケースを交えて集計された「世帯主」の欄には、「世帯主」が夫である世帯の収入と「世帯主」が妻である世帯の収入とが混在し、「妻」の欄に「世帯主」が妻である世帯の収入が入らない。まことに奇妙な、実態把握に支障をきたす統計ができあがる。(1990年代に入ってから、部分的改善措置ではあるが、「世帯主」の対語に「配偶者」をおき、主要統計に限ってそれぞれに男女の別が明示されるようになった。)

みられるように、「世帯主」＝男性とする措置(社会通念、暗黙の了解)は統計の集計上の問題として欠陥をもたらす。しかし、そもそも「世帯主」概念を男性とする社会通念は、妥当なのかどうか。「世帯主」がなぜ男性でなければならないのか。そのような通念の根源はどこにあるのか。田中論文はジェンダー

---

30) 伊藤セツ「生活・ジェンダー・社会生活」「ジェンダー統計視点にたつ」『生活・女性問題をとらえる視点』法律文化社、2008年。
31) 田中尚美「統計における『世帯主』の概念」『統計学』第58号、1990年。
32) 伊藤セツ・居城舜子「総務庁〈家計調査〉勤労者世帯の収入主体の分類をめぐる問題点」『家庭管理学研究室報』(東京都立立川短期大学、第13報、1989年。

平等統計との関わりで、この疑問をほりさげている。

　田中の調べでは、「世帯主」を「世帯を主宰するもの」とする定義は、大正時代に制定された寄留法に依る。寄留（制度）は、本籍を離れて世帯を構成する際（90日以上住所または居所が異なる場合）に使われた用語である。戸籍のある本籍地で生活が営まれている場合、戸主＝「世帯主」であるが、本籍を離れて世帯が構成された場合、「世帯を主宰するもの」は戸主ではなく、「世帯主」となった。これを定めた寄留法は、1914年に制定された。第一次世界大戦後、戦時色が強くなるにつれ、市町村は配給制度実施の必要性から世帯台帳が作成されるようになり、この台帳が住民の把握のための基礎資料となった。

　第二次大戦後、新民法が制定され（1947年）、家制度が廃止された。旧戸籍法は新戸籍法に代わり、先の寄留法も現実の家族である世帯を把握する住民登録法にとって代わられた（1951年）。住民登録法はその後、1967年に住民基本台帳法に引き継がれた。このような変遷はあったが、世帯を主宰する「世帯主」という規定は、寄留法から住民基本台帳法まで一貫している。「世帯主」をただちに男性とするのは、偏見である。性差別の現れの一形態である。そうした批判を避ける目的で考えられたのが、「世帯主」を「主として世帯の生計を維持する者」とする案である。しかし、この措置は性差別がないかのようなみせかけの表現にすぎない。

　それでは、世帯に関する統計で、「世帯主」概念にどのような代替案が可能だろうか。田中は、勤労者世帯では夫、妻、子供の属性を単独で、あるいは組み合わせて使うのが合理的である、例えば共働き世帯では夫と妻の収入額の二重分類表示が考えられるとしている。本文中で、田中は伊藤セツ、居城舜子による改善案を紹介している。その提案の内容は、(1) 現行（当時）区分をそのまま生かし、「世帯主」と「他の世帯員」をそれぞれ夫、妻、他の世帯員別に区分する、(2)「世帯主」という用語に代えて「家計代表者」とし、その対語を「配偶者」とし、それぞれ夫と妻に細区分する、(3) 核家族世帯については、「世帯主」「妻」の代わりに、「夫」「妻」「子」という区分を採用する、というものである。

　田中の確信は、「世帯主」概念の廃止が憲法に定められた男女平等を具現し、国際的に展開されている女性差別撤廃条約の運動につながる、という主張に込められている。

現在、「全国消費実態調査」の用語解説では、世帯主は現在も依然として「世帯主とは、名目上の世帯主ではなく、その世帯の家計の主たる収入を得ている人をいう」となっている。ただし、「『妻の収入』とは、用途分類の『世帯主の勤め先収入』のうち『世帯主が女の収入』、『世帯主の配偶者の勤め先収入』のうち『配偶者が女の収入』及び『(再掲) 農林漁業収入を除く配偶者の事業・内職収入』のうち『配偶者が女の事業・内職収入』の合計額である」と記述されている。「家計調査」では、実収入の中で性別のデータが得られるのは「勤め先収入、世帯主収入、うち男」及び「勤め先収入、世帯主の配偶者の収入、うち女」となっている。

5．むすび

筆者は本章で経済統計論の分野における3つの論点すなわち統計分類、国際比較。人権の問題に焦点を絞り込み、印象に強く残っている関連論文を諸介した。

三潴論文からは一見、形式的に見える職業分類、産業分類が、実は社会発展の歴史のなかで確定されてくるプロセスを知ることができる。また、喜多論文は農業の実証分析の際に避けることができない農家分類の難しさ、しかしできるかぎり実態を正確に認識するためになされなければならないカテゴリーの吟味の重要性を教えている。

佐々木論文、岩井論文からは、国ごとに異なる統計作成の原理、方法、手続きを前提として、労働時間と失業率という主要な経済指標を比較可能な形に整える意義が伝わってくる。いずれの論文も、当該分野での先駆的な仕事である。

横本論文、田中論文では、精神衛生実態調査、世帯主概念において、政府統計が古い固定観念のもとに作成され、そのことが人権を侵犯する問題になりかねず、長く改善されないままに放置されてきたことが論じられている。

他にも取り上げなければならないこの種の問題は多数ある。機会があれば、あらためて他の論点をとりあげ、紹介したい。

第11章
物価指数論

1. 論点と関連論文

　物価指数作成の歴史については、指数算式の多くの試み、各国での指標作成の取り組み、またILOでの議論の経過に目配りしなければならない。玉木義男「物価指数の作成」（1988年）は、日本、アメリカ、イギリス、フランス、西ドイツなどの経験を紹介している。「物価指数の沿革」では、戦前の「生計費指数」と戦後の「消費者物価指数」の位置を確認できる[1]。

　日本の物価指数は、1895年（明治28年）の『貨幣制度調査会報告』に掲載された1873年（明治6年）基準の1894年（明治27年）までの指数（各年）がもっとも古い。その後、この種の指数は続々と登場する。消費者サイドに近いところで測定された指数としては、日本銀行の行内資料として1904年（明治37年）1月基準の小売物価指数が、公表されたものとしては1914年（大正3年）基準の「日銀調東京小売物価指数」が最初である。家賃、光熱費、娯楽費、教育費、衛生費、通信交通費など物的形態をとらない品目を含め、生計費指数として自覚的に作成されるようになったのは、1937年（昭和12年）からである。戦後1946年（昭和21年）、この指数は、消費者物価指数と名称を変更した。戦前の内閣統計局生計費指数は、総務庁統計局消費者物価指数となった。

　消費者物価指数（以下、原則としてCPIと略）は重要な経済指標のひとつに数えられるが、この指標の性格はその由来なり中身を検証すると曖昧模糊とし

1）玉木義男「物価指数の作成」『物価指数の理論と実際』ダイヤモンド社、1988年。

ている。現在、使われている指数算式（ラスパイレス式）の中身を仔細に検討すると、この指数はいわゆるマーケット・バスケット方式に準拠した集計量を使ってもとめられ、実際の計算に家計調査の結果がウェイトとして利用されることから推し量ると、生計価格指数（生計費指数ではなく）としての色彩が強い[2]。この指数は一体何を反映した指標なのか、財とサービスの価格の平均的変動なのか、貨幣価値なのか、その購買力なのか、明瞭でない。

物価指数論は社会統計学の分野で中心に位置するテーマであり、研究の蓄積は豊富である。著作として石田望『物価指数――その実態に無関心でよいのか――』（1974年）、玉木義男『物価指数の理論と実際』（1988年）、高木秀玄『物価指数論史』（1994年）、永井博『経済体制と指数・指数算式――エリ・エス・カジネッツの指数理論と現在――』（2006年）がある[3]。『統計学』には、おりにふれて、この分野での研究成果をまとめた、サーベイ論稿が掲載されている[4]。この分野における主な論点を示すと、筆者の整理では以下のとおりである。

(1) 物価指数論の歴史、(2) 物価指数作成の歴史、(3) 物価指数と生計費指数、(4) 客観価値説からの物価指数の基礎づけ、(5) 物価指数の体系化。なおこれらの区分におさまらないが、銘柄指定の問題に関して森博美「消費者物価指数に関する一考察――「統計局消費者物価指数」における銘柄変更の取り扱いをめぐって――」（1977年）[5]、山田貢「消費者物価指数における銘柄変更問題と指数の意味」（1988年）[6]、品質調整に関して石原健一「ヘドニック価格指数の基本問題」（1981年）[7]、「物価指数における品質の理論的取り扱いについて」（1988年）[8]がある。

---

2) 物価指数を作成している総務省統計局は、この点を否定している。
3) 石田望『物価指数――その実態に無関心でよいのか――』白耳社、1974年；玉木義男『物価指数の理論と実際』ダイヤモンド社、1988年；高木秀玄『物価指数論史』高木秀玄先生著作刊行会、1994年；永井博『経済体制と指数・指数算式――エリ・エス・カジネッツの指数理論と現在――』梓出版社、2006年。
4) 横本宏「物価統計」『統計学』第30号、1976年；石原健一「物価・家計統計」『統計学』第49・50合併号、1986年；石原健一「指数論」『統計学』第69・70号、1996年。
5) 森博美「消費者物価指数に関する一考察――「統計局消費者物価指数」における銘柄変更の取り扱いをめぐって――」『研究所報』No.2（法政大学日本統計研究所）1977年。
6) 山田貢「消費者物価指数における銘柄変更問題と指数の意味」『経済論集』（大東文化大学）第45号、1988年。
7) 石原健一「ヘドニック価格指数の基本問題」『千里山経済学』第14巻第2号、1981年。
8) 石原健一「物価指数における品質の理論的取り扱いについて」『岐阜経済大学論集』第22

付言すると、1970年代の後半に東京都の美濃部都政下で実施された「東京都生計費指数研究会」[9]による東京都世帯階層別生計調査（1978年7月〜1980年3月）の経験は特筆されなければならない。その詳細に関して、事実関係だけを簡単に言及しておきたい[10]。「東京都生計費指数研究会」は、「東京都民の生活実態をあらわす生計費指数の作成方法およびこれに関連する諸問題の研究」を課題とし、実践的研究を行った。中間報告書は1977年4月27日に、最終報告書は1978年3月に作成され知事に提出された。提言された統計指標は、①階層・類型別生計費指数、②階層・類型別家計調査（典型調査）、③重要商品価格動向である。東京都統計部は、「最終報告」に盛り込まれた提言にそって、1978年7月から「世帯階層別生計費調査」（約300世帯）の実施に入った（結果は月報及び年報で公表）。また、1979年6月から「暫定生計費指数」を作成した（『東京都世帯階層別暫定生計費指数』として月報で公表）。

　その後、ウェイト資料として、「消費支出」が1978年7月から79年6月の調査まで算出され、「非消費支出」および「実支出以外の支出」が当該調査をもとに一定の方法で算出された。また価格資料として、「消費支出」に関してはCPI（東京都区部）の個別価格指数が、「非消費支出」および「実支出以外の支出」が別の方法で計算された。さらに「生計費調査」に関しては、1979年4月分から『東京都世帯階層別生計調査』として月報、年報が発表された。東京都独自のこの典型調査方式による家計調査と生計費指数は内外で評価を受けた。しかし、この試みが軌道に乗り始めた矢先、1979年4月の都知事選で美濃部都政が鈴木都政に代わり、調査の継続は取りやめとなった。

　以下では、主として消費者物価指数論の展開を追う。物価指数と生計費指数

　　巻第2・3号、1988年。
9）メンバーは、青木淑子（生活経済研究所）、伊藤陽一（法政大学）、北川豊（埼玉大学）、小宮源次郎（全日本労働総同盟調査局）、坂元慶行（統計数理研究所）、高橋菊江（日本労働組合総評議会生活局）、田村羊子（日本生活協同組合連合会）、暉峻淑子（埼玉大学）、三潴信邦（筑波大学）、谷茂岡正子（東京都物価調査員）、横本宏（国民生活センター）。
10）『東京都生計費指数問題に関する研究報告（『東京都勤労者生計指標』作成についての中間報告）』1977年。『東京都生計費指数問題に関する研究報告（『東京都勤労者生計指標』の作成について）』1978年。三潴信邦「生計費指数復権の試み」『経済学論集』（筑波大）第4号、1979年。三潴信邦「『東京都世帯階層別生計調査と生計費指数』の中止について」『統計学』第39号、1980年。同「生計費指数批判の背景」『統計学』第41号、1981年。

との関連については、別途、整理が必要と考える[11]。

2. 現行消費者物価指数の基本性格

現行CPIの算式は、基準時固定ウェイト加重算術方式としてのラスパイレス式である。このラスパイレス式（L式）ととともに、比較時固定ウェイト加重算術方式としてのパーシェ式（P式）がよく知られている。価指数の算式には、この他にもフィッシャー式、エッジワース式などが知られている。I. フィッシャー（I. Fisher）によれば、その算式は数え上げれば100を超えると整理し、自身は「理想算式」（フィッシャー式と呼ばれるラスパイレス指数とパーシェ指数の幾何平均）を推奨した[12]。この算式は日本でも戦後、一時、使われた。パーシェ式は、旧ソ連など東欧諸国で利用されたことがある。

現行CPI上記算式（ラスパイレス式）の意味は、基準時点と比較時点における諸商品の価格の総和の比率、より正確には両時点での一定の効用水準を維持するために必要な貨幣支出額の比率である。一般に、この指数は二面的性格をもつと理解される。一方の理解は文字通り、財とサービスの価格変動の平均的動向を捉える指標としての性格である。他方の理解は生計価格指数としての性格である。二面的性格と指摘したが、それは明確な両義性をもつということではなく、両者の性格が曖昧なまま混然一体化しているという意味合いである。

現行CPIの基本的性格とその問題点に対しては、さまざま角度からの問題点の指摘がある。問題点の主要なものはそれが主観価値説の系譜上にあり[13]、前提にある消費者選択理論に固有の非現実性である。また、CPIの指数算式の内容を仔細に検討すると、生計価格指数的性格を否定できないので、消費者実感

---

[11] 関連文献の若干を掲げる。伊藤陽一「階層別生計費指数における世帯の階層区分」『国民生活研究』第16巻第3号、1977年；高崎禎夫「生計費指数の理論的把握」『広島大学総合科学部社会文化研究』第3号、1978年；三潴信邦「生計費指数復権の試み」『経済学論集』（筑波大学）第4号、1979年；横本宏「生計費研究における現代的課題——家計調査の問題を中心に——」『研究所報』（法政大学日本統計研究所）第6号、1986年（『家計研究における現代的諸問題』『現代家計論』産業統計研究社、2001年、所収）、など。

[12] I. Fisher, *The Making of Index Numbers*, Third Edition, New York, 1967.

[13] 高崎、前掲書。

とのズレが指摘されることもある。想定される「平均消費世帯」概念自体の曖昧さは、その一つである。さらに、指数計算のウェイトに利用される基礎資料が家計調査の支出項目のうちの消費支出項目に限られ、非消費支出の項目である直接税、社会保険料などが除かれていること、住宅の購入費が帰属家賃として扱われ、そのウェイトが小さいこと、等々がある[14]。基礎として利用される家計調査の信頼性、正確性も当然、問われる[15]。

多くの諸国のCPIの計算は、ウェイトに家計調査の消費支出に関する統計が用いられる。日本では指数計算に採用される品目は家計調査の結果にもとづき、世帯が購入する多数の財及びサービス全体の物価変動を代表することを目的に、家計の消費支出の中で重要度が高い（消費支出の10,000分の1以上を目安）ものである。その品目総数は、585（持ち家の帰属家賃、沖縄のみで調査する4品目を含む）である（2015年基準）。

現在のCPIはこのように、ウェイトを家計調査の消費支出からとる。CPIがこうした形をとるにいたった背景には、一方での物価指数作成の流れと、他方での生計価格指数の流れとが20世紀の初めに、効用概念をめぐる論議を媒介として結びつけられた事情がある。

この点に関して重要なのは、無差別効用曲線、予算制約線、消費者均衡点などの概念を使った消費者選択理論の登場である。19世紀後半以降、W.S. ジェボンス（W.S. Jevons 1835-82）、V. パレート（V. Pareto 1848-1923）、A. コニュース（A. Конюс）などによるこの理論は、物価指数計算の理論的基礎として位置付けられるようになった。前提にあるのは消費者個人の選好尺度を不変とし、価格に対して合理的行動をとる抽象的な個人が、所与の予算制約の範囲で、効用関数に表される選好尺度に従い、効用最大化の原理のもとで財を購入するという仮定である。真の物価指数のありかたをもとめて、限界値論、近似値論がラスパイレス式、パーシェ式と絡めて盛んに議論されたことは、物価指数論史ではつとに知られている。消費者選択理論をベースとした議論を背景に、効用最大化原理のもとで行

---

14) 三潴信邦『物価と物価指数――CPIと生計費指数』教育社、1978年。横本宏「物価統計」『統計学』第30号、1976年。伊藤陽一「統計局物価指数のしくみと問題点」『くらしを反映する指数を――消費者物価指数の問題点をえぐる――』春闘共闘委員会、1976年。山田茂「消費者物価指数作成過程の検討」『統計学』第71号、1996年。
15) 三潴、前掲書；横本、前掲論文。

動する消費者ニーズの結果が家計消費の消費支出の費目と対応づけられれば、後者が指数のウェイトに採用されるのは自然の成り行きである。

ここで指摘しなければならないのは、生計費調査とそこから派生した生計価格指数の系譜である。フランスで始まった生計費研究の画期的業績は、E. エンゲル（E. Engel 1821-96）の家計簿にもとづく家計調査と言われる。エンゲルは、それ以前の F. ル・プレ（F. Le Play 1806-82）などにみられた個別世帯を対象としたモノグラフ的調査では労働者階級の生活実態の客観的把握に適当でないとして、家計簿による調査を試みた。労働者家計の調査に家計簿を利用する方法は家計簿法と呼ばれ、それまでの財政的方法（消費に関するデータを国家、地方自治体の租税報告から得る方法）などと異なり、客観的に実態を把握できる調査方法と評価された。

生計費研究のこうした動きは、主に労働者家計の実態をとらえる目的で、生計価格指数作成の要請を後押しした。第2回 ILO 国際統計家会議決議（1925年）では、生計価格指数の作成が取り沙汰された。この第2回会議では現在も使用されているマーケット・バスケット方式による生計価格指数の基本的概念と方法について議論がなされた。関心のよりどころは、生計価格指数が賃金の購買力を測る指数として、労働者の生活標準を維持する費用（「家計支出調査」による）の変動を測定するという意図から、標準世帯の家計支出に占める品目とウェイトの選択は家計支出調査にもとづくべきこと、それらは社会階層ごとで作成されるべきこと、指数算式は一般に個別価格の変動を基準時のウェイトで加重平均するマーケット・バスケット方式によるべきことであった。このように、ILO は当初、物価指数を生計費指数と位置付け、その観点から指数の発展を展望していた[16]。

上記の2つの系譜が結びつき、消費水準による CPI の作成が一般化するにいたった。というよりはむしろ、現在 CPI と呼ばれているものは、第二次世界大戦までは生計価格指数という呼称が通常になり、その後、指数の対象が労働者から消費者一般に拡大するに及び、いわばなし崩し的に呼称が変更された。背景には、アメリカでの戦中の指数論争があり[17]、その延長線上で、第6回 ILO

---

16) ILO の議論の経緯に関しては、岩井浩「消費者物価指数の対象反映性」『関西大学経済論集』25巻2-4号、1975年、が詳しい。
17) 松村一隆「戦時アメリカにおける物価・賃金統制と生計費物価指数」『法経論集』（開学30周年記念論文集・経済編）、1976年；同「戦時アメリカにおける指数論争」『研究所報』No.2（法政大学日本統計研究所）、1977年。

国際統計家会議決議（1947年）で、生計価格指数は CPI へ名称変更されたという経緯がある。名称変更に伴う理論的根拠は薄弱であった。日本の CPI はアメリカからの直輸入で、戦後、占領軍の指導の下で現行のスタイルになった。

3．黎明期の物価指数

(1) ラスパイレスとそれ以前の指数

　物価指数の算式にはいろいろな型があるが、それらは何を測る指標なのであろうか。物価指数作成の歴史をさかのぼると、当初、指数作成を試みた経済理論家の関心は貨幣価値の測定にあった。それが次第に種々の基準が持ち込まれ、多くの算式が編み出された[18]。

　E. ラスパイレス（E. Laspeyres 1834-1913）が自らの物価指数論を公にしたのは、1864年に書かれた論文である[19]。この論文のタイトル「ハンブルクの商品価格1851-1863と1848年以後のカリフォルニアとオーストラリアの金鉱の発見」からわかるように、ラスパイレスはこの論文でゴールドラッシュに起因する諸商品の価格変動が商品の生産高の変動と貴金属の生産高のそれのいずれによるか、という問題をとりあげた。その結果、貨幣価値の低下または物価騰貴の原因は、金鉱の発見にあるとした。しかし、貨幣価値はそれとの交換でどれだけの商品を購入し得るか、すなわち貨幣の購買力で把握できるとした。これは貨幣価値を相対的交換価値でとらえる貨幣数量説に特有の見解である。

　関連して、ラスパイレスは当該論文で、W.S. ジェボンズが指数算式に幾何平均法を用いたことに反発し、算術平均法の優位性を主張した[20]。また計算のため

---

[18] 物価指数論における主観価値説と労働価値説との対立の問題点を論じたものに、内海庫一郎「物価指数論における客観価値説と主観価値説」『国民経済』第5巻第5号、1950年；同「経済指数の意味と算式」『エコノミスト』1957年（昭和32年）6月1日号、がある。

[19] E. Laspeyres, Hamburger Waarenpreise 1851-1863 und die californisch-australischen Goldentdeckungen seit 1848, Ein Beitrag zur Lehre von der Geldentwerthung, *Jahrbücher für Nationalökonomie und Statistik*, Band 3, 1864.

[20] W.S. Jevons, A Serious fall in the value of gold ascertained, and its social effects set forth, published in "*Investigations in Currency and Finance*", 1909.

の資料はA. ゾートベア（A. Soetbeer）が利用した資料（1831-40年、1854年、1855年のハンブルク市の約40品目の商品価格資料）に拠った。ラスパイレス自身は、自らの論文を執筆した当時、指数算式の方法論議にあまり関心がなく、単純算術法を採用した。

文献によると物価指数の作成は17-8世紀にイギリスで始まり、幾多の試みが存在した。当初は、諸商品の価格騰貴の程度を測定することが問題意識にあり、CPIではなく、卸売物価指数的性格の指数が作成され、計測対象期間は長期にわたり、計算方式は単純平均法が主で、今からみれば粗い方法であった。以下にその動向をたどる。

物価水準の指標化は資本主義社会の黎明期に既にみられた。物価指数を初めて作成したのは、R. ボーアン（R. Vaughan）である[21]。ボーアンは1675年に出版した『硬貨及び鋳貨制度』で、1352年を基準とする1650年の指数を計算した[22]。この時期、ヨーロッパは異常な物価騰貴に見舞われていた。背景には、スペイン植民地であった南アメリカでの一連の銀山開発（ポトシ銀山など）による銀生産の増加があった。この影響を受け、金銀本位制（銀が主役）をとっていたヨーロッパでは銀価格が急激に低下した。ボーアンは財貨および労働に対する貨幣価値の測定を意図し、上記の指数作成にあたった。対象品目は、穀物、家畜、魚類、服地織物、リンネル、皮革などであった[23]。

フランスでの指数作成の嚆矢は、デュト（Dutto）による。デュトは1738年に、ルイ12世および14世の時代（1462-1715）の物価の状態をいくつかの商品の価格の単純な総和（総和法）で比較した[24]。さらに、イタリアではG. カルリ（G. Carli）が1764年に、単純算術平均を使って指数計算を行った[25]。カルリはこの指数形式で、アメリカ大陸の発見と物価の関係を調べるため、1500年を基準とする1750年の価格比率を測定した（穀物、葡萄酒、油の3品目）[26]。

先に掲げた論文でラスパイレスが使用した物価指数の計算は、このカルリ方

---

21) J.L. Laughlin, *The Principles of Money*, New York, 1911, pp.171-72.
22) R. Vaughan, *A Discourse of Coin and Coinage*, chap.xi, pp.101-136.
23) J.L. Laughlin, *op. cit.*, p.171.
24) Dutot, *Réflexions politiques sur les finances et le commerce*, The Hague, 1738.
25) G.R. Carli, Del valore etc. (Opere scelte di Carli, ed. Ciustodi, vol.1, 1764)
26) *ibid.*, p.221.

式に準拠している。ラスパイレスは、指数計算にあたって、特別の経済理論をベースにしたわけでなく、算術平均法に拠っていた。その限りでは、その指数計算は価格変動の表象整理にとどまり、貨幣価値の測定を目的としたといっても、今日の時点で評価すれば、その実質的価値の測定には到底いたらず、その交換価値の形式的測定にとどまった。

　カルリ式（価格比の単純算術平均の比率）、デュト式（価格の算術平均の比率）による指数は、現在、CPIの下位集計レベルで利用されている[27]。日本のそれはデュト式による。

(2) ドロービッシュの改良式

　以上の物価指数作成の黎明期を経て指数研究が本格的になるのは、19世紀の半ば以降である。この時期、新たなゴールドラッシュによる物価騰貴を背景に、ドイツのゾートベア、ラスパイレス、パーシェ、イギリスのジェボンズなどが物価指数論を展開した。

　今日のいわゆるラスパイレス式の原型は、数学者のM.W. ドロービッシュ（M.W. Drobisch 1802-96）によって示された[28]。このことを明らかにしたのは、高木秀玄である[29]。以下、高木の所説により、その経緯を要約すると概ね次のようである。

　ラスパイレス自身は元来、単純算術平均法の擁護者であった。ドロービッシュ以前、ジェボンズはその論文で幾何平均法を使って1845-62年の物価指数を計算し（39の品目）、物価変動の原因を明らかにしようと試みた[30]。ラスパイレスは同時期のヨーロッパでの物価騰貴に関心をもち、その実態と原因を知るため、単純算

---

27) 物価指数の作成は、上位集計と下位集計の二段階から成る。通常のテキスト、文献には上位集計だけが取り上げられることが多い。下位集計のバイアスを扱った次の論文を参照。鈴木雄大「下位集計における価格変動とバイアス」『統計学』第108号、2015年。
28) M.W. Drobisch, Über Mittelgrössen und die Anwendbarkeit derselben auf die Berechnung des Steigens und Sinkens des Geldwerths. (Berichte über die Verhandlungen der Königlich sächsischen Gesellschaft der Wissenschaften zu Leipzig; *Mathematisch-physische Klasse*. Bd., Ⅲ. 1871.
29) 高木秀玄「物価指数算式の原型をめぐって」『関西大学経済論集』第14巻第5号、1964年；同「物価指数論史の一局面——再びM.W. Drobischの理論を中心にして——」『関西大学経済論集』第14巻4・5・6合併号、1966年；(高木秀玄『物価指数論史』[高木秀玄先生著作刊行会]、1994年所収)
30) W. Jevons, *op. cit.*, pp.13-98.

術平均法を援用し、指数計算を試みた。その指数は1831-40年を基準時とした1863年までの48品目の商品の価格騰貴を比率の平均で測定するというものであった。

ジェボンズ、ラスパイレスはそれぞれ、当時の物価騰貴の趨勢やその原因に関心を寄せ、自説を展開したが、このなかで価格変動を測る計算式の如何について若干の応酬があった。ジェボンズは価格変動を測る計算式を幾何平均法でとらえようと試み、ラスパイレスによる算術平均法に疑義を唱えた。ラスパイレスは、ジェボンズの幾何平均法を受け入れず、それが指数計算の目的にあわないと指摘した。ジェボンズ、ラスパイレスの指数算式をめぐる論争にはここでは深入りしないが、確認すべきことはラスパイレスが加重平均法の支持者ではなく、単純算術平均法に依拠した指数計算を妥当としたことである。

もっとも、ジェボンズにとっても、ラスパイレスにとっても、物価変動の計測を幾何平均法によるか、単純算術平均法によるかという指数算式の問題は副次的問題で、最大の関心事は、当時の物価騰貴の趨勢と原因の解明であった。

この副次的問題とみなされていた指数算式の問題に横槍を入れたのは、ドロービッシュである。彼が主張したのは、物価指数計算における加重算術平均法の優位性である。その原型は、彼の1871年の論文によって示された[31]。ドロービッシュはジェボンズの幾何平均法を酷評し、ラスパイレスの単純算術平均法を無意味な計算と否定し、加重算術平均法による指数算式を提唱した[32]。

自らの単純算術平均法について批判を受けたラスパイレスは、論文「平均的物価変動の算出」で、「改良式」を提示した[33]。しかし、それはラスパイレス自身が自らの発想で導いた式ではなく、ドロービッシュが示した算式の変型である。これが現在のラスパイレス式の淵源である。

今日、CPIと言えば加重算術平均方式のラスパイレス式のことと受け取るのが通常であるが、既述のように、ラスパイレス自身は当初から加重算術平均法に関心があったわけではない。このことをふまえ、高木はむしろドロービッシュこそ、加重算術平均法の原型を示した人物だと評価している[34]。

---

31) M.W. Drobisch, a. a. O.
32) 加重算術平均方式の最初の発想は、A・ヤング(Arther Young 1741-1820)の名とともにある。
33) E. Laspeyres, Die Berechnung einer mittleren Waarenpreissteigerung, *Jahrbücher für Nationalökonomie und Statistik*, Band 16, 1871.
34) 高崎禎夫も同様に指摘している。高崎禎夫「物価指数論史――物価指数論における近代経

ラスパイレスは自らの「改良式」によって1851-55年を100とした1856-60年の15年間に及ぶ指数計算を行った結果（当時のハンブルク市の「輸入物価指数」の統計資料を使用［82品目］）が、ドロービッシュ式（加重算術平均式）によった場合とも、単純算術平均式によった場合とも大きな差がないとした。ラスパイレスの問題点は「改良式」で加重平均法を示したが、算式の簡便さのゆえに算術平均法による指数計算に関心を逆戻りさせてしまったことである。

4．物価指数論の系譜

(1) 主観価値説の流れ

　物価指数論を通史的に扱った論文に、高崎禎夫「物価指数論史——物価指数論における近代経済学と客観価値説——」[35]がある。この論文は物価指数の経済理論的基礎を解明したもので、その論旨は原子論的指数論と関数論的指数論に共通する主観価値説の批判的検討[36]、客観価値説論の立場からの指数論の展開の展望である。以下でこの高崎論文によりながら、物価指数論の歴史を概観する。

　物価指数論の流れを高崎は、次のように大括りしている。一つは「一般物価指数＝『貨幣価値』指数」説である。もう一つは、「個人的物価指数＝関数論的生計費数」説である。前者はジェボンスに始まりフィッシャーまで、後者はG.F.ハーバラー（G.F. Haberler 1900-95）以降である。

　「一般物価指数＝『貨幣価値』指数」説は貨幣の内在的価値を認めず、その価値を貨幣と交換される財貨との相対価値とする。ジェボンスは物価変動が商品側の個別価格の変動と貨幣側の金価値の変動とによって引き起こされるとしたが、前者の変動は幾何平均式を用いることで相殺され、そのことによって物価変動の一般的要因である金価値変動を測定できると主張した。ジェボンスのい

　　済学と客観価値説——」佐藤博編著『現代経済学の源流——学説史的検討——』日本評論社、1975年、201頁。他に、岩井浩「貨幣価値と物価指数——いわゆる『物価指数の経済理論』の検討——」『関西大学経済論集』第22巻第3号、1972年、参照。
35) 高崎、前掲書。山田貢「現行消費者物価指数の問題点と階層別消費者物価指数の意義」『国民生活研究』第16巻3号、1977年、参照。
36) 高崎禎夫「フリッシュ『物価指数論展望』吟味」『統計学』第5号、1957年、参照。

わゆる金価値、貨幣価値概念は、主観価値説にもとづく。ジェボンスは「貨幣価値」という用語を避け、「交換比率」という用語を使用し、貨幣価値を他の財貨との量的交換比率とし、金価値変動の測定を金と交換される財貨の数量の変動の測定とした（貨幣数量説）。

ラスパイレスは物価騰貴を商品側と貨幣側の要因の複合作用と考え、単純算術平均法を主張した。彼は貨幣価値の低下または平均的商品価格の上昇の原因を、大部分の商品の生産の困難（商品の騰貴）と、金商品の生産の容易化にもとめたが、貨幣価値自体に関しては貨幣との交換にどれほどの商品を入手し得るかという貨幣の力、すなわち相対的交換価値のみを考えた。

E. エッジワースは物価指数複数論者（不定標準、通貨標準、消費標準、所得標準、生産標準、資本標準）であり、この点で上記の二人とは異なる。不定標準は一般的な標準として「貨幣価値」を対象とする指数とした。彼は不定標準指数の目的を貨幣標準の変動の確定と測定の最良の方法とし、誤差法則の援用によって諸価格の変動分布の数量的性質から指数算式を誘導しようと試みた（確率論的指数論）。この説はジェボンス流の貨幣数量説の継承である。

高崎は他に C.M. ウォルシュ（C.M. Walsh）、フィッシャーの所説をとりあげ、彼らが主観価値説に立脚した経済理論に依っていること、貨幣価値ないし物価水準という概念を一般指数算定対象としての貨幣価値ないし貨幣購買力、あるいはその逆数とみなしたことを指摘している。そこにあるのは、名目主義的貨幣観に支えられた貨幣数量説である。

時間が経過して、名目主義的貨幣理論と貨幣数量説は装いを新たにし、物価指数論は個人的な生計費指数論に変質した。前者は主観的貨幣価値論＝貨幣の効用価値説にその地位を譲った。また後者の貨幣数量説は、現金残高数量説に変形した。マーシャル、ケインズはこの現金残高数量説の視点から貨幣価値＝貨幣の購買力の変動を消費者によって現実に消費される財貨およびサービスの価格・数量で測定しようと試みた[37]。不定標準指数はここに消滅し、代わって個人的な消費関数ないし所得関数の理論が登場する。新たな物価指数の関心は、ここにいたって同一消費者個人にとっての等しい満足度を示す貨幣支出額の比

---

37) ケインズの物価指数論を考察した論文に、藤原新「『一般的交換価値』の測定とケインズの指数論」『立教経済学研究』第62巻第2号、2008年、がある。

較の問題となる。この物価指数の共通定義はフリッシュによって与えられた。問題は、貨幣支出額を現実にどのように測るかである。基準時点と等価な比較時点における貨幣支出額を得ることは、それが同一程度の満足という心理的な要因に由来する個人的、短期的概念であるかぎり、実際には計測不可能である。そこで考えられたのが、不完全なデータでありながら真の指数にいかに接近すべきかを考慮した理論で、その一つが限界値論（ハーバラー、ケインズ）であり、もう一つが近似値論（ボーレーなど）と弾力性論（フリッシュなど）である。

弾力性論は効用関数不変の前提をおかず、貨幣の実質的限界効用の弾力性係数を導入するが、その係数の算式は多くの仮説から成り、短期理論の性格を強く帯びる。限界値論はラスパイレス式による上限値とパーシェ式による下限値との間に真の値が存在するという理論であるが、両者はもともと別ものであり、しかも前者が後者より大であるとは限らない。ハーバラーの所得指数論、フリッシュの無差別法的限界値論（ラスパイレス式の上限規定性）の展開をフォローすると、関数論的物価指数論が主観的・個人的および非現実的性格を持つことはますます明確である。

以上の主観価値説に立脚する物価指数論を否定し、客観価値説の観点からこの指数論の可能性を展望したのは蜷川虎三である[38]。蜷川は物価指数の研究では、商品価格の分析がまず必要であると強調する。そのうえで、物価指数の目的は、価格比率の構成内容から貨幣自体の価値の変動率を抽出することであるとする（商品価格の比率の平均方法は、各商品の価値の変動率を除去するためのものとする）。

物価指数論における蜷川の主題は、貨幣価値の測定である。その核心は、次のようである。すなわち、「2時点間の価格比」の系列（Pi/Pi'）は、種々個別的な（Vi'/Vi）と一般的共通的な（Vg/Vg'）との積であり、後者が一般的価格指数合成の目的である貨幣価値変動率である。したがって貨幣価値の変動を測定する物価指数は、任意の平均方法を許さず、各商品価値諸変動率（Vi'/Vi）を相殺してその平均が1となる方法によらなければならない。蜷川はこのように、価値論の観点から（Vg/Vg'）の測定を一般的物価指数の目的とし、意味づけた。

---

38) 蜷川虎三「物価指数の意味」『経済論叢』第24巻第2号、1927年。（蜷川虎三『統計学研究 I』岩波書店、1931年、所収）

228 第4部 経済統計論の諸論点

　高崎による以上の物価指数論史の簡明な整理から、筆者は三方向での当該理論の展開に着目したい。ひとつは物価指数論の史的展開を、純粋に理論分野のそれにのみ限定して理解するのではなく、現実の資本主義の発展と対応させて考察する方向である。木村太郎「経済指数論考」は、こうした観点のもとで物価指数論の展開をあとづけた論文である[39]。もう一つは、物価指数が貨幣価値を測る形式となることをあきらめ、生計費指数に徹するべきであるとした山田喜志夫の論稿「物価指数の基礎理論――価値形態論と物価指数――」である[40]。最後は客観価値説にもとづく物価指数体系の構築を意図する方向である。是永純弘「インフレーションと物価指数論」は、多くの物価指数論が貨幣価値の測定という観点を見失っていることに警鐘を鳴らし、客観価値説に立脚して物価指数体系の構築を志向した[41]。

　上記の木村太郎、山田喜志夫、是永純弘の所説を整理することで、これら三方向での物価指数論を展望したい。

(2)　木村太郎の物価指数論

　木村は物価指数の発展を、(1)原子論的物価指数論批判の意義と背景、(2)関数論的物価指数論批判という二点で論じている。木村によれば、原子論的物価指数論は、物価水準一般、そして主体なき貨幣の購買力の測定を目指す集団論的平均論的物価指数の理論である。この理論は、ケインズ、ハーバラーによる批判を受ける。両者は貨幣の購買力が貨幣によって購入しうる財の量であるから、貨幣を保有する主体の財貨の選択により異なり、購買主体を欠いた単一な物価水準自体なるものは存在し得ないと唱えた。同時に物価の測定は購買主体による異種の財貨の組み合わせによって限界的に獲得する過程として捉えるのであるから、価格水準と財の購入量との間には関数論的関係が成立するとした。

　物価指数論がこのように展開された背景には、当時の資本主義諸国が当面していた課題があったと、木村は主張する。ケインズ、ハーバラーの物価指数論

---

39) 木村太郎「経済指数論考」『改訂 統計・統計方法・統計学』産業統計研究社、1992年。
40) 山田喜志夫「物価指数の基礎理論――価値形態論と物価指数――」『国学院経済学』第16巻第4号、1968年。
41) 是永純弘「インフレーションと物価指数論」松井安信編『信用と外国為替』ミネルヴァ書房、1978年。

は、その解決を模索するなかで生まれてきたものである。すなわち、各国で固有の貨幣制度（金・銀複本位制度）のもとで価格体系が維持されていた19世紀の資本主義段階では、貨幣価値の変動は基本的に国ごとの国内市場諸商品価格水準の変動と一致していた。物価水準の変動は諸価格の変動率の平均であり、また物価水準の変動がそのまま為替平価の変動を反映すると想定された。しかし、20世紀に入ると、産業間の不均等発展の過程で商品価格の変動（相対価格の変動）と分裂が顕著になる。基本的な分裂は、小売物価指数と卸売物価指数との乖離である。物価水準の変動とその測定に関わる問題は、この時期の物価水準自体の世界的動揺を背景に、一般的物価水準すなわち貨幣の一般的購買力の存否に関わる問題であるとともに、貨幣固有の価値あるいは購買力を承認するか否かの問題でもあった。したがって、第一次世界大戦後の一般的物価水準の測定の問題が上記の小売物価と卸売物価との乖離、貨幣の国内価値と対外価値との分裂に直面し、従来の一般物価水準を建前とした集団的平均論的物価指数論に対する批判として展開されたのは当然の成り行きであった。

　ケインズ、ハーバラーによる批判は、貨幣の一般的購買力の存在を前提とした当時の通貨政策や景気対策、すなわち国内的物価と国際的物価との調和を前提した通貨政策の保持に対して向けられたものである。購買主体のないそのような貨幣の購買力あるいは貨幣価値は、存在しない。貨幣の購買力は個人の財貨に対する欲望を充足する度合いとしてのみ成立するので、多様であり動態的である。物価水準は個々人の貨幣購買力の総体としてのみ成立し得る。

　木村はケインズ、ハーバラーの議論が主観価値説的見解に依拠しているとしても、そのことを指摘するだけでは不十分であり、その評価には当時の物価指数利用の実態に対する理解が必要である、としている。この時期の資本主義諸国では、通貨政策あるいは景気対策は戦前の金本位制安定期の伝統に従い卸売物価指数に依拠して行われたが、この指数は実際には国内物価水準を反映しなくなっていた。関数論的物価指数論者の見解によれば、景気対策が基準とすべき物価水準は個人の消費水準、労働者の賃金水準としての物価水準であり、それまで基準とされていた卸売物価水準はこれらの物価水準を基準に代替させられなければならなくなる。木村はケインズ、ハーバラーが物価水準論に個人的消費水準の問題を持ち込みその経済的意義を問うたことを高く評価しなければ

ならないと述べている。しかし、同時に彼らの物価水準測定それ自体は、個人の貨幣支出によって得られる効用の問題に還元され、その限りで客観性がなく、主観的なものとしてしか成立しえないものであった。

　木村はこの関数論的物価指数論を三つの論点に総括し、それぞれに批判を加えている。第一の論点は、物価水準の多元的分裂という事実認識からこれを根拠に貨幣の一般的購買力また貨幣の存在性を否定したことである。第二の論点は、貨幣の一般的購買力あるいは貨幣価値という虚構を構築する方法として集団的平均的物価指数論を取り上げ、批判したことである。第三の論点は、多元的物価水準の基礎を個人的消費水準としての物価指数におくとともに、そのような物価水準は個人的貨幣所得の効用選択の過程においてしかとらえられないとした点である。

　第一の論点に関して。関数論的物価指数論者は物価水準の分裂を効用選択にもとづく分裂としてしか理解しないが、事実は異なりそれは国内生産部門の不均等発展、独占的企業による国内市場支配の結果に他ならない。貨幣の購買力という概念は個々の財貨の一定の組み合わせを前提としてのみ捉え得るが、そのような国民経済的なそれは客観的に存在しない。貨幣の購買力を個人のそれに置きかえることはできるかもしれないが、それがどうして物価水準なのか。それはあくまでも個人や家計からみた物価水準で、物価水準一般それ自体ではない。

　第二の論点（集団的平均論的物価指数批判の問題）と第三の論点（個人的消費水準主義と関数論的物価指数論への転換志向の問題）は、一括して論じられている。木村は集団的平均論的物価指数論が卸売価格の変動率をもって貨幣の一般的購買力を推定し得るとしたことは、物価水準自体の多岐的な分裂という現実を無視した理論として批判されねばならないとする。これに対し、関数論的物価指数論は、小売物価水準と卸売物価水準との乖離を重視し、物価水準を小売物価水準の基礎の上に論ずるべきとした。この点は評価されるべきである。しかし、小売物価水準を測定する問題を多様な個人の消費選択の主観的問題にすりかえたことは誤りである。小売物価水準も卸売物価水準も客観的に存在する。両者に違いがあるのは、物価変動によって蒙る影響が商品流通の諸種の段階で差異があるからである。流通段階の差異性は、質的なそれとして、所得の諸階層によって類型的に客観的に認識される。小売物価水準が与える影響は、

諸種の所得階層によって異なる。所得階層を類型的に規定することは可能なので、類型的諸階層からそれぞれの代表的な個人あるいは家計を設定すれば、その影響を測定できる。

(3) 蜷川物価指数論のその後

　山田喜志夫は蜷川による立論（上記）の意義を認めながら、それが価値論次元にとどまっていることを不満とし、価格指数を具体的に考える際に必要なのは価格の度量標準機能の問題、また商品の現実価格（市場価格）が需給関係の変動によって価値から乖離する問題、さらに独占価格の問題を加えて考察しなければならないとした[42]。しかし、山田の結論は、物価指数は貨幣価値の変動の指標たりえず、貨幣の相対的価値の変化を表現するかぎりで景気変動の指標として限定的意味をもつにすぎない、というものである。

　山田によれば商品の価格変動は、貨幣商品金の価値の変動、価格の度量標準の変動、商品の価値の変動、市場での需給関係（好況・不況の度合、独占価格など）の四要因によっての複合的に規定される。これを貨幣の側からみれば、諸商品価格の変動によって表現される貨幣価値の変動は、貨幣の絶対的価値（金そのものの価値の変動）、実質的価値（価格の度量標準の法的および実質的変動）そして相対的価値の変動（商品の側の変動）の複合としてあらわれる。結論として、諸商品価格の比率の平均としての物価指数は、貨幣価値の変動としての経済学的意味をもたない。複合的な性格を持つ貨幣価値の変動は諸商品価格の無限の系列によって表現されるのみで、それらの最高値と最低値との幅をもった数値がこの変動の指標となる。

　物価指数は本来、貨幣価値の変動を表現すべきものである。このことは、価値形態論で理論的に説明できる。しかし、結論的に言えば、貨幣価値は商品全体の使用価値量の無限の系列で表現される（相対的価値表現）が、事柄の性質上、貨幣のこの相対的価値表現は、その表示系列が無限であるが終結しない。したがって、貨幣価値は、統一的現象形態をもたず、その限りでは不完全なものである。貨幣価値の変動は、この性格を受け継いでいる。それは諸商品の価

---

42) 蜷川虎三の物価指数論については、高木秀玄「蜷川統計学における『物価指数論』」『現代の経済と統計（蜷川虎三先生古稀記念）』有斐閣、1968年、参照。

格の変化、すなわち各商品の価格の比率によって逆比例的に表現され、ここでも各商品の価格比の無限の系列として表現されざるをえない。

　それでは貨幣価値の変動を表現する各商品の価格比の平均とは何を意味するのであろうか。そもそも諸商品価格の比率を平均するという操作は、客観的根拠があるのだろうか。山田はこの点に関して、諸商品の比率の平均は単純平均であれ、加重平均であれ、操作の対象それ自体に平均化運動が存在しないので承認できる代物ではない、諸商品の価格の比率の平均としての物価指数形式はひとつの虚構であり経済学的に意味がない、と言う。

　山田の結論は次のようである。諸商品価値の比率の平均という操作の客観的根拠はなく、それゆえに物価指数は貨幣価値の変動を測る形式となりえない、むしろCPIに生計費指数としての意義を認め、その観点から所得階層別、住居種類別、教育費別などの類型別指数を作成するほうが実質的意義をもつ。

　以上の山田の所論に異議を唱えたのは、是永純弘である。是永によれば、物価指数は貨幣価値変動の指標である。物価指数が何をどのように反映しているのかについては諸説があるが、物価指数が貨幣価値の変動と結びついていることに否定的な議論が横行している。批判の対象となったのは、山田喜志夫、松村一隆[43]、宍戸邦彦[44]の所説である。ここではとくに是永の山田の所説に対する批判の論点をとりあげる。山田が貨幣価値の変動の実在をみとめるものの、それを測定することが不可能であるとし、貨幣の価値が物価変動のいかなる要因から生じたかを貨幣比率そのものから識別することはできないとするのは、すでにみたとおりである。

　山田の見解は蜷川虎三の労働価値説をベースにした物価指数論に対する批判という形で表明されたものであるが、是永はその蜷川物価指数論を擁護する立場から反批判を行っている。蜷川の物価指数論は、物価指数の測定対象を一般物価、貨幣価値あるいは物価水準の変動であるとし、特定の商品の特定量の価額（単価×数量）の変化、あるいはある経済活動に必要な貨幣量の変化を測定す

---

43) 松村一隆「物価指数の基本的問題——蜷川説の検討——」『法経論集 経済・経営編』（愛知大学）第83号、1976年。
44) 宍戸邦彦「インデクセーションと物価指数」『関西大学経済論集』第26巻第4・5合併号、1977年。

るものではないとした。蜷川はこれら二つの指数を峻別し、一般的普遍的意味での貨幣の購買力の変化をとらえることの重要性を強調した。是永はこの見解を継承し、山田の一般物価指数の作成を不可能とし、特定物価指数へ傾斜する姿勢に、通貨の価値についての明確な規定がみられないこと、これと通貨の購買力との異同が明確でないこと、これらの点が全く曖昧なまま物価指数の役割が財とサービスの価格変動の分析にあるとした、と指摘している。

是永はこの延長線上で貨幣価値の二重性に言及している。貨幣価値は、貨幣単位として固定された金量の価値であり、同時に計算貨幣としての金の価値である。したがって、貨幣価値は二重の規定をもつ。金価値の変動にもとづく物価変動と、金量の変更にもとづく物価変動である。前者は金生産における労働生産性の変化によって生じる実質的物価変動であり、後者は貨幣単位の金量を国家が増減させることによって生じる名目的物価変動（インフレ・デフレ）である。また通貨が金の自然価値に依存していることは、通貨の商品に対する相対的価値（購買力）がその金価値を離れて変動することを妨げるものではない。通貨の相対的価値変動は、金為替本位制の場合、金に対する外貨の相対的変動と、その外貨にたいする通貨の相対的変動とで二重におこるから、その変動幅が増幅される、と。

通貨価値の二重性のこうした理解がないと、現象的な個別的商品の変動の合成結果としての物価指数の算定から、その逆数的結果としての通貨の変動の測定のほかに道はなく、通俗的な「通貨価値」の概念に頼らざるをえない。いきおい、インフレによる通貨の減価を摘出、分析する方向への研究は閉ざされることになる。

是永は以上のように、客観価値説にたつ物価指数論の基本問題を貨幣価値変動の測定のための一般物価指数の合成にみた蜷川物価指数論の意義を確認し、管理通貨制度のもとでの物価指数の指標体系の構築を展望し、次のように結んでいる。「諸条件の一変した今日、……金の市場価格変動、為替相場、通貨供給の総量、労働生産性、在庫と実現高といった諸指標の総合……によって一般物価指数ならぬ一般物価指標体系を構築する方向こそ、蜷川氏の提起した物価指数論の基本問題への解答が見出されるのではなかろうか」と[45]。

---

45) 是永、同論文、313頁。

なお岡部純一「物価指数論から物価指数体系論へ」でも、その標題にあるとおり物価指数の体系的構成が主張されている[46]。筆者も同様に、複雑で不均衡こそが常態である現代資本主義の価格水準は一元的な指標で表現されえず、多元的な指標で示されるべきであり、そのためには貨幣価値の測定を念頭においた(直接それを測定できるものではないにしても)価格指標体系の構築が必要と考える[47]。

5．むすび

　物価指数を論じる場合には、いくつかの視点が必要である。一つは現実の資本主義経済の発展段階との関係を考慮しなければならない。金本位制のもとで金の自動調整作用がはたらいていた時代と、管理通貨制のもとにあり、そして変動相場制をとる現代とでは、物価指数の役割も、機能も異なる。

　貨幣価値を測定する指標の作成が急務であった時期と、国民経済計算との整合性が主要な課題である現代とでは、物価指数にもとめられるものが違う。今日では、物価指数作成当事者には、労働者の生活を反映させる指数を物価指数にもとめる配慮はほとんどない。

　筆者が物価指数論の課題としてもとめるものは、三点である。第一は現実の価格動向を客観的にとらえるために必要な資料としての価格指標の作成である。この指標を一元的に作成するのは無理なので、指標体系の構築がのぞまれる。第二は、労働者ひいては国民諸階層の生活水準とその動向を測る資料としての生計価格指数としての物価指数体系の作成である。この指標体系は、複数の指標で構成されなければ、実効性に乏しい。

　そして第三は理論の問題として、価格指数論プロパーでの議論をフォローし、その検討を行うことである。脚注4に掲げた石原のサーベイ「物価・家計統計」(『統計学』第49・50合併号、1986年)、「指数論」(『統計学』第69・70号、1996年)にあたるとこの分野での展開はめざましいことがわかる。指数論の発展に寄与している研究者として、J. ミュエルバウアー（J. Muellbauer）、H. タイル（H.

---

46) 岡部純一「物価指数論から物価指数体系論へ」『統計学』第56号、1989年。
47) 岩崎、前掲論文、54頁。

Theil）などの名前があげられ、議論の存在が示唆されている[48]。石原自身は「物価・家計統計」でペンディングとしたディビジア指数について、「指数論」でコメントし、新しい議論の一部をフォローしている。

しかし、日本の社会統計学の分野では全体として、上記の動きに対応できていない。物価指数論の議論は、1980年頃から今にいたるも低調である[49]。

---

48) 石原健一「物価・家計統計」『統計学』第49・50合併号、1986年、324-25頁。同「指数論」『統計学』第69・70号、1996年、134頁。
49) 注48に掲げた後者の同所。

第12章
日本の統計事情
──法規と制度の整備──

1. 論点と関連論文

　日本における統計事情（沿革）の全体像を知るための文献は、意外と多くない。いくつかあげるとすると、相原茂・鮫島龍行編著『統計 日本経済』(1971年)[1]、日本統計研究所編『日本統計発達史』(1960年) は入手が容易でまとまった文献である[2]。他に山中四郎・河合三良『統計法と統計制度』(1950年) がある[3]。歴史を扱ったものではないが、1960年頃の統計事情 (業務統計、調査統計など) を解説したものであれば、大屋祐雪「わが国の統計事情(1)(2)(3)」(1966-67年) がまとまっている[4]。総理府統計局編『総理府統計局百年史資料集成 (第1巻～第3巻)』(1973-84年) にも目をとおしたいが、何分にも大部の資料である。分野別の歴史についても労作がある[5]。

　本章では、上記の『統計 日本経済』の他（蜷川統計学の系譜ではないが）、大橋隆憲「日本における統計学の発達・現状・課題」(1960年)[6]、薮内武司『日本

---

1) 相原茂・鮫島龍行編著『統計 日本経済』筑摩書房、1971年。構成は次のとおり。「第1章：発端期の統計──近代国家の成立過程と統計──」「第2章：産業資本の形成」「第3章：労働者問題の発生と統計」「第4章：昭和初期の統計調査」「第5章：国勢調査」「第6章：戦後統計の展開過程」。
2) 日本統計研究所編『日本統計発達史』東京大学出版会、1960年。
3) 山中四郎・河合三良『統計法と統計制度』統計の友社、1950年。
4) 大屋祐雪「わが国の統計事情(1)(2)(3)」第3・5・6号『唯物史観』、1966-67年。
5) 例えば、農業分野では、『戦後農林統計史 (全4巻)』農林統計協会、1971年；及川章夫『日本農業統計調査史』農林統計協会、1993年。
6) 大橋隆憲「日本における統計学の発達・現状・課題」『経済評論』1960年12月号。

統計発達史研究』(1995年)[7]、森博美『統計法規と統計体系』(1991年)[8] に依拠し、日本の統計事情の史的展開をみる。

　明治維新以降、日本の統計とくに政府統計の整備の歩みは、調査統計の要である国勢調査立ち上げの経緯をみても緩慢であった。家計調査は前近代的思考方法を長く温存するなど、問題点をもっていた。立ち上がりの歩みは遅々としていたが、近代国家としての政治・社会制度の構築にともない統計調査業務の網がゆるやかに広がり、業務統計報告のシステムが徐々に理解されていった。しかし、この歩みは太平洋戦争と敗戦によって中断した。ゼロからの再建となった戦後では、その制度的展開はアメリカ占領軍の、とりわけライス統計使節団の指導のもとで実施された[9]。統計制度再建の中身は、統計制度、統計調査そして統計利用方法の「近代化」であり、標本調査論（および数理統計学）の導入であった。

　概略的な言い方をすれば、戦前における統計界の視線は専らドイツを中心としたヨーロッパに向けられていたのに対し、敗戦後にはこれと質的に異なるアメリカ仕込みの統計学の輸入に血眼になる。この特徴はそのまま統計学界の様相である。すなわち、1931年に設立された日本統計学会は当初、社会統計学の研究者を中心に構成されていたが、戦後、この学会の中心的部分は数理統計学者によって占められる。

　本章の目的は日本における統計の歴史をたどることであるが、そのプロセスを仔細に綴る余裕はない。そこで叙述の仕方として当該テーマの歴史を編年体でたどる形式をとらず、社会統計学の分野の研究者によるモノグラフから調査統計と統計法に関わる代表的な成果をピックアップし、それらを並べておおまかな流れを摑むという形式をとる。約150年にわたる統計の歴史を知るには大胆な試みかもしれないが、概略を理解する手掛かりにはなるであろう。

　最初に明治初期の統計に関する諸事情を、次いで国勢調査の実施に関わる過程と家計調査が定着する経緯を、最後に統計に関わる法律事情に関して戦前と

---

7) 藪内武司『日本統計発達史研究』法律文化社、1995年。
8) 森博美『統計法規と統計体系』法政大学出版局、1991年。
9) 戦後の統計制度の概括的スケッチとして、正木千冬「日本の統計の概観とその問題」有澤広巳編『経済統計入門』ダイヤモンド社、1953年。

戦後とに分けて紹介する。

2．調査統計の沿革

(1) 土地調査と物産調査[10]

　明治維新後、政府は新しい近代的社会体制の構築という課題を抱えていた。その主要なものは財政の立て直し（税制改革）と戸籍制度の確立であった。これら二つを遂行するためには、当時の社会的実状を認識する調査活動が必要であった。明治政府は、当初から広い意味での統計活動に関わる。

　明治政府は1871年［明治4年］の廃藩置県とともに、同年7月大蔵省に統計司を設置、さらに12月に太政官正院に政表課を創設し、統計を組織的に編成する基礎の構築をはかった。それらの組織の主要業務は、行政活動に関わる範囲の記録の整理、保存、編集であった。

　税制改革は、その事業遂行の前提条件としての調査活動を要請した。租税体系は直接税に関わる調査と消費税のそれとに分かれる。前者は地租改正事業としての全国土地調査（1873年［明治6年］から始まる）につながり、後者は物品の生産・流通をおさえる必要から「物産表」（1870年［明治3年］）の調査をうながした[11]。

　地租改正事業としての土地調査は、土地台帳すなわち「地券台帳」の作成を主目的とする調査活動である。それは全国の地価を再評価し決定する行政活動である。この活動を通して民有地・公有地・田畑・宅地・山林など各種別の土地の計測がなされた。土地統計はこのような維新の税制改革によって生まれた。地券台帳は正確性を欠いていたが、明治期における土地所有の動きをとらえる業務統計の基盤となった。

　もう一方の消費税体系の整備、すなわち旧幕時代の雑税整理の事業は、物産

---

10) 以下の叙述は主として、鮫島龍行「発端期の統計――近代国家の成立過程と統計――」相原茂・鮫島龍行編著『統計 日本経済』筑摩書房、1971年、による。

11) 吉田忠「わが国生産統計の歴史とその利用」『統計学――思想史的接近による序説――』同文舘、1974年、参照。

調査を要請した。酒税その他の消費税の新設には、物品の生産量・流通量の資料が必要だったからである。この物産調査は、もともとは行政上の必要性から表式調査の形式で実施されたが、実施の過程で統計としての正確性をもとめる意識、ひいては統計としての独立性を確保する目的意識を惹起し、本格的な「農産表」の調査の実施となる。

関連して、もうひとつ重要な統計がある。物価調査である。これに関連する調査の一つは明治政府の税制改革で必要とされた相場調べであり、もう一つは秩禄処分に関わる調査であった。これらの調査、とくに米価調査にもとめられたのは、基準価格の設定である。

一般的な物価水準の変動の測定という目的にそくした統計は、1895年（明治28年）に公表された「東京物価割合比較表」（卸売物価指数）が最初である。作成にあたった貨幣制度調査会は、1893年（明治26年）10月に金本位制の採用の可否を審議する目的で政府内に設置された。

税制改革とともに明治政府が直面した課題は、戸籍制度の確立であった。政府が戸籍編成に速やかに取り組んだのは、第一にそれが学制・徴兵制度・郵便制度などを創設するために欠かせないからである。第二に当時各地に横行していた脱籍浮浪人の取り締まりという治安上の必要からであった。こうした事情から、1871年（明治4年）4月に太政官によって戸籍法（いわゆる検戸の法）が布告された。戸籍法は戸籍業務の基礎である戸籍簿編成とそれにもとづく「戸籍表」「職分表」の作成を促し、後者が人口統計の契機となった。

この戸籍法のもとで実施された戸口調査が、1872年（明治5年）1月29日現在で実施された壬申戸籍登録事務である。それは全国民の戸籍登録事務であるとともに、「戸籍表」「職分表」という人口統計作成の母胎となる仕事である。しかし、内実をみるとその調査方法は、江戸時代の「人別改め」の方式と異ならない前近代的なものであった。人口の静態、動態の概念的区別は曖昧であった[12]。

統計作成実務の前近代性を払拭するには、1879年（明治12年）に杉亨二

---

12) 壬申戸籍、およびその後の戸籍法と寄留手続きを中心とした静態人口の把握が統計調査によらずに人口把握が可能とした経緯を指摘し、このことが日本で国勢調査の成立が遅れる理由となったことについては、金子治平「日本における戸口調査と静態人口調査──国勢調査の前史として──」『近代統計形成過程の研究』法律文化社、1998年、参照。

(1828-1917)の指導の下で行われた「甲斐国現在人別調」をまたなければならなかった。この調査は1879年（明治12年）12月31日午後12時現在で実施され、表式調査ではなく調査票（世帯表としての家別表）が使われた。鮫島はこの調査の特徴として、人口が現行常住人口の定義よりもやや広いこと（他国ニ居ル者、行方知レザル者の一部を含む）、正確な年齢別人口が表示されたこと、職業分類が従前の職分表の前近代的性格を脱却していること、当時の山梨県全域の工場と職工数が把握されていること、などを挙げている[13]。

以上とは別に、明治維新以降の統計の発展の歴史において、民間統計団体が果たした役割を忘れてはならない。薮内武司「日本における民間統計団体の生誕——「表記学社」とその系譜——」(1977年)[14]、「日本における中央統計団体の軌跡——「東京統計協会」の結成とその展開——」(1987年)[15]は、それらを紹介した論文である。

「表記学社」(1876年に［明治9年］設立、1878年［明治11年］に「スタチスチック社」と改名）とそれを継承した「統計学社」は、最初の民間統計団体である。「表記学社」の設立に際しては、杉亨二が社長に、世良太一が副社長に就任した。「表記学社」とならんで、明治期の民間の統計結社に「製表社」がある（設立は1878年［明治11年］12月）。その目的は統計資料の収集編纂である。杉をはじめとする有志がこれに参画した。同時期に渡邊洪基、馬屋原彰、小野梓が同じような組織を設立する企画があり、両者は協議の上、合体し統計協会が発足した。統計協会はその後東京統計協会と名称を変更し、杉らの尽力で1883年（明治16年）に開校した共立統計学校と合併し（1885年［明治18年］12月）、後者がそれまでに経験を積んできた統計学の講習会を継続した。1899年（明治32年）6月からは統計学社と協賛し、この活動を軌道にのせた。さらに、統計院編「統計年鑑」を刊行した他、官庁統計に必要な膨大な資料の蒐集を行った。

しかし、東京統計協会は太平洋戦争での戦局の悪化のなかで、解散においこ

---

13) 鮫島、前掲論文、38-51頁。
14) 薮内武司「日本における民間統計団体の生誕——「表記学社」とその系譜——」『関西大学経済論集』第26巻4・5号、1977年（『日本統計発達史研究』法律文化社、1995年、所収）。
15) 薮内武司「日本における中央統計団体の軌跡——「東京統計協会」の結成とその展開——（第2章）」『関西大学経済論集』第36巻5号、1987年、（『日本統計発達史研究』法律文化社、1995年、所収）。

まれた。戦後の「日本統計協会」の活動は、「製表社」から出発して「統計協会」さらに「東京統計協会」と名称変更しながら遂行してきたそれを引き継いでいる。

(2) 国勢調査の発議と開始

国勢調査の実施に至る過程には、想像を絶する多難な前史がある。難産の末、調査の実施は西欧諸国での実施からかなり遅れてスタートした。藪内武司「国勢調査前史——明治人口統計史の一齣——」(1995年) は、そのプロセスを詳細に紹介している。以下、藪内の案内にしたがって、日本の人口統計の発展過程をたどり、第一回「国勢調査」実施にいたる足跡をたどる[16]。

日本の人口統計の発展は、杉亨二が1869年（明治２年）に駿河国を対象に行った人口静態調査（駿河国人別調）に始まる[17]。日本での最初の人口静態調査である。この調査の意義は、標識別の分類・整理および統計製表化の基本構造を取り入れ、初歩的な統計解析を行なったことである。

藪内によれば、明治期の人口動態統計は、明治政府の戸籍編成作業と軌を一にに進行した。1871年（明治４年）４月に公布された「戸籍法」にもとづく戸口調査は1872年（明治５年）１月に実施された。その内容には多くの難点（前近代性）が存在したものの、採用された一戸ごとの点計主義の調査方法、さらに戸籍票・職分表の作成など、日本の人口静態統計、動態統計の起点として位置付けられる。

「駿河国人別調」の経験をもつ杉は、戸籍にもとづく戸口調査を基礎にした人口統計作成に批判的であり、「人別調」と「戸口調」とが本質的に異なるとの認識にたっていた。この認識のもとに杉は、全国人別調の必要性を建議した。杉の建議にもかかわらず太政官製表課（中央統計機関としての機能をはたすものと考えられていた）が縮小され、くわえて外的要因とはいえ西南戦争が勃発し、建議は実現しなかった。杉の建議が実現したのは、先に紹介した「甲斐国現在人別調」(1879年［明治12年］12月31日現在）の実施によってである。

---

16) 藪内武司「国勢調査前史——明治人口統計史の一齣——」『岐阜経済大学論集』（第11巻第１・２号［1977年］、第18巻第１号、２号［1984年］)。(『日本統計発達史研究』法律文化社、1995年、所収)

17) 杉亨二については、大橋隆憲「統計調査史上における杉亨二」『社会科学的統計思想の系譜』啓文社、1961年。後に『日本の統計学』法律文化社、1965年、に所収。

「甲斐国現在人別調」は、1920年（大正9年）に第一回目が実施された日本の国勢調査につながる重要な統計調査である。藪内はこの「甲斐国現在人別調」に、次の評価を与えている。すなわちこの調査は「杉が多年にわたり吸収、蓄積につとめた統計思想を具体化させたものであった。しかもその後、欧州先進国諸国の統計理論、とくにドイツ社会統計学を体系的に学ぶ機会を得て、科学的な認識のもとに実践化された日本の統計調査史上初の試みであった」と[18]。「甲斐国現在人別調」の意義をこのようにまとめた藪内は、この調査の集計方法、調査時点の設定の仕方、調査を「現在」人口（常住的家族人口）とした根拠、職業属性の調査方法、満年齢による観察など、具体的に詳しくその内容を考察している。（その後、人口動態調査「甲斐国人員運動調」（1883年［明治16年］）が統計院によって企画されるが、同年12月の内閣制度の大改革に遭遇し、頓挫）。

杉にとって「甲斐国現在人別調」は国勢調査の予備的試験調査の役割をもち、「全国現在人別調」につながるはずであった。しかし、事態は期待通りに進まなかった。財政問題、専門スタッフ（統計職員）の不足、中央統計機構の機構改革（機能縮小）がその前途をはばみ、杉は「全国現在人別調」の前段に行う予定であった東京府の人口調査を断念している。

もっとも、この間、人口統計の整備が全く進まなかったわけではない。戸籍業務にもとづく人口動態統計の整備は、地道に取り組まれた。人口静態統計調査は1898年（明治31年）に第一回調査が実施され、以来5年ごとに取り組まれ（精度の低さは否めなかったが）、その中間年次には人口動態統計での補完があった。また、政府レベルでの国勢調査に向けた足取りの遅滞とは裏腹に、民間レベルでの統計団体の不断の取り組み、統計関係者の熱心な啓蒙活動があった。1876年（明治9年）に結成されたスタチスチック社の活動、1878年（明治11年）に創立した東京統計協会の活動がそれである。杉亨二、呉文聰、高橋二郎、横山雅男、臼井喜之作、相原重政など統計関係者は、引き続き国勢調査促進の運動を担った。

停滞していた国勢調査実施の動きは、国際統計協会（ISI）から日本政府にあてられた1900年「世界人口センサス」への参加勧誘を契機に再燃する。すな

---

18) 藪内、前掲論文、176頁。また、辻博「甲斐国現在人別調の成立について」『経済学論叢』（同志社大学）第11巻3号、1961年、も参照。

わち、ISIは1895年8月にスイスのベルンで開催された会議で、世界人口センサスの実施を提案し、決議した。この決議は、報告委員ギュイヨーム（スイス連邦統計局長）より、日本の内閣統計局長に伝達依頼された。この勧誘は沈滞気味であった国勢調査促進運動を活発化させた。具体的には、国勢調査促進運動に長年にわたり展開してきた東京統計協会による建議の提出、衆貴両院議長への請願の提出などである。しかし、政府の対応は依然として鈍く、関係者を苛つかせた。統計の問題に関する政府の当時の関心は、人口センサスへの参加より、統計専門機関の整備が先決であった。ぬきさしならない事情はあった。朝鮮出兵、日清戦争開戦、台湾占領などにともなう軍備拡張、戦後経営の負担である。結果として、種々の要望もむなしく、1900年人口センサスの施行は実現とならなかった。

1898年（明治31年）6月、伊藤博文内閣総辞職、初代統計院長を務めた大隈重信内閣の成立で、事情は変わる。同年10月22日、内閣統計課の内閣統計局への格上げがそれである。職員の拡充がはかられ、統計業務に国勢調査の研究が位置付けられ、欧米への実地調査が組まれる。民間レベルでは、東京統計協会、統計学社、統計懇話会の3団体において、「人口調査審査委員会」が選出され、国勢調査に関する予算、方法などの検討に手がつけられる。こうした動きに支えられ、1902年（明治35年）2月18日、「国勢調査ニ関スル法律案」が衆議院へ提出され、3月6日、両院を通過し、12月1日、公布の運びとなった。

ここまで来れば国勢調査の実施は直ぐにも可能なようにみえるが、政府は国際環境の変化、財政難などを理由に、この種の全国的規模の調査が未経験であったことも手伝って、その実現を順延する（調査項目の検討などでは一定の前進はあった）。1905年（明治38年）、1910年（明治43年）、1915年（大正4年）と調査は見送られ、国勢調査が実現したのは漸く1920年（大正9年）であった。しかし、この間、例えば地域人口センサスが相次いで実施されたこと（熊本市、東京市、神戸市、札幌区、新潟県佐渡郡、京都市）、植民地台湾で戸口調査が行われたこと（1905年）、朝鮮で土地所有権の再確認という名目で土地調査が行われたこと（1910-18年）は特筆されなければならない。

1920年（大正9年）の国勢調査実施は、寺内正毅内閣（軍閥内閣）によって断行された。その実施は第一世界大戦の最中、1917年（大正6年）の第39回特

別議会で議決された。翌1918年（大正7年）の第40回議会で第一回国勢調査費を含む予算が成立し、実施の段取りが進む。背景に軍事大国への傾斜を強めた当時の情勢があった。国勢調査の実現が軍事上の必要に基づいて推進された経緯にはいくつかの事情がある。すなわち、第一回国勢調査の実施を前にして、1920年5月15日、内閣統計局と軍需局とが併合され国勢院が設置され、併行して軍需工業動員法（1918年［大正7年］）、軍需調査令（1919年［大正8年］）が公布された。そのことを明確に示す資料として、薮内は当時の牛塚統計局長から上原勇作参謀総長にあてた意見書「国勢調査ノ軍事上必要ナル所以」（1917年［大正6年］7月）の全文を掲げている[19]。（高野岩三郎は、国勢調査において軍事上の必要性が突出することに対し学問的立場から反論した[20]）。

(3) 生計問題と家計調査

産業資本は19世紀の後半から20世紀初頭にかけて確立するが、この過程で労働者の生活条件が悪化の一途をたどり、社会問題化する。この状況を背景に、過酷な労働条件のもとで窮乏生活を余儀なくされた労働者、社会の底辺で生活を営む下層民の実態を把握しなければならないとする声が澎湃としてわきあがり、そのための調査がもとめられる。生活実態調査、貧困調査、家計調査がそれである。

一連の家計調査（生活実態調査を含む）の歴史を史的に考察した論文に、薮内武司「生計問題と家計統計の系譜――事例調査（ミクロ的視点）から統計的観察（マクロ的視点）へ」（2009年）がある[21]。この論文の課題は「家計統計の前史となる、一般民衆なかんずく下層民の実態調査およぶ台頭する労働者たちの生活問題の実状調査から、生計調査活動が最も昂揚を見せる大正期、そして全国統一的『家計調査』が実施された昭和の前半に至る過程をたどり、その統

---

19) 薮内、前掲論文、237-9頁。
20) 薮内、前掲論文、240頁。
21) 薮内武司「生計問題と家計統計の系譜――事例調査（ミクロ的視点）から統計的観察（マクロ的視点）へ」杉森滉一・木村和範・金子治平・上藤一郎『社会の変化と統計情報』北海道大学出版会、2009年。他に鮫島龍行・石川邦男「労働者問題の発生と統計」相原茂・鮫島龍行編著『統計 日本経済』筑摩書房、1971年；岸啓二郎「家計調査の発展――戦前期の日本を中心として――」『統計学』第37号、1979年；奥村忠雄・多田吉三「わが国における家計調査の歴史」『家計調査の方法』光生館、1981年、参照。

計史的特質と意味を探」ることである[22]。藪内論文の内容は、前述の相原茂・鮫島龍行編著『統計 日本経済』に収められた「労働問題の発生と統計（第3章）」と「昭和前期の統計調査（第4章）」の中身と部分的に重なるが、これも参考に以下、当該論点のエッセンスを綴る[23]。

家計統計前史では、細民、貧民救済のための生活調査である農商務大輔品川弥二郎による「士族生計調査」（1883年［明治16年］）、農商務省大書記官前田正名による『興行意見』（1884年［明治17年］）が取り上げられている。続いて、松原岩五郎「最暗黒の東京」（1890年［明治23年］）が紹介されている。これに先立って『朝野新聞』に連載された「東京府下貧民の真況」（1886年）、鈴木梅四郎「大阪名護町貧民窟視察記」（1888年［明治21年］）、桜田文吾「貧天地飢寒窟探検紀」（1890年［明治23年］）があり、とくに「貧天地飢寒窟探検紀」が「最暗黒の東京」に強い影響を与えた。

日清戦争後では、横山源之助「日本の下層社会」（1898年［明治31年］）が代表的な調査報告である。横山は自らの調査結果から賃金問題と生計費の問題が表裏一体の関係にあることを分析した。ほぼ同じころ、農商務省工場調査掛の「職工事情」（5巻、1903年［明治36年］）が刊行された。この書は工場法立案の基礎資料として1901年（明治34年）に実施された各種工業部門の膨大な労働事情の報告書（調査記録）である。横山の「日本の下層社会」や農商務省工場調査掛の「職工事情」が裏付けとなって、日本で最初の「工場法」が1911年（明治44年）に公布された（施行は1913年［大正2年］）。

その後、行政当局は「農業小作人工業労働者生計状態に関する調査」（1909年2月）を実施した。藪内はこれを最初の統計的実態調査と紹介している。このほか、内務省「細民調査」（「細民戸別調査」「細民長屋調査」「木賃宿調査」「細民金融機関（質屋）」「職業紹介所」「職工家庭調査」）が1911年（明治44年）に実施されたが、これらは都市地区に居住する生活困窮集団の精緻な社会調査であった。

近代的家計調査の成立には、高野岩三郎（1871-1949）が果たした役割が大きかった。その契機となったのが1912年（明治45年）の社会政策学会第6回大

---

22) 藪内、前掲論文、222頁。
23) 鮫島龍行・石川邦男「労働問題の発生と統計」、鮫島龍行「昭和前期の統計調査」相原茂・鮫島龍行編著『統計 日本経済』筑摩書房、1971年。

会での岡実（農商務省工務局長）の報告「職工の生計状態」であった。ヨーロッパの家計研究、とくに W. シッフ、E. エンゲルの仕事に関心をもっていた高野は、友愛会の協力を得て、1916年（大正5年）5月、「東京ニ於ケル二十職工家計調査」を実施した[24]。標本数20、調査期間一か月の小規模な調査だったが、その調査方式（家計簿法）、手順はその後の家計調査の範となった。

「東京ニ於ケル二十職工家計調査」とともに知られる家計調査「月島労働者家計調査」は、1919年（大正8年）に内務省衛生局が高野に委嘱し、その高野が企画、推進した調査である。調査員として実際に動いたのは、権田保之助、山名義鶴、星野鉄男である。調査結果は、『東京市京橋区月島に於ける実地調査報告第一輯』（1922年［大正11年］）として公刊された。調査の性格は統計調査というよりは、特定地域を対象とする実態調査であった。権田はこの「月島調査」のなかから、労働者家計部分あたる報告を「労働者の家計状態」としてまとめた。労働者を対象としたこの調査と並行して、少額所得俸給生活者を対象にした調査が、また東京市内および隣接部の「小学校教員家計調査」（1919年［大正8年］）が実施された。

以上のように、1910年代半ば（大正中期）になると生活調査の対象は、明治期の窮民・細民生活者の実態調査から熟練労働者、俸給生活者へと拡大された。調査者の問題意識は、貧民救済の社会政策的視点から国民経済全体にわたる経済政策的視点へと移行した。しかし、調査の内容はいまだ調査技術的面でも、調査対象の選定でも未熟なものにとどまった。

「東京ニ於ケル二十職工家計調査」「月島調査」の経験を経て、1920年（大正9年）前後から1925年（大正14年）ごろにかけ、多数の家計調査が実施された。いわゆる「家計調査狂時代」である。家計簿方式によるもの30余り、アンケートなどの方式によるもの80以上の調査があった。藪内はそのなかから代表的なものとして、農商務省「職工生計費状態調査」（1921年［大正10年］3・4月）、民間団体協調会「俸給生活職工生計調査」（1921年）をあげている。これらの調査の対象はいずれも労働者が主であり、急速に拡大した労働運動への対策を講じる意図ももっていた。

---

24) 高野が W. シッフの影響を強く受けていた点に関しては、豊田尚「わが国家計調査の源流」江口英一編『日本社会調査の水脈』法律文化社、1990年4月、参照。

こうした種々の家計調査は、1926年（大正15年）に内閣統計局が全国統一的家計調査を実施するに及びブームが消滅した。この調査は、1920年（大正9年）に国勢院第一部によって企画され予算請求されたが認められず、紆余曲折があって1926年（大正15年）9月に実施をみた。内閣統計局による第一次家計調査は、その規模、内容の面で、それまでの家計調査を質量とも凌駕し、国民生活の実態を浮き彫りにした。

この第一次家計調査を引き継いで、内閣統計局はその後、1931年（昭和6年）から1941年（昭和16年）8月までに第二次家計調査を実施した（米穀統制の資料を得るのが目的）。さらに1942年（昭和17年）から44年（昭和19年）にかけて第三次家計調査が企画されたが、諸事情で中止となった。1945年（昭和20年）調査も中止となった。続く1946年（昭和21年）調査に関してはこれを実施しないとの閣議決定がなされ、以後国民生活の量的測定の試みは戦時体制の波に飲み込まれ、終焉する。

なお昭和初期に「大阪市労働者生計費指数」が1931年（昭和6年）から作成されている。基準時点は1930年（昭和5年）である。また「朝日新聞社全国生計費指数」が1931年10月から発表された。基準時点は1914年（大正3年）である。これらに使われたウェイトは、上記の内閣統計局が実施した第一次家計調査によった。

3．「統計法」の来歴

(1) 統計法の来歴とその内容

以上、いくつかの主要調査統計の前身の成立に関わる経緯をみてきたが、最後に統計調査の根拠法の来歴を整理する。

日本の統計法は、2007年5月、全部改訂された。政府統計は戦後、行政のための統計と位置付けられていたが、この改訂によりそれは社会の情報基盤とされることになった。

「統計法」（本節で、1947年に公布された旧統計法は「　」を付して示す）は、戦後すぐ、1947年（昭和22年）3月26日に公布され、同年5月1日から施行され

た（法律第18号）。森博美は『統計法規と統計体系』（1991年）[25]で戦後半世紀にわたり効力をもったこの法律に、その成立史（前史）と内容の両面から接近し、その基本性格を解明している。論文「日本における『統計法』の成立」とあわせて、重要な文献である[26]。指定統計を中心とした日本の統計法規と統計体系を考察し、そこに存在する調査論理を考察している。

　森による当該著作のなかで筆者が特に関心をもったのは、「わが国戦前期の統計基本法規」、「川島孝彦と中央統計庁構想」、「『統計法』の法体系とその特質」の各章である。以下、これらの森論文から若干をとりあげ、要約する形で、「統計法」の意義を確認したい。

　「統計法」はそれに先立つ関連の三本の法律（「国勢調査ニ関スル法律」「統計資料実地調査ニ関スル法律」「資源調査法」）の廃止とともに成立した。それは戦前の統計に関する基本法規の終焉に他ならなかった。

　上記の三本の法律のうち「国勢調査ニ関スル法律」（明治35年　法律第49号）は、上記の国勢調査実施に至る経緯においても触れたが、第一回国勢調査実施のために提案、制定された法律である（条文は三つ）。「統計資料実地調査ニ関スル法律」（大正11年　法律第52号）は、1921年（大正10年）10月に国勢院第一部に労働統計課が新設され、労働統計実地調査実施のための法律として翌年制定された。全体は5条からなる。森はこの法律が単に労働統計実地調査という個別調査に関する法規ではなく、政府統計全般にわたる普遍的な基本法規としての性格をもっていたのではないかと推測している。当時、政府統計調査一般の実施を規制する基本法規制定の要請があったこと、制定後の同法の運用を追跡すると、そのことを伺わせるからである。「資源調査法」（昭和4年　法律第53号）は、政府の調査権限（報告徴収権および申告命令権）を定めた法律である。

　森は「統計資料実地調査ニ関スル法律」と「資源調査法」の第一条第一項を対比し、後者では前者に含まれていた論理、「すなわち調査対象に申告義務を

25）森博美『統計法規と統計体系』法政大学出版局、1991年。このなかの「第1章：わが国戦前期の統計基本法規」は、大屋祐雪編『現代統計学の諸問題』産業統計研究社、1990年に収録されている同名の論文の再録である。書評として、三潴信邦「森博美著『統計法規と統計体系』」『統計学』第61号、1991年、がある。
26）森博美「日本における『統計法』の成立」『オケージョナル・ペーパー』（法政大学日本統計研究所）No.11、2005年。

課す代わりに調査実施機関には統計資料の目的外使用と調査従事者の守秘義務を課すことにより調査の真実性を確保するという視点、いいかえれば、調査対象の協力に基づく調査精度の確保という視点が完全に退き、強力な罰則規定によって補強された臨戦体制下の強権的な統計作成という要素が前面に出ている」と指摘している[27]。

　森は次に1942年（昭和17年）に統計局から企画院に送付された「統計法案」の分析を行っている。この法案は、当時存在した統計機構改革案の一つとして、一元的統計行政を目指して発案された。この発案は、「統計資料実地調査ニ関スル法律」が統計一元化の最大の障害になっているとの認識が関係者のなかにあり、これを解消するものとして構想された。そして、統計法案の要点を五つにまとめ（統計調査の意義・内容の明確化、統計に関する唯一の根本法の制定、民間等が実施する各種調査の統制、国家全体の統計の体系化、民間統計資料の開放的利用）、それらが「統計法」の条文にどのように具体化されたかを、条文ごとに検証している。

　すなわち条文では、統計が事物の数量的状況を闡明する目的をもって多数の人に申告を徴する調査と規定され（第一条）、統計法が調査実施の基本法と定められ（第二条）、地方自治体、民間に調査の認可、届出、報告が義務付けられ（第三条）、統計体系の整備と有効利用が第六条、第十条に配置され、個人や法人など民間が保有する統計の提示命令権が規定された（第八条）。法案には他にも罰則規定（第十一条から第十四条）などが盛り込まれていた。検証を結んで森は、「17年の『統計法案』は、『統計三法』に比べ著しく統制色の強いものであることがわかる」と書いている[28]。

　戦前の「統計三法」には体系性がなく、統計調査の調整がなく、重複調査が氾濫し、法律としての機能もその実態を欠いていた。内閣統計局長・川島孝彦（1897-1958）はこの状況を打開するために尽力した[29]。川島は具体案として、1942年（昭和17年）に中央統計庁の構想を提案した。この構想のもとになるものは、川島による1940年（昭和15年）8月付の内閣総理大臣への上申書「統計

---

27) 森、前掲書、14頁。
28) 森、前掲書、21頁。
29) 森、前掲書、第2章。

事務刷新ニ関スル意見書」である。「意見書」は具体的課題として (1) 統計機構の一元化、(2) 統計機関と企画機関の関係調整、(3) 集計製表の整備をあげ、それぞれの解決策を提言している。

　これらの課題は、中央統計機関の権限強化がなければ解決されない。そう考えた川島は一元的統計制度の確立を主張した。具体的には、(1) 統計調査の統制、(2) 調査結果の監査、(3) 各省庁の統計需要への対応、(4) 統計職員の管理、である。「意見書」はその後、一元的統計制度の実現に向けて進展をみせたものの、この年の11月に内閣統計局が企画院統計局として改組された頃から雲行きが怪しくなり、翌年11月に企画院そのものが廃止され、改組されるにおよんで座礁した。統計局は内閣統計局として再出発することを余儀なくされ、構想は振り出しに戻ることとなった。

　戦後すぐに公布された「統計法」(1947年［昭和22年］) は、附則第21条で示されているように、統計三法の廃止を規定している。森は「統計法」と統計三法の条文を対比すると、条文ないしその内容が継承された部分（両方に共通する条文）と、あらたに規定された部分（「統計法」に固有の条文）とがあるとして、条文ごとの比較検討を行っている[30]。その結果、「統計法」の条文のうち実査を中心とした統計の作成過程に関する諸規定、すなわち申告義務や立入調査権限さらには秘密取得と関連した調査票の目的外使用禁止や調査従事者の守秘義務は、それぞれに対応する罰則規定とともに、「統計資料実地調査ニ関スル法律」「資源調査法」の中に存在していた内容のものである。これらの条文は、「統計法」の「統計三法」との継承関係が明瞭である[31]。

　これに対し「統計法」はそれに固有の条文をもつ。まず「統計法」の目的規定である。その他にも指定統計の定義、指定統計の調整に関する条文としての制度化、統計調整機能の明文化、統計作成の担い手の権限や資格要件の規定、統計の公表規定は、新たに付け加えられた条文である。

　以上の諸点から、森は「統計法」の特徴として、その適用対象が基本的に指定統計調査に限定されていること、指定統計という限定内であるが、実査を中心とした統計作成過程と関連した申告義務や立入調査権、目的外使用禁止、守

---

30) 森、前掲書、第3章。
31) 森、前掲書、64頁。

秘義務といった秘密保護規定を「統計三法」から継承していること、そして「統計三法」に全く存在しなかった統計調整に関わる権限、義務、さらに統計機構に関する諸規定が、目的規定とともに条文に加えられたことをあげている。「統計法」には二面性があり、それは「統計行政の基本法規」という側面と「指定統計の根拠法規」という側面である。「統計法」は一方で戦前の統計三法が個別調査法規であったのに対し、その枠を超えた普遍性をもった統計基本法規という性格である。他方で「統計法」の条文の大部分は指定統計調査に限定した形で（結果的に厳選された一部の重要統計に限定された調査）、一連の統計作成過程、調査の実施組織、統計官等の調査従事者の資格並びに権限、さらには統計調整機関としての統計委員会の権限を規定している。

「統計法」は当初19の条文から成っていた。その後、多くの条文が改正された。森によれば、改正には「形式的契機」によるものと、「実質的契機」のそれとがある。前者は「単独改正」「関連改正（「統計法規」と「他の法規」）のそれぞれにともなう改正であり、後者は「組織の再編」「業務内容の変更」「法的な整備」のそれぞれにともなう改正である[32]。

「形式的契機」による改正は、「統計法」の法律そのものとしての側面に着目した改正で、当該法規の単独改正（第7次改正、第8次改正）と他の諸法規の改正を契機とするものがある。実際、「統計法」の改正は、「国家行政組織法」「地方自治法」「地方財政法」（以上1947年［昭和22年］）、「教育委員会法」「統計報告調整法」（以上1952年［昭和27年］）、「学校教育法」（1961年［昭和36年］）など、他の法案の成立ないし一部改正との関連で、余儀なくされたものが多い（第1次から第6次改正、第10次改正から第15次改正）。「実質的契機」は、法律変更の必要をもたらした現実過程そのものの変化による。そうした契機としては、行政組織そのものの変更、その遂行業務内容の変更あるいは組織や業務内容の法面での整備がある。これらのなかでは、行政機構の簡素合理化にともなって行われた改正が目立つ（第11次改正から第14次改正）。

森は改正の内容を法体系のなかで考察し、改正の内容を整理している。その整理、検討をふまえて、「統計法」の特質は次のようである。その法規の目的

32）森、前掲書、第4章。

自体は妥当であるが、目的規定の制度化にあたっては各行政機関が保有する種々の統計権益と抵触と軋轢を生みだした。それらは統計委員会と各行政機関との統計権益をめぐる攻防に露呈した。統計委員会が第1次改正のおりにその調整権限を強化しようとしたものの、その意図がつぶされたのはその一例である。他方、統計機構の整備では、部分的な前進があった。第1次改正の折に、地方公共団体で指定統計調整事務に従事する者に統計主事の名称が付与され、その資格要件が条文に掲げられたこと、1952年（昭和27年）に新たな統計調整の専門法規として「統計報告調整法」が制定されたこと、承認統計を新しいカテゴリーと根拠づける法律が制定されたこと、などである。

しかし、最大の不幸は、統計委員会が行政改革の範を示す行政管理庁に所属することになったことである。このため「統計法」の制度条項は行政事務簡素化による組織の縮小再編のなかで制定当初の規定内容から大きく変質し、統計調整機関は同法が根拠づけていた制度面での諸権限を喪失することになった。森はこうした事態を招いた要因がすでに「統計法」成立のさいに火種として存在したとみている。

森は最後に、この「統計法」が抱えている課題として、統計の国際的基準化ならびにそれを受けて進められてきた統計の体系化のための統計環境の整備、そして情報技術の進歩に対応したプラバイバシー保護をあげ、業務統計の重要性と位置付けの必要性に言及している。

(2)「統計法」成立の経緯

「統計法」が成立するにいたる過程は、大屋祐雪「統計法の成立」（1974年）によって、上記の森とは別の角度から考察されている。大屋によれば、「統計法」は当初、大内兵衛などの学者グループが統計制度、統計調査、統計体系のための基本法を作成しようと意図していたにもかかわらず、統計の管理行政に関する法律に換骨奪胎されて成立した[33]。その経緯は、大屋の説明によると以下のとおりである。

1946年（昭和21年）9月25日、大内兵衛を委員長とする「統計制度改善に関す

33）大屋祐雪「統計法の成立」『経済学研究』第39巻合併号、1974年。

る委員会」は「統計制度改善案」を小委員会（大内委員会）で決定し、これを10月21日に「統計制度改善に関する件（答申）」として政府に提出した。この答申は統計制度改革のイニシアティブを統計委員会に委ね、統計委員会が新たに制定する「統計法」にもとづいて、その機能を発揮させるという構想のもとに作成されていた。答申を受けた吉田内閣は、「統計制度改善に関する緊急処置要綱」を閣議了解し（11月21日）、「統計法」（仮称）の立案を含む事務予定を示した。

統計委員会の懸案であった「統計法」の作成は、小委員会で固まっていた「改善案」を基本法のかたちに法文化すれば済むはずであった。しかし、事態は法制化する段階に入ってから、紆余曲折する。

最初の「要綱案（事務局案）」は、第一回統計委員会（12月20日）に配布された。続いて2回目の「要綱案」が第二回統計委員会（1月10日）に再び事務局案として提出され、この案は「統計法要綱改定案」としてまとめられた。他方、この頃ライスを団長とするアメリカ統計使節団が来日し（1946年12月12日）、翌年1月11日に日本の統計制度再建に関するレポート（Preliminary Report on Japanese Statisitical Organization）が連合軍総司令部に提出された[34]。これ以降、このレポートが「統計法」作成に影響を及ぼす。

ライス・レポートの影響を見るために、大屋は1月10日の「要綱改訂案」と1月20日の「要綱案」を対比し、相違を確認している。後者の「要綱案」は、1月17日に開催された第三回統計委員会での審議を反映したものである。1月20日の「要綱案」を1月10日の「要綱改訂案」と比べると3種類の修正がある、と言う。第一は条文の修辞的修正、第二は条文の形式上の修正、第三は内容的な修正である。第三の修正が重要である。その中身を大屋に従って列挙すると、目的条項の修正（第1条）申告義務に関する補足（第6条）、企業についての申告義務の免除（第7条）、内閣総理大臣を統計委員会の会長とする規定の削除（第8条）、調査の責任者の文言の削除（第9条第1項）、重要統計の企画の提出、改善に関する統計委員会の権限削除（第10条）、統計家の地位の改善（第12条）である。

これらのうち、目的条項の修正（第1条）が特に重要である。そこでは1月

---

[34] 大屋祐雪「『ライス・レポート』再論」『経済学研究』（九州大学）第37巻合併号、1972年。

10日案にあった統計制度や統計調査の改善発達に関する規定が、「統計の真実性の確保」「統計調査の重複を除く」などの規定に変更された。この変更はライス・ドクトリンの意向を強く受けた、と大屋は判断している。同時に、大屋によれば、法の目的がそのように規定されたとき、「統計法」は統計制度、統計調査、統計体系のための基本法から（広義の統計行政）、統計の管理行政に関する法律（狭義の統計行政）へと変質したのである。

　この「統計法」要綱案に対しては、後日、P. スタップ（P. Stapp）がコメントを加えた。スタップはライスとともに統計使節団の副部長として来日し、ライス離日後、施設団の責任者であった人物である。スタップのコメントは、概略、次のとおりであった。(1) 統計に対する法体系は基本法と特別法の二本立てが望ましい。(2) 統計作成機関決定の権限、特別法立案のおりに条項を変更する権限が統計委員会にあることの条文を統計法にいれるべきである。(3) 公表できる有用な資料が不当に制限されないように、その権限を統計委員会に与えること。(4) つりあいのとれた統計制度の円滑な発達を強調すべきこと（第1条）。(5) 重要統計の定義が狭すぎる（第2条）。(6) 人口センサスをなぜ基本法に入れるのか。特別法で規定すればよい。(第4条)。(7) 条文の意味が不明（第7条）。(8) 統計委員会の目的、任務、権限、組織および機能につき一般規定があるべき。(9) 第9条は項目に関する限り妥当。(10) 統計委員会には統計制度の計画、促進、統制および調整に白紙の権限が与えられるべきである（第10条）。(11) 罰則規定がつり合がとれていない。

　統計委員会はスタップのコメントに対し第4回委員会をひらき（1月24日）、法の形式を整えて第5回委員会にかけ（1月27日）、最終要綱案としての委員会審議を終えた。委員会で審議を終えた統計法要綱案は、第92回帝国議会本会議で可決され（3月17日）、3月26日公布、5月1日施行となった。

　最終要綱案をみると、スタップがもとめた目的条項の変更にともなう手続き条項の手直しはなされていない（「要綱案」と「基本法」との間には実質的修正はない）。1月20日の「要綱案」に条文小見出しとしてあった「重要統計調査の企画の承認」から「企画」の文字が削除され、またライス・レポート、スタップ・コメントで位置付けられていた企画機能と調整機能とをもつ中央統制機構としての統計委員会から、企画機能が実質的にはずされるにいたった。

大屋は以上の検討を踏まえ、四つの仮説をたてている。(1) 戦後の統計制度は大内委員会の構想により再建された。(2)［それは］ライス・ドクトリンにもとづいて再建された。(3) 大内委員会とライス・ドクトリンの間に本質的相違はなかった。(4) しかし、現実はそのいずれでもない方向に動いた（大内委員会構想とライス・ドクトリンの骨抜き）。上記の説明は、この仮説をうらづける分析に他ならない。

最後に、戦後の統計制度再建の経緯について論じた大屋「日本統計制度史の一齣——大内委員会のこと——」(1965年)をみておきたい[35]。この論文では統計法成立の背景説明が解説されている。「統計制度改善に関する委員会」(大内兵衛委員長) が「統計制度改善案」を小委員会で決定し (1946年9月25日)、これを10月21日に「統計制度改善に関する件（答申）」として政府に提出したことは既に述べた。

統計制度再建を主導した主体は、誰であったのか。大屋によれば、そこに登場する主要な動きは四つあった、としている。第一は大内兵衛を中心とする教授グループ（旧労農派）、第二は連合軍総司令部の要請で来日したアメリカの学者グループ、第三は統計行政官僚グループ、第四は各省行政機関の動きである。教授グループと統計行政官僚グループとはほぼ同一の目標、すなわち統計制度の中央集権化による統計調査と統計体系の合理化をめざしていた。連合軍総司令部は、一方では占領政策遂行のために必要な統計作成を前提とした統計制度を勧告しながら（「日本の作物報告制度改善に関する勧告」)、他方では近代統計制度の理想を日本で実らせようとしていた（ライス・レポート）。この連合軍総司令部の意向の前者は教授グループや統計行政官僚グループの意図と対立し、後者はこれらのグループの意向と軌を一にし、支援する関係にあった。

統計制度再建は統計委員会が実質的に推進したが、そのスタートは統計懇談会であった (1946年5月22日)。それ以前に、すでに山中四郎が「経済安定本部ノ運用ニ関スル私見」(3月17日)、「経済動態統計速報および基本統計要覧作成に関する件」(4月20日) でその示唆を行っていた。統計懇談会はその後、

---

35) 大屋祐雪「日本統計制度史の一齣——大内委員会のこと——」『経済学研究』（九州大学）第30巻第5・6号、1965年。関連して次の論文を参照。大屋祐雪「統計委員会と統計使節団」『経済学研究』（九州大学）第33巻第3・4号、1967年。

統計研究会に発展的に改称する。大屋によればこの統計研究会の第二回会合（7月2日）までは、統計制度改善の問題は長期的視野で考えるとされていた。しかし、わずか二週間後に、統計制度改善の問題が日程にのぼり、「統計制度改善に関する委員会」（いわゆる大内委員会）が立ち上げられる。その契機となったのは、川島孝彦（統計局長）による「統計制度改善案」（川島私案）が統計研究会、内閣関係者、連合軍総司令部係官に提出されたことであった。統計制度改善の動きは、これによって一挙に加速化する。

　川島私案の中身は、統計制度の強力な一元化をめざす中央統計庁構想であり、統計局の首脳部がつとに抱いていた理念の表明であった。しかし、この私案に対して、「統計制度改善に関する委員会」では多くの反対意見が表明された。「統計法」の作成、統計専門学校の設置以外では、命令権の統一、中央統計局の上位指導権、中央統計局の位置付け、都道府県の統計課の地位などの諸論点で悉く反対を受けたようである。反対あるいは関連した意見は、川島私案が行政実務と密接不可分に発達してきた日本の官庁統計の歴史と性格になじまない、中央統計局は各行政官庁の専管に属さない第一義統計の調整機関ないしは統計技術機関に限定するならば認めてよい、各省が実施する統計調査の企画、実行に関する中央調整は総合的になされなければならず、それは中央連絡機構の設置で果たされる、というものであった。この会合は、政府への答申作成のための実質的討議を小委員会に付託して散会した。

　小委員会で集中的に審議されたのは、次の3点であった。(1)中央統制機構の問題、(2)中央統計局をめぐる機構問題、(3)統計法に関する問題。大屋はこのあと、これらについて、どのような議論がなされたのかを推量している。議論は統計制度の本質論議が行われたというのではなく、統計委員会をどこに所属させ、その構成をどうしたらよいかといった実利的かつ政略的な方向に向かったのであろう、というのが大屋の見方である。中央統計局の問題についても、その実現を先送りすることになった。この小委員会は第二回総会（10月21日）の議を経て、「統計制度改善に関する委員会の答申」の政府への提出となる。

4．むすび

本章では「日本の統計事情」という標題を掲げたが、それについて論じたものは本書全体の方針にならって1990年までなので、叙述の範囲もその年以前である。1990年以降の日本の統計制度の大きな変化は、ここには反映されていない。また、冒頭で触れたように、「日本の統計事情」という標題を掲げるならば扱う対象領域、論点は膨大である。その歴史的研究は、結束した集団的組織的プロジェクトを組まなければ成し得ない。本章で示したいくつかの論点は、筆者の個人的関心でピックアップしたものである。そのことを、あらためてお断りして擱筆したいところであるが、1977年の時点で日本の統計制度の行く末をうらなったともいえる論文があるので、それを掲げて本章を閉じたい。その論文は、北川豊「民主主義政治と統計制度」（1977年）である[36]。

この論文で北川（1920-2002）は、これらの諸点が統計制度再建事業のなかでどのように形成され、改善点がどこに有るのか、その見通しなどを考察している。

戦後の民主主義の確立過程で始まった統計制度、統計行政再建のポイントは、北川の整理によれば、(1) 民主主義政治が行われるための社会経済に関する事実認識資料としての統計の整備、(2) 主権者たる国民に対する統計の開放、非民主体制への統計の逆行の防止、(3) 地方自治と国の統計制度との有効な結合の樹立、であった。(1) に関して、統計法ではその第一条で「統計の真実性の確保」「統計体系の整備」を掲げたものの、そこでは統計の重複の排除、指定統計としての人口に関する国勢調査に関する条文があるのみで、結局、体系の整備は法の運用主体である統計委員会（行政管理庁—当時）の判断にゆだねられるにとどまった。

(2) と (3) に関しては、指定統計の速やかな公表、行政機関による恣意的な統計徴収と利用、統計の歪曲の防止が目的に掲げられたが、「統計法」は地方自治と国の統計制度との有効な結合の樹立には程遠いものであった。制度の一元的集中化が強調され、都道府県、市町村はセンサス調査の中間実査機関とし

---

36) 北川豊「民主主義政治と統計制度」『統計情報』第26巻第5号、1977年。

てしか位置付けられなかった。

　北川はこの時点ですでに国民経済計算に傾斜した統計の在り方に懸念を表明している。具体的には、統計の個別性、多様性が軽視されがちになっていること、整合性確保のために追加的新規調査が企画され、統計調査が煩瑣になっていること、センサス軽視、サンプル調査重視の傾向が強まっていること、統計調査環境の悪化という問題がクローズアップされていること、などである。

　以上は約40年前の指摘であるが、北川が示した懸念は部分的に改善されたところがあるとはいえ、基本的には今にいたるも解消されていない。

参考文献

- 下記文献一覧は、本書で言及したものに限る。
- 「論文」は原則として1990年までに執筆されたもの。「著作」に収録されているものは、論文一覧では省略する。

【著作】

相原茂・鮫島龍行編著『統計 日本経済』筑摩書房、1971年
足利末男『社会統計学史』三一書房、1966年
有澤広巳『統計学総論』改造社、1928年
有澤広巳『統計学要論』明善社、1946年
有澤広巳編『統計学の対象と方法——ソヴェト統計学論争の紹介と検討——』評論社、1956年
有田正三『社會統計學研究——ドイツ社会統計学分析——』ミネルヴァ書房、1963年
石田望『物価指数——その実態に無関心でよいのか——』白日社、1974年
泉弘志『剰余価値率の実証研究』法律文化社、1992年
泉弘志『投下労働量計算と基本統計指標——新しい経済統計学の探求——』大月書店、2014年
伊藤セツ『生活・女性問題をとらえる視点』法律文化社、2008年
伊藤陽一・岩井浩・福島利夫編著『労働統計の国際比較』梓出版社、1993年
岩井浩『労働力・雇用・失業統計の国際的展開』梓出版社、1992年
岩崎俊夫『統計的経済分析と経済計算の方法と課題』八朔社、2003年
岩崎俊夫『社会統計学の可能性』法律文化社、2010年
岩崎俊夫『経済計算のための統計——バランス論と最適計画論——』日本経済評論社、2012年
岩崎俊夫『ロシア統計論史序説——社会統計学・数理統計学・人口調査［女性就業分析］——』晃洋書房、2015年
上杉正一郎『マルクス主義と統計』青木書店、1951年
上杉正一郎『経済学と統計［改訂新版］』青木書店、1974年
内海庫一郎『科学方法論の一般規定からみた社会統計方法論の基本的諸問題』、1962年
内海庫一郎『社会統計学の基本問題』北海道大学図書刊行会、1973年
内海庫一郎編『社会科学のための統計学』評論社、1973年
大内兵衛『経済学五十年』東京大学出版会、1959年

大橋隆憲『日本の統計学』法律文化社、1965年
大橋隆憲・野村良樹『統計学総論(新訂版)』有信堂高文社、1980年
大橋隆憲編『日本の階級構成』岩波書店、1971年
大原社会問題研究所編『統計学古典選集』栗田書店、1940-49年
大屋祐雪編『現代統計学の諸問題』産業統計研究社、1990年
大屋祐雪『統計情報論』九州大学出版会、1995年
置塩信雄・野澤正徳『日本経済の数量分析——危機の現状と民主的計画——』大月書店、1983年
浦田昌計『初期社会統計思想研究』御茶の水書房、1977年
金子治平『近代統計形成過程の研究』法律文化社、1998年
北川敏男『統計学の認識：統計学の基盤と方法』白揚社、1948年
木村和範『統計的推論とその応用』梓出版社、1992年
木村和範『標本調査法の生成と展開』北海道大学図書刊行会、2001年
木村太郎『統計・統計方法・統計学』産業統計研究社、1977年
木村太郎『統計学あれこれ』産業統計研究社、1998年
呉文聰『統計詳説 上 一名社会観察法』1887年
是永純弘『経済学と統計的方法』八朔社、2000年
近藤康男『日本農業経済論』時潮社、1943年
近藤康男『農業経済論』時潮社、1947年
杉亨二『甲斐国現在人別調』統計院、1882年
高岡周夫『経済統計論の基本問題』産業統計研究社、1988年
高木秀玄『物価指数論史』[高木秀玄先生著作刊行会]1994年
高野岩三郎『統計学研究』大倉書店、1915年
高野岩三郎『社会統計学史研究』大倉書店、1925年
財部静治『ケトレーノ研究』京都法学会、1911年
財部静治『社会統計論綱』厳松堂、1911年
竹内啓編『統計学の未来——推計学とその後の発展——』東京大学出版会、1976年
橘敏明『医学・教育学・心理学にみられる統計的検定の誤用と弊害』医療図書出版社、1986年
田中章義・伊藤陽一・木村和範『経営統計学』北海道大学図書刊行会、1980年
玉木義男『物価指数の理論と実際』ダイヤモンド社、1988年
津村善郎『調査の話』東洋経済新報社、1954年
津村善郎『標本調査法』岩波書店、1956年
戸塚茂雄『社会統計学研究序説』青森大学附属産業研究所、2004年
永井博『経済体制と指数・指数算式——エリ・エス・カジネッツの指数理論と現在——』梓出版社、2006年

長屋政勝『ドイツ社会統計方法論史研究』梓出版社、1992年
成島辰巳『社会科学のための平均論』法政出版、1995年
蜷川虎三『統計学研究１』岩波書店、1931年
蜷川虎三『統計利用における基本問題』岩波書店、1932年
蜷川虎三『統計学概論』岩波書店、1934年
蜷川虎三先生古稀記念論文集編集委員会『現代の経済と統計』有斐閣、1968年
芳賀寛『経済分析と統計利用──産業連関論および所得分布論とその適用をめぐって──』梓出版社、1995年
馬場吉行『〈増補〉標本調査法の基本問題』有斐閣、1964年
濱砂敬郎『統計調査環境の実証的研究』産業統計研究社、1990年
増山元三郎『推計学の話』朝日新聞社、1949年
増山元三郎校訂『推計学への道：統計学を超えて』東京大学出版会、1950年
松川七郎『ウィリアム・ペティ──その政治算術＝解剖の生成に関する一研究──』岩波書店、1967年
三潴信邦『経済統計分類論』有斐閣、1973年
三潴信邦『物価と物価指数──ＣＰＩと生計費指数』教育社、1978年
森博美『統計法規と統計体系』法政大学出版局、1991年
藪内武司『日本統計発達史研究』法律文化社、1995年
横本宏『現代家計論』産業統計研究社、2001年
山田喜志夫『再生産と国民所得の理論』評論社、1968年
山中四郎・河合三良『統計法と統計制度』統計の友社、1950年
山本正『数量的経済分析の基本問題』産業統計研究社、1984年
吉田忠『統計学──思想史的接近による序説──』同文館、1974年
吉田忠『数理統計の方法──批判的検討──』農林統計協会、1981年
吉田忠編『現代統計学を学ぶ』世界思想社、1985年
吉田忠『農業統計の作成と利用（食糧・農業問題全集20）』農山漁村文化協会、1987年
吉田忠『オランダの確率論と統計学』八朔社、2014年
良永康平『ドイツ産業連関分析論』関西大学出版部、2001年

是永純弘編著『現代経済学の方法と思想（講座・現代経済学批判Ⅰ）』日本評論社、1975年
佐藤博編著『現代経済学の源流──学説史的検討──（講座・現代経済学批判Ⅱ）』日本評論社、1975年
山田喜志夫編著『現代経済学と現代（講座・現代経済学批判Ⅲ）』日本評論社、1974年
高崎禎夫・長屋政勝編著『統計的方法の生成と展開』（経済学と数理統計学Ⅰ）産業統計研究社、1982年

山田貢・近昭夫編著『統計分析と統計的方法（経済学と数理統計学Ⅱ）』産業統計研究社、1982年
長屋政勝・金子治平・上藤一郎編著『統計と統計理論の社会的形成（統計と社会経済分析Ⅰ）』北海道大学図書刊行会、1999年
杉森滉一・木村和範編著『統計学の思想と方法（統計と社会経済分析Ⅱ）』北海道大学図書刊行会、2000年
近昭夫・藤江昌嗣編著『日本経済の分析と統計（統計と社会経済分析Ⅲ）』北海道大学図書刊行会、2001年
岩井浩・福島利夫・藤岡光夫編著『現代の労働・生活と統計（統計と社会経済分析Ⅳ）』北海道大学図書刊行会、2000年
杉森滉一・木村和範・金子治平編著『社会の変化と統計情報（現代社会と統計1）』北海道大学出版会、2009年
岩井浩・福島利夫・菊地進・藤江昌嗣編著『格差社会の統計分析（現代社会と統計2）』北海道大学出版会、2009年
統計研究会訳編『ソヴェトの統計理論（Ⅰ、Ⅱ）』農林統計協会、1952-53年
統計指標研究会『統計 日本経済分析（上）（下）』新日本出版社、1977-8年

【論文】

足利末男「集団について」『統計学』第1号、1955年
池永輝之「経済学における数学利用」『統計学』第49・50合併号、1986年
石原健一「ヘドニック価格指数の基本問題」『千里山経済学』第14巻第2号、1981年
石原健一「物価・家計統計」『統計学』第49・50合併号、1986年
石原健一「H. Theilの物価指数論」『経済論集』（岐阜経済大学）第36巻第5号、1987年
伊藤セツ・居城舜子「総務庁〈家計調査〉勤労者世帯の収入主体の分類をめぐる問題点」『家庭管理学研究室報』第13報、1989年
伊藤陽一「蜷川統計学における調査論の形成」『北大経済学』第2号、1962年
伊藤陽一「社会統計調査と任意抽出法——統計論争の検討——」『北大経済学』第5号、1964年
伊藤陽一「計量経済学におけるパラメータの確率的推定法」『経済評論』1965年6月号
伊藤陽一「確率に関する諸見解について——確率主義批判のために——」『統計学』第14号、1965年
伊藤陽一「ケインズの確率論について——基礎理論の紹介を中心に——」『統計学』第16号、1966年
伊藤陽一「産業連関論と地域産業連関論」『開発論集』（北海学園大学開発研究所）第1巻第3号、1967年

伊藤陽一「統計局物価指数のしくみと問題点」『くらしを反映する指数を――消費者物価指数の問題点をえぐる――』春闘共闘委員会、1976年
伊藤陽一「統計学の学問的性格」『統計学』第30号、1976年
伊藤陽一「階層別生計費指数における世帯の階層区分」『国民生活研究』第16巻3号、1977年
伊藤陽一「統計における性差別」『統計学』第52号、1987年
岩井浩「貨幣価値と物価指数――いわゆる『物価指数の経済理論』の検討――」『関西大学経済論集』第22巻第3号、1972年
岩井浩「消費者物価指数の対象反映性」『関西大学経済論集』25巻2-4号、1975年
岩井浩「政府統計批判」『統計学』第30号、1976年
岩井浩「地域階級構成研究の課題と方法――社会諸階級の地域別配置、構成、対抗状況の分析――」『関西大学経済論集』第26巻第4・5合併号、1977年
岩崎俊夫「産業連関分析の有効性について」『経済学研究』（北海道大学）第29巻第3号、1979年
岩崎俊夫「統計学の対象と構成――『統計通報』誌（1975-78）上の審議内容によせて――」『統計学』第40号、1981年
岩崎俊夫「産業連関論的価格論の批判」『経済分析と統計的方法』産業統計研究社、1982年
岩崎俊夫「産業連関分析の有効性に関する一考察――その具体的適用における問題点――」『研究所報』（法政大学日本統計研究所）第7号、1982年
Iwasaki Toshio, "A Note on the Usefulness of Price Stabilization Analysis Applied to Researches of Price Movements in Japan—Reconsideration from a Methodological Viewpoint—" *Hokudai Economic Papers*, Faculty of Economics and Business Administration, Hokkaido University, vol.XI, 1982.
Iwasaki Toshio, Reconsideration of Input-Output Analysis Applied to Problems of Price Movements in Japan, Proceedings of the Third Hungarian Conferences on Input-Output Techniques、Statistical Publishing House, Budapest, 1982.
岩崎俊夫「産業連関表の対象反映性」『北海学園大学経済論集』第30巻第4号、1983年
岩崎俊夫「剰余価値率の統計計算と市場価値論次元の社会的必要労働――泉方式の意義と限界――」『北海学園大学経済論集』第37巻第4号、1990年
岩崎俊夫「価値レベル剰余価値率計算の泉方式について」『統計学』第59号、1990年
上杉正一郎「統計調査の社会性」『経営研究』（大阪市大）第30号、1957年
内海庫一郎「物価指数論における客観価値説と主観価値説」『国民経済』第5巻第5号、1950年
内海庫一郎「統計学の対象と方法に関するソヴェート学界の動向について」『経済評論』1953年7月号

内海庫一郎「弁証法と蜷川統計学についての一考察」『統計学』第1号、1955年
内海庫一郎「経済指数の意味と算式」『エコノミスト』昭和32年6月1日号
内海庫一郎「標本調査をめぐる諸見解(上)(下)」『国民生活研究』第18巻第4号、第19巻第1号、1979年
内海庫一郎「蜷川の統計学説について」蜷川統計学研究所編『統計利用における基本問題』産業統計研究社、1988年
浦田昌計「統計学史(西欧)」『統計学』第30号、1976年
大西広「社会統計学の中の『構成説』と『反映論』——構成説と唯物論との両立可能性について——」『統計学』第53号、1987年
大西広「統計的認識における『仮説』の位置付けについて」『統計学』第55号、1988年
大西広「『政策科学と統計的認識論』への批判に応えて」『統計学』第60号、1991年
大橋隆憲「近代統計の社会的性格——その歴史的地位とイデオロギーの系譜——」『8000万人』第3巻第1号、1949年
大橋隆憲「統計学=社会科学方法論説の擁護——ドゥルジーニン批判の吟味——」『経済学研究』(北海道大学)第12号、1957年
大橋隆憲「日本における統計学の発達・現状・課題」『経済評論』(臨時増刊)1960年
大橋隆憲「統計理論の定式化と形式主義化」大橋隆憲・野村良樹『統計学総論』有信堂、1963年
大橋隆憲「現代日本の階級構成——その統計による研究のために——」『経済論叢』第93巻第3号、1964年
大屋祐雪「標本調査法の技術性について」『熊本商大論集』第4号、1957年
大屋祐雪「統計論への序説」『経済学研究』(九州大学)第29巻第3号、1963年
大屋祐雪「標本調査の論理」『統計学』第12号、1964年
大屋祐雪「反映=模写論の立場と統計学」『統計学』第13号、1964年
大屋祐雪「日本統計制度史の一齣——大内委員会のこと——」『経済学研究』(九州大学)第30巻第5・6号、1965年
大屋祐雪「統計調査論における蜷川虎三」『経済学研究』(九州大学)第32巻第5・6号、1967年
大屋祐雪「F.チチェックの統計調査論」『九大40周年記念経済論集』1967年
大屋祐雪「統計委員会と統計使節団」『経済学研究』(九州大学)第33巻第3・4号、1967年
大屋祐雪「わが国の統計事情(1)(2)(3)」『唯物史観』第3・5・6号、1966-68年
大屋祐雪「批判統計学の前進のために——近会員の疑問に答える——」『統計学』第27号、1973年
大屋祐雪「社会統計」日本経済学会連合編『経済学の動向(上巻)』東洋経済新報社、1974年

大屋祐雪「統計法の成立」『経済学研究』（九州大学）第39巻合併号、1974年
大屋祐雪「統計調査票について」『北海学園大学経済論集』第36巻第3号、1989年
大屋祐雪「『ライス・レポート』再論」『経済学研究』（九州大学）第37巻合併号、1972年
大屋祐雪「日本統計制度史の一齣――大内委員会のこと――」『経済学研究』（九州大学）第30巻第5・6号、1965年
岡部純一「物価指数論から物価指数体系論へ」『統計学』第56号、1989年
小川雅弘「日本経済の社会階層別計量モデルの作成」『経済論叢』（京都大学）第130巻第5・6号、1982年
小川雅弘「社会階層別計量モデルのシミュレーション――階層別政策の効果分析――」『経済論叢』（京都大学）第131巻第1・2号、1983年
小川雅弘「階層別計量モデルの意義と限界」『統計学』第44号、1983年
奥村忠雄・多田吉三「わが国における家計調査の歴史」『家計調査の方法』光生館、1981年
菊地進「同時方程式モデルとその計測方法の展開」『立教経済学研究』第36巻第2号、1982年
菊地進「計量経済モデルの歴史的展開について――モデル・ビルディングの方法をめぐる対立とその変遷――」『統計学』第43号、1982年
菊地進「構造パラメータの推定に関する考察（1）（2）」『立教経済学研究』第37巻第2号、1983年；第37巻第3号、1984年
菊地進「計量経済学批判の方法と課題」『統計学』49・50合併号、1986年
岸啓二郎「家計調査の発展――戦前期の日本を中心として――」『統計学』第37号、1979年
喜多克己「経済統計における分類の課題――農家分類について――」『農村研究』1964年
北川豊「民主主義政治と統計制度」『統計情報』第26巻第5号、1977年
木下滋「標本調査法の諸問題――標本調査法における母集団と標本の関係――」『経済論叢』（東都大学）第116巻3・4号、1975年
木下滋「地域における公共投資の波及効果――地域産業連関表による――」『岐阜経済大学論集』第14巻第3号、1980年
木下滋「実証的経済分析と産業連関論」『研究所報』（法政大学日本統計研究所）第7号、1982年
木下滋「産業連関分析による公共投資の効果測定の意義と限界」『現代の階級構成と所得分配』有斐閣、1984年
木村和範「t分布による母平均の区間推定について」『統計学』第27号、1973年
木村和範「投資決定問題への統計的決定理論の利用について――ベイズの定理を中心に――」『統計学』第27号、1975年

木村和範「推計学批判」『統計学』第30号、1976年
木村和範「4つの統計的仮説検定論」『北海学園大学経済論集』第28巻第4号、1981年
木村太郎「統計と社会的集団」『統計学』第12号、1964年
是永純弘「經濟學に於ける數學的方法の意義について」『經濟學研究』（北海道大學）第5号、1953年
是永純弘「R.A. フィッシャーの『帰納推理論』について」『統計学』第3号、1956年
是永純弘「R.A. フィッシャーの『帰納推理論』と統計的仮説検定論について」『統計学』第4号、1956年
是永純弘「仮説の検証と『最尤法』の原理について──M.G. ケンダールの『最尤法』論──」『経済学研究』（北海道大学）第11号、1957年
是永純弘「経済学における数学利用の意義について──西ドイツにおける最近の論争──」『経済学研究』（北海道大学）第13号、1958年
是永純弘「統計的合法則性についての一考察──N.K. ドゥルジーニンの見解について──」『経済志林』（法政大学）第30巻4号、1962年
是永純弘「経済理論の公理論化について」『経済研究』（一橋大学経済研究所）第13巻1号、1962年
是永純弘「経済研究における数学の適用条件」『経済志林』（法政大学）第32巻2号、1964年
是永純弘「計量経済学的模型分析の基本性格」『経済評論』1965年1月号
是永純弘「世論統計──標本調査法の論理とその問題点──」内海庫一郎編『社会科学のための統計学』評論社、1973年
是永純弘「確率概念の本質と確率論主義批判」内海庫一郎編『社会科学のための統計学』評論社、1973年
是永純弘「計量経済学的模型分析とは何か」『統計学』第15号、1985年
是永純弘「インフレーションと物価指数論」松井安信編『信用と外国為替』ミネルヴァ書房、1978年
近昭夫「最近のソヴェト統計学についての覚え書」『統計学』第19号、1968年
近昭夫「いわゆる「統計学＝反映・模写論」への疑問」『統計学』第26号、1973年
近昭夫「統計解析」『統計学』第30号、1976年
近昭夫「統計学基礎論──2つの問題をめぐって──」『統計学』第49・50合併号、1986年
坂田幸繁「フランクフルト学派統計学における H. グローマン」『統計学』第41号、1981年
坂元平八「推計学」『自然』第11巻第5号、1956年
坂元慶行「標本調査」『統計学』第30号、1976年

佐々木せい「労働時間の国際比較」『労働統計調査月報』第23巻第9号、1971年
佐藤博「典型調査の意義について」『経済学研究』（北海道大学）第13号、1957年
佐藤博「統計方法論」『統計学』第30号、1976年
宍戸邦彦「インデクセーションと物価指数」『関西大学経済論集』第26巻第4・5合併号、1977年
杉森滉一「ヴェンの確率基礎論」『統計学』第18号、1968年
杉森滉一「『客観的可能性』としての確率」『岡山大学経済学会雑誌』第5巻第2号、1973年
杉森滉一「統計調査論」『統計学』第49・50合併号、1986年
世利幹雄「統計学史研究の課題」『統計学』第25号、1972年
高岡周夫「マイヤーの『実質統計学』」『北海学園大学経済論集』第2号、1954年
高崎禎夫「フリッシュ『物価指数論展望』吟味」『統計学』第5号、1957年
高崎禎夫「生計費指数の理論的把握」『広島大学総合科学部社会文化研究』第3号、1978年
高橋政明「ケトレーの社会体系論」『統計学』第26号、1973年
高橋政明「わが国におけるケトレー研究」『統計学』第29号、1975年
田中章義「統計対象にかんする諸家の見解について——統計学の性格規定と関連して——」『東京経済大学65周年記念論文集』1965年
田中尚美「統計における『世帯主』の概念」『統計学』第58号、1990年
田中尚美「統計分類」『統計学』第49・50合併号、1986年
田沼肇「労働統計」『統計学』第30号、1976年
玉木義男「統計的決定論における若干の問題 Bayes の定理を中心として——」『新潟大学経済論集』第1号、1968年
玉木義男「統計的決定論における若干の問題——その序説——」『新潟大学法経論集』第16巻第3号、1968年
玉木義男「統計的仮説検定論——R.A. Fisher と J. Neyman の定理を中心として——」『新潟大学経済論集』第8号、1970年
辻博「甲斐国現在人別調の成立について」『経済学論叢』第11巻3号
土居英二「公共投資の二類型と波及効果の比較——産業連関表の利用をつうじて——」『統計学』第40号、1981年
豊田尚「『高度成長』以後の就業・雇用の動向——相対的過剰人口累積条件の成熟」『経済』1979年8月号
豊田尚「同一年齢集団別を中心にした就業構造変動の考察」『経済学論叢』（中央大学）第21巻第1・2号、1980年
豊田尚「わが国家計調査の源流」江口英一編『日本社会調査の水脈』法律文化社、1990年

中江幸雄「蜷川統計学と真実性批判——序論——」『経済論叢』(京都大学) 第128巻第3・4号、1981年

長屋政勝「投入係数の学説史的展開」『統計学』第18号、1968年

長屋政勝「ソヴェト統計学における初期国民経済バランス作成の試み——所謂1923/24年バランスの方法論的基礎——(その1)」『経済学論集』(龍谷大学) 第8巻第4号、1969年

長屋政勝「産業連関表における投入係数について」内海庫一郎編『社会科学のための統計学』評論社、1973年

長屋政勝「統計学史(西欧)」『統計学』第49・50合併号、1986年

蜷川虎三「経済統計論の性質に関する一考察」『経済論叢』(京都大学) 第25巻第4号、1927年

蜷川虎三「統計学に於ける二つの傾向について」『経済論叢』(京都大学) 第30巻第4号、1930年

蜷川虎三「統計の解説、批判、解析」『経済論叢』(京都大学) 第31巻第2号、1930年

蜷川虎三「統計利用者の統計学」『経営と経済』(京都大学) 第1巻第3号、1931年

蜷川虎三「統計調査論」『経済論叢』(京都大学) 第41巻第6号、1935年

蜷川虎三「調査における統計の役割」『経済論叢』(京都大学) 第52巻第1号、1941年

蜷川虎三「調査余話」『サーヴェイ』第3巻第4号、1947年

野澤正徳「静学的産業連関論と再生産表式(1)(2)」『経済論叢』(京都大学) 第98巻第6号、1966年；第99巻第4号、1967年

野澤正徳「部門連関バランスと社会的生産物」『経済論叢』(京都大学) 第100巻第4号、1967年

野澤正徳「部門連関バランスの諸形態と固定フォンド(1)(2)(3)」『経済論叢』(京都大学) 第101巻第2、3、4号、1968年

野澤正徳「経済計画化における部門連関バランスの意義と限界」『経済論叢』(京都大学) 第102巻第1号、1969年

野澤正徳「経済統計論の対象と性質——序説——」『経済論叢』(京都大学) 第115巻第3号、1975年

野澤正徳「不況下の失業と不安定雇用の増大——政府の失業・就業統計の批判的利用——」『経済』1975年12月号

野澤正徳「数量モデル分析と統計学・蜷川理論(1)」『経済論叢』(京都大学) 第138巻第2号、1976年

野村良樹「ソヴェト統計学会議以後の統計学著作について」『経営研究』(大阪市大) 第29号、1957年

濱砂敬郎「現代ソビエト数理統計方法論の一形態——H.K.ドゥルジーニンの統計的方法論について——」『統計学』第34号、1978年

濱砂敬郎「統計調査におけるプライバシー問題の新局面――西ドイツの1983年国勢調査中止問題について――」『統計学』第47号、1984年
広田純「国民所得の概念」『経済評論』1954年2月号
広田純「統計論争によせて」『農林統計調査』第12号、1955年
広田純・山田耕之介「計量経済学批判」『講座 近代経済学批判Ⅲ』東洋経済新報社、1957年
広田純「ソビエトにおける統計学論争」中山一郎編『統計学辞典［増補版］』東洋経済新報社、1957年
福島利夫「日本の労働時間の推計」『統計学』第66号、1994年
藤岡光夫「階層変動・人口移動と移動統計」『統計学』第57号、1989年
藤江昌嗣「確率前史研究序説――Ian Hacking『確率の出現』をめぐって――」『思想と文化』1986年
船木勝也「標本調査技術論の立場から」『経済論究』（九州大学大学院）第2号、1957年
正木千冬「日本の統計の概観とその問題」有澤廣巳編『経済統計入門』ダイヤモンド社、1953年
松川七郎「ペティの経済学的統計学的方法の社会的基盤――その測量論を中心とする一考察――」有澤廣巳・宇野弘藏・向坂逸郎編『世界経済と日本経済――大内兵衛先生還暦記念論文集（下）』岩波書店、1956年
松村一隆「物価指数の基本的問題――蜷川説の検討――」『法経論集 経済・経営編』（愛知大学）第83号、1976年
松村一隆「戦時アメリカにおける物価・賃金統制と生計費物価指数」『法経論集』（愛知大学開学30周年記念論文集・経済篇）、1976年
松村一隆「戦時アメリカにおける指数論争」『研究所報』（法政大学日本統計研究所）第2号、1977年
三潴信邦「統計分類」『統計学』第30号、1976年
三潴信邦「生計費指数復権の試み」『経済学論集』（筑波大学）第4号、1979年
三潴信邦「『東京都世帯階層別生計調査と生計費指数』の中止について」『統計学』第39号、1980年
三潴信邦「社会統計・統計環境」日本経済学会連合編『経済学の動向（第2集）』東洋経済新報社、1982年
三潴信邦「生計費指数批判の背景――第25回経統研総会報告再説」『統計学』第41号、1981年
三潴信邦「生計費指数復権の試み」『経済学論集』（筑波大学）第4号、1979年
宮本憲一・木下滋・土居英二・保母武彦「公共投資はこれでよいのか」『エコノミスト』1979年1月30日号
森下二次也「統計調査論序説――推計学批判への一つの覚え書き――」『経済学雑誌』

（大阪商科大学）第24巻1・2号、1951年
森下二次也「推計学的標本理論と技術論的標本理論」『統計学』第2号、1955年
森博美「経済サイバネティクスに関する一考察——ネムチノフの経済管理論について——」『経済論究』（九州大学大学院）第32号、1974年
森博美「統計数理派の一原型——B.C. ネムチノフの統計学——」『経済研究』（九州大学）第41巻第2号、1975年
森博美「消費者物価指数に関する一考察——「統計局消費者物価指数」における銘柄変更の取り扱いをめぐって——」『研究所報』（法政大学日本統計研究所）第2号、1977年
山田喜志夫「物価指数の基礎理論——価値形態論と物価指数——」『国学院経済学』第16巻第4号、1968年
山田耕之介「標本調査とソヴェト統計論争——最近の統計学書紹介——」『金融経済』第14号、1952年
山田耕之介「ソ同盟統計学論争」『現代社会主義講座』第4巻、東洋経済新報社、1956年
山田耕之介「ソヴェト経済学における最近の数理形式主義について」『立教経済学研究』第13巻第4号、1960年
山田耕之介「経済学における数学利用と経済学の数学化」『金融経済』第200号、1983年
Yamada Konosuke "Economic Planning in Japan Critically Examined", *Keio Economic Studies*, 1965.
山田貢「剰余価値率・利潤率」『統計学』第30号、1976年
山田貢「現行消費者物価指数の問題点と階層別消費者物価指数の意義」『国民生活研究』第16巻3号、1977年
山田貢「労働時間による剰余価値率の推計についての若干の問題」『統計学』第44号、1986年
山田貢「労働力の価値を労働時間で測りうるか——泉氏への回答——」『統計学』第34号、1983年
山田貢「消費者物価指数における銘柄変更問題と指数の意味」『経済論集』（大東文化大学）第45号、1988年
山本正「アドルフ・ケトレーの"平均人間"について」『山梨大学学芸学部研究報告』第3号、1952年
横本宏「数理統計学と社会統計学——『二つの統計学』の現段階——」『国民生活研究』第12巻第2号、1972年
横本宏「物価統計」『統計学』第30号、1976年
横本宏「蜷川統計学における集団論」『研究所報』No.2（蜷川統計学研究所）1984年
横本宏「精神衛生実態調査が残したもの」広田伊蘇夫・暉峻淑子『調査と人権』現代

書館、1987年
吉田忠「標本調査による構造的変化の把握——農林省農家経済調査におけるランダムサンプリングをめぐって——」『統計学』第10号、1962年
吉田忠「わが国生産統計の歴史とその利用」『統計学——思想史的接近による序説——』同文館、1974年
吉田忠「統計利用論における『主体』をめぐって——濱砂会員へのお答えを兼ねて——」『統計学』第48号、1985年
良永康平「産業連関表による西ドイツ経済の構造変化分析——80年代を中心に——」『経済論集』（関西大学）第40巻第3号、1990年
良永康平「日欧産業連関構造比較」『統計学』第60号、1991年

【書評】

上藤一郎「T.M. ポーター『統計学と社会認識——統計思想の発展 1820-1900——』」『統計学』第72号、1997年
葛西孝平・吉田忠「『科学方法論の一般的規定からみた社会統計方法論の基本的諸問題』の紹介と批評」『統計学』第11号、1963年
木村和範「橘敏明『医学・教育学・心理学にみられる統計的検定の誤用と弊害』」『統計学』第52号、1987年
小林道正「高崎禎夫・長屋政勝編著『統計的方法の生成と展開——「経済学と数理統計学」Ⅰ——』」『統計学』第43号、1983年
是永純弘「大西広『「政策科学」と統計的認識論』」『統計学』第57号、1989年
関弥三郎「吉田忠著『統計学』」『統計学』第31号、1976年
広田純「木村太郎著『統計・統計方法・統計学』」『統計学』第35号、1978年
広田純「山田喜志夫著『再生産と国民所得の理論』」『統計学』第19号、1968年
三潴信邦「森博美著『統計法規と統計体系』」『統計学』第61号、1991年
山本正「山田貢・近昭夫編著『統計分析と統計的方法——「経済学と数理統計学」Ⅱ——』」『統計学』第43号、1982年
吉田忠「［書評］竹内啓編『統計学の未来』」『統計学』第31号、1976年
吉田忠「D.E. モリソン、R.E. ヘンケル編／内海庫一郎、杉森滉一、木村和範訳『統計的検定は有効か』」『統計学』第39号、1980年

【訳書】

Bean, R. (ed.)／伊藤陽一・杉森滉一他訳『国際労働統計——手引きと最近の傾向——』梓出版社、1990年
Devlin, K.／原啓介訳『世界を変えた手紙』岩波書店、2010年
Dorling, D., Simpson. S. (ed.)／岩井浩・金子治平・近昭夫・杉森滉一監訳『現代イギ

リスの政治算術——統計は社会を変えるか』北海道大学図書出版会、2003年
Hacking, I.／広田すみれ・森本良太訳『確率の出現——確率、帰納そして統計的推測についての初期の概念の哲学的研究』慶應義塾大学出版会、2013年
Irvine, J., Miles, I., Evans, J. (ed.)／伊藤陽一・田中章義・長屋政勝他訳『虚構の統計——ラディカル統計学からの批判』梓出版社、1983年
John, V.／足利末男訳『統計学史』有斐閣、1956年
Krüger, L., Daston, L., Heidelberger, M. (ed.)／近昭夫・木村和範・長屋政勝・伊藤陽一・杉森滉一訳『確率革命——社会認識と確率』梓出版社、1991年
Leontief, W.／山田勇・家本秀太郎訳『アメリカ経済の構造——産業連関分析の理論と実際』東洋経済新報社、1969年
Morrison, D., Henkel, R. (ed.)／内海庫一郎・杉森滉一・木村和範訳『統計的検定は有効か——有意性検定論争』梓出版社、1980年
Poter, T.M.／長屋政勝・木村和範・近昭夫・杉森滉一訳『統計学と社会認識——統計思想の発展 1820-1900年』梓出版社、1995年
Todhunter, L. (ed.)／安藤洋美訳『確率論史——パスカルからラプラスの時代までの数学史の断面』現代数学社、1975年
Walker, H. M.／足利末男・辻博訳『統計方法論史』高城書店、1959年
Westergaard, H.／森谷喜一郎訳『統計学史』栗田書店、1943年
Немчинов, В.С. (под ред.)／岡稔訳『マルクス経済学の数学的方法（上）（下）』青木書店、1960年
Рузавин, Г.И.／山崎三郎・柴岡泰光訳『数学論——数学的認識の本性——』岩波書店、1977年

人 名 索 引

I 日 本 人（五十音順）

あ 行

相原　茂	237, 246
足利末男	4, 10, 11, 24, 27, 36, 56, 58, 68, 70
有澤広巳	32～34, 36, 135
有田正三	4, 27, 35, 36, 56, 70, 71, 113
安藤次郎	29
池永輝之	165, 166
石田　望	216
石原健一	216, 234, 235
居城舞子	212
泉　弘志	169, 179～83
伊籐セツ	212
伊藤陽一	6, 7, 9, 22, 23, 28, 37, 42, 44～47, 49, 57, 98, 99, 110, 111, 115, 121, 141, 156, 168, 171, 172, 211, 218, 219
岩井　浩	23, 42, 44, 46, 47, 196, 202, 205, 207, 220, 225
岩崎俊夫	46, 140, 146, 147, 159, 168, 169, 176, 179, 181, 211, 234
上杉正一郎	27～9, 35, 54, 117, 183, 195
内海庫一郎	3, 4, 10, 25, 27, 29, 36, 37, 41, 42, 53, 54, 82, 115, 116, 118～20, 132, 133, 221
浦田昌計	4, 35, 55, 56, 67, 68
上藤一郎	52
大内兵衛	31～33, 253, 256
大西　広	24, 25
大橋隆憲	3, 5, 6, 12, 13, 16, 24, 27, 29, 30, 35, 36, 38, 39, 53, 81～4, 141～43, 151, 158, 159, 196, 237, 238
大屋祐雪	20～25, 29, 36, 38, 40, 53, 113, 114, 125～27, 237, 253, 254, 256
岡部純一	114, 234

小川雅弘	161
置塩信雄	161
奥村忠雄	245
小倉金之助	32

か 行

金子治平	240
河合三良	29, 237
川島孝彦	249～51, 257
菊地　進	157, 158, 160
岸啓二郎	245
喜多克己	197, 199～201
北川敏男	29, 34, 80, 95, 97, 114, 116
北川　豊	208, 217, 258, 259
木下　滋	82, 165, 179, 184～89, 197
木村太郎	6, 16～19, 27, 29, 36, 40, 41, 54, 114, 118, 121～24, 228～30
木村和範	43～47, 52, 81, 85, 86, 88～90, 93, 102, 115, 121
呉　文總	31, 243
小島勝治	35
小林道正	46
是永純弘	23～5, 36, 42～44, 46, 81, 90～3, 99, 103～06, 112, 128, 143, 144, 156, 162, 163, 165, 228, 232, 233
近　昭夫	22, 42, 44～7, 52, 103, 140
権田保之助	31, 247
近藤康男	29, 32

さ 行

酒井一夫	27
坂田幸繁	75, 127
坂元平八	29, 34, 80, 116

坂元慶行	116, 217		成島辰巳	43, 46, 56
坂寄俊雄	27		蜷川虎三	3～4, 7～11, 15, 16, 24, 32, 82, 83, 113, 121, 125～27, 231, 232
佐々木せい	202～04			
佐藤　博	14, 38, 39, 42, 43, 56, 57, 122, 123		野澤正徳	3, 14～6, 23～5, 160, 161, 165, 168, 171, 176
鮫島龍行	29, 237, 239, 241, 246			
宍戸邦彦	232		野村良樹	136
芝村　良	55			
杉　享二	31, 241～43		**は　行**	
杉森滉一	43, 46, 47, 52, 81, 87, 88, 99, 106 ～08, 114, 162, 164, 197		芳賀　寛	176
			馬場吉行	27, 114
関弥三郎	3, 4, 35, 86		濱砂敬郎	25, 127, 144, 145, 160
世利幹夫	22		広田　純	18, 19, 28, 36, 40, 54, 94, 95, 116, 132, 135, 150, 152, 153, 155, 156, 165, 183, 196
た　行				
高岡周夫	27, 35, 56, 113		福島利夫	47, 197
高木秀玄	27, 29, 216, 223, 224, 231		藤江昌嗣	98
高崎禎夫	44～46, 218, 224, 225		藤岡光夫	197
高野岩三郎	31, 33, 35, 245, 247		藤原　新	109, 226
高橋政明	56		船木勝也	126
高橋正雄	32, 34			
財部静治	31		**ま　行**	
竹内　啓	75, 79, 80		正木千冬	29, 238
多田吉三	245		増山元三郎	34, 79, 80, 85, 95, 98, 114, 116
田中章義	10, 35, 37, 43～5, 49		松川七郎	27, 35, 56, 58, 60～3
田中尚美	212, 213		松田芳郎	36
田沼　肇	27, 28, 202		松村一隆	220, 232
玉木義男	90, 215, 216		丸山　博	29
辻　　博	58, 243		光藤　昇	196
津村善郎	34, 94, 116, 117, 127		三潴信邦	28, 29, 45, 197～99, 217～19, 249
手島正毅	27		美濃部亮吉	29, 34, 217
土居英二	184, 185, 188, 189, 197		宮本憲一	184
戸田慎太郎	36		森下二次也	27, 116
戸塚茂雄	20		森田優三	29, 32
豊田　尚	196, 197, 199, 247		森　博美	139, 197, 216, 238, 249～53
な　行			**や　行**	
永井　博	147, 148, 216		薮内武司	29, 55, 238, 241, 242～46
中江幸雄	3		山田喜志夫	36, 42～4, 168, 169, 171, 172, 179 ～80, 183, 196, 228, 231～33
中村隆英	82			
中山伊知郎	32, 33		山田耕之介	28, 36, 54, 132, 135, 137～39, 149 ～53, 155, 156, 160, 162, 165
長屋政勝	37, 43～7, 49, 52, 55, 56, 72～5, 140, 168, 177～79			

人名索引　277

山田　茂　　219
山田　貢　　42, 45, 46, 159, 180, 181, 216, 225
山中四郎　　237, 256
山本　正　　29, 37, 41, 46, 56, 148
横本　宏　　4, 44, 46, 90, 208～10, 216～19
横山源之助　246
吉田　忠　　28, 36, 37, 40, 41, 48, 56～8, 63～
　　　　　　5, 75, 76, 90, 95, 98, 101, 102, 117,

118, 124, 150～52, 159, 239
良永康平　　169
米沢治文　　29

わ行

渡邊洪基　　241

II　外国人

ア行

アーヴィン，J.（Irvine, J.）　37, 49, 50
アダモフ，B.（Адамов, В）　146
アッヘンワル，G.（Achenwall, G.）　59, 60,
　　62, 66～8
イェンセン，A.（Jensen, A.）　119～21
ウェスターゴード，H.（Westergaard, H.）　63,
　　75
ウォーカー，H.（Walker, H.）　58, 75
ウォルシュ，C.M.（Walsh, C.M.）　226
ヴァッポイス，J.E.（Wappäus, J.E.）　66, 70
ヴィットシュタイン，T.（Wittstein, T.）　66, 70
ヴェン，J.（Venn, J.）　99, 106～09
エイデリマン，M.（Эйдельман, М.）　138
エッジワース，E.（Edgeworth, E.）　87, 226
エバンス，J.（Evans, J.）　37, 49
エンゲル，E.（Engel, E.）　31, 220, 247
オストロヴィチャノフ，К.В.（Островичанов,
　　К.В.）　135, 136
オッテル，F.（Ottel, F.）　162
オブシェンコ，В.Е.（Овшеннко, В.Е.）　134

カ行

ガウス，K.F.（Gaus, K.F.）　105
カウフマン，F.（Kaufman, F.）　163
カジネッツ，Л.（Казинец, Л.）　147, 148
カッセル，G.（Cassel, G.）　178
カーデ，G.（Kade, G.）　163
カルナップ，R.（Carnap, R.）　100
カルリ，G.（Carli, G.）　222
カレツキー，M.（Kalecki, M.）　154, 155

キエール，A.N.（Kiaer, A.N.）　118, 121
クナップ，G.F.（Knapp, G.F.）　31, 66
クニース，K.G.A.（Knies, K.G.A.）　31, 61,
　　66, 69
クープマン，B.O.（Koopman, B.O.）　100
クープマンス，T.C.（Koopmans, T.C.）　155
クライン，L.（Klein, L.）　155, 164
グラント，J.（Graunt, J.）　31, 62, 65, 76
クリューガー，R.（Krüger, L.）　50, 51, 98
クルーク，L.（Krug, L.）　67, 68
クレイニン，Г.С.（Крейнин, Г.С.）　131, 132
クレーツル-ノルベルク，F.（Klezl-Norberg, F.）
　　63
グローマン，H.（Grohman, H.）　66, 73, 74
クローメ，A.F.W.（Crome, A.F.W.）　60, 67, 68
クーン，T.S.（Kuhn, T. S.）　50, 51
ケインズ，J.M.（Keynes, J.M.）　100, 108～
　　11, 161, 226～29
ケトレー，L.A.（Quételet, L.A.J.）　31, 55～7,
　　60, 65, 69, 75
ケルセボーム（Kersseboom）　76
ケンダール，M.G.（Kendall, M.G.）　90
コズロフ，Т.（Козлов, Т.）　132～34, 143, 147
コニュース，А.（Конюс, А.）　219
ゴールトン，F.（Galton, F.）　61, 65
コルモゴロフ，А.Н.（Колмоголов, А.Н.）
　　100, 105
コンリング，H.（Conring, H.）　59, 62, 66～8

サ行

サベージ，L.J.（Savage, L.J.）　81, 100
ジェボンス，W.S.（Jevons, W.S.）　46, 61, 219,

224, 225
シッフ，W.(Schiff, W.)　247
ジュースミルヒ，J.P.(Süssmilch, J.P.)　31, 60
シュタイン，L.v.(Stein, L.v.)　66, 69
シュモーラー，G.(Schmoller, G.)　31
シュレーツェル，A.L.(Schlözer, A.L.)　62, 66～68
シュンペーター，J.A.(Schumpeter, J.A.)　153
スースロフ，И.(Суслов, И.)　147
スタップ，P.(Stapp, P.)　255
スタラドゥブスキー，Л.(Стародубский, Л.)　146
スチューデント［ゴセット，W.］(Student)　46
ストルイク(Struyck)　76
ストルミリン，С.(Струмилин, С.)　143
スルツキー，E.(Slutsky, E.)　154
ゼッケンドルフ，V.v.(Seckendorff, V.v.)　67
ゾートベア，A.(Soetbeer, A.)　222, 223
ゾーバーマン，A.(Zauberman, A.)　140
ソーボリ，B.(Соболь, B.)　133, 134, 138

タ 行

タイル，H.(Theil, H.)　234
ダーストン，L.(Daston, L.)　50, 51, 98
チェビシェフ，Ц.Л.(Чебышев, Ц.Л.)　100
チェルメンスキー，В.Д.(Черменский, В.Д.)　134, 143
チチェック（ジージェック），F.(Zizek, F.)　40, 62, 65, 66, 70～73, 113, 126
ツァーン，F.(Zahn, F.)　62
ツォイナー，G.(Zeuner, G.)　66, 70
ティツカ，C.v.(Tyszka, C.v.)　62
ティッシャー，A.(Tischer, A.)　66, 73
ティントナー，G.(Tintner, G.)　155
ティンバーゲン，J.(Tinbergen, J.)　154, 155
デーヴィス，H.T.(Davis, H.T.)　155
デュト(Dutto)　222
トドハンター，I.(Todhunter, I.)　98
ドルジーニン，H.(Дружинин, H.)　134, 142～46
ドロービッシュ，M.W.(Drobisch, M.W.)　31, 223, 224

ナ 行

ネイマン，J.(Neyman, J.)　46, 79, 81, 88～94, 100, 120
ネムチーノフ，В.С.(Немчинов, В.С.)　132, 133, 138, 139, 174～76

ハ 行

ハイデルベルガー，M.(Heidelberger, M.)　50, 51, 98
パーシニ，H.(Paasche, H.)　61, 223
パスカル，B.(Pascal, B.)　57, 75, 99, 101
パーソンズ，W.M.(Persons, W. M.)　149
ハーバラー，G.F.(Haberler, G.F.)　225, 227～29
ハリー，E.(Halley, E.)　62
パレート，V.(Pareto, V.)　164, 219
ピアソン，E.S.(Peason, E.S.)　46, 79, 81, 88～93, 100
ピアソン，K.(Peason, K.)　46, 61, 65, 79, 87
ピサレフ，И.(Писарев, И.)　134
ビュシング，A.F.(Büsching, A.F.)　60
ビーン，R.(Bean, R.)　47
ヒンチン，А.Я.(Хинчин, А.Я.)　100
ファラティー，J.(Fallati, J.)　66, 69
フィッシャー，I.(Fisher, I.)　149, 218, 225, 226
フィッシャー，R.A.(Fisher, R.A.)　46, 79, 81, 82, 87～94, 100
フェドレンコ，Н.П.(Федоренко, Н.П.)　140
フェルマ，P.(Fermat, P.)　57, 75, 99, 101
フラスケンパー，P.(Flaskämper, P.)　62, 63, 65, 66, 71, 72～4
フリッシュ，R.(Frisch, R.)　149, 153, 154, 158, 225
ブリント，A.(Blind, A.)　120
プロシコ，Б.(Плошко, Б.)　134, 146
ベイズ，T.(Bays, T.)　102, 104
ヘーゲル，H.(Hegel, H.)　41
ベッカー，K.(Becker, K.)　66, 70
ペティ，W.(Petty, W.)　31, 58, 62, 65, 67, 68
ペトロフ，A.(Петров, A.)　138
ベルヌーイ，J.(Bernoulli, J.)　57, 99, 101

ヘルマン，K.Ф. (Герман, К.Ф.) 67, 68
ヘンケル，R.E. (Henkel, R.E.) 47〜9
ポアソン，S.D. (Poisson, S.D.) 104
ボーアン，R. (Vaughan, R.) 222
ホイヘンス，C. (Huygens, C.) 57, 75, 99
ホーヴェルモ，T. (Haavelmo, T.) 155, 158
ホグベン，L. (Hogben, L.) 48
ポーター，T.M. (Poter, T.M.) 52
ボヤルスキー，А.Я. (Боярский, А.Я.) 134
ボルトキヴィッツ，L. (Bortkiewicz, L.) 119
ボーレー，A.L. (Bowley, A.L.) 46, 115, 118〜21, 227

モイゼル，J.G. (Meusel, J.G.) 60
モディリアニ，F. (Modigliani, F.) 155
モリソン，D.E. (Morrison, D.E.) 47〜9
モール，R.v. (Mohl, R.v.) 31, 66, 69
モルゲンシュテルン，O. (Morgenstern, O.) 164

ヤ 行

ヤング，A. (Young, A.) 224
ユール，G.U. (Yule, G.U.) 46, 154
ヨナク，E. (Jonák, E.) 66, 69, 70
ヨーン，V. (John, V.) 75

マ 行

マイスナー，H. (Meiβner, H.) 174, 176
マイヤー，G.v. (Mayer, G. v.) 31, 35, 56, 61, 65, 66, 69, 71, 73, 113, 119
マイルズ，I. (Miles, I.) 37, 49, 50
マーシャル，A. (Marshall, A.) 161, 226
マスロフ，П. (Маслов, П.) 139
マールィ，И. (Малый, И.) 147
マルクス，K. (Marx, K.) 161, 182, 183
マルコフ，А.А. (Марков, А.А.) 100
マルサス，T.R. (Malthus, T.R.) 161
マルシャク，J. (Marschak, J.) 155
ミーゼス，R.v. (Mieses, R.v.) 99, 103〜08, 112
ミフニェンコ，О. (Михненко, О.) 146
ミル，J.S. (Mill, J.S.) 161
ムーア，H.L. (Moore, H.L.) 149, 158
メレステ，У. (Мересте, У.) 146
モアブル，A. de (Moivre, A. de) 99, 101

ラ 行

ライス，S.A. (Rice, S.A.) 254〜56
ライプニッツ，G.W. (Leibniz, G.W.) 102
ラスパイレス，E. (Laspeyres, E.) 61, 221〜26
ラプラス，P.S. (Laplace, P.S.) 57, 99, 101, 104
ランゲ，O. (Lange, O.) 157, 174, 175
リューダ，A.F. (Luder, A.F.) 31, 60
リューメリン，G. (Rümelin, G.) 31, 66, 69, 71
ル・プレ，F. (Le Play, F.) 220
レオンチェフ，W. (Leontief, W.) 158, 167, 171, 178
レクシス，W. (Lexis, W.) 31, 66, 70
ロレンツ，C. (Lorenz, C.) 63

ワ 行

ワグナー，A. (Wagner, A.) 31, 61, 66, 69
ワルト，A. (Wald, A.) 46, 81, 158
ワルラス，L. (Walras, L.) 164, 173, 177

《著者紹介》
岩崎　俊夫（いわさき　としお）
　1950年　　東京に生まれる
　1974年3月　北海道大学経済学部卒業
　1979年3月　北海道大学大学院経済学研究科博士課程単位取得退学。
　　　　　　北海道大学経済学部文部教官助手、北海学園大学経済学部専任講師、同助教授、教授を経て、
　1991年　　立教大学経済学部教授
　現在　　　立教大学名誉教授

［単著］
『ロシア統計史論序説──社会統計学・数理統計学・人口調査［女性就業分析］──』晃洋書房、2015年
『経済計算のための統計──バランス論と最適計画論──』日本経済評論社、2012年
『社会統計学の可能性──経済理論・行政評価・ジェンダー──』法律文化社、2010年
『統計的経済分析・経済計算の方法と課題』八朔社、2003年

［共著］
『現代経済学への誘い』八千代出版、1998年

［分担執筆］
『社会の変化と統計情報』北海道大学出版会、2009年
『統計学の思想と方法』北海道大学図書刊行会、2000年
『女性と統計──ジェンダー統計論序説──』梓出版社、1994年
『労働統計の国際比較』梓出版社、1993年
『経済分析と統計的方法』産業統計研究社、1982年
『科学の方法と社会認識』汐文社、1979年

［訳書］
D. ドーリング、S. シンプソン『現代イギリス政治算術──統計は社会を変えるか──』（分担訳）北海道大学図書刊行会、2003年
ヴェ・コトフ『現代経済システムの再検討』（共訳）梓出版社、1983年

社会統計学の伝統と継承
──論点と関連論文（1955-90）──

2018年4月10日　第1版第1刷発行

著　者　岩崎　俊夫
発行者　橋本　盛作
発行所　株式会社　御茶の水書房

〒113-0033　東京都文京区本郷5-30-20
電話 03(5684)0751，FAX 03(5684)0753
印刷・製本：シナノ印刷

定価はカバーに表示してあります
乱丁・落丁はお取替えいたします。

Printed in Japan
ISBN978-4-275-02080-2-C3033

初期社会統計思想研究	浦田昌計 著	A5判・二一二頁 価格 三六〇〇円
人口分類と階級分析——フランスの社会職業分類	森森滉一 著	A5判・三〇四頁 価格 四五〇〇円
政策科学と数量分析	杉森滉一 著	A5判・三〇四頁 価格 四五〇〇円
戦後高度成長期の労働調査	土居英二 著	A5判・三七〇頁 価格 六五〇〇円
戦前期農村の消費	近松順一 著	A5判・四一〇頁 価格 五六〇〇円
接客サービスの労働過程論——概念と構造	尾関学 著	A5判・二〇八頁 価格 四〇〇〇円
日本鉄鋼業の経営・生産管理方式の形成と再編	鈴木和雄 著	A5判・四三〇頁 価格 六六〇〇円
中国人口問題の年譜と統計	李上田捷生修 編著	菊判・一〇一八頁 価格 一七〇〇〇円
フランス家族手当の史的研究	若林敬子 編著	B5判・三〇八頁 価格 八四〇〇円
経済政策とインプリメンテーション——フリッシュ研究	宮本悟 著	A5判・二五六頁 価格 七四〇〇円
クラーラ・ツェトキーン——ジェンダー平等と反戦の生涯	藤本利躬 著	A5判・二二二頁 価格 三六〇〇円
フェミニズムと労働の間	伊藤セツ 著 リンダ・ブルム 森ます美・居城舞子 他訳	菊判・一〇六〇頁 価格 一五〇〇〇円 A5判・三四二頁 価格 五二〇〇円

御茶の水書房
（価格は消費税抜き）